내일을 위한
역사학
강의

내일을 위한 역사학 강의

21세기, 역사학의 길을 묻다

제1판 제1쇄   2018년 5월 10일
제1판 제4쇄   2022년 11월 5일

지은이   김기봉
펴낸이   이광호
편집   김가영 박지현
펴낸곳   ㈜문학과지성사
등록번호   제1993-000098호
주소   04034 서울 마포구 잔다리로7길 18 (서교동 377-20)
전화   02) 338-7224
팩스   02) 323-4180(편집)   02) 338-7221(영업)
전자우편   moonji@moonji.com
홈페이지   www.moonji.com

ISBN 978-89-320-3095-1 03900

이 도서의 국립중앙도서관 출판예정도서목록(CIP)은 서지정보유통지원시스템 홈페이지
(http://seoji.nl.go.kr)와 국가자료공동목록시스템(http://www.nl.go.kr/kolisnet)에서
이용하실 수 있습니다.(CIP제어번호: CIP2018012534)

이 저서는 2015년 정부(교육부)의 재원으로 한국연구재단의 지원을 받아 수행된 연구임
(NRF-2015S1A6A4A01012027)

내일을 위한

역사학
강의

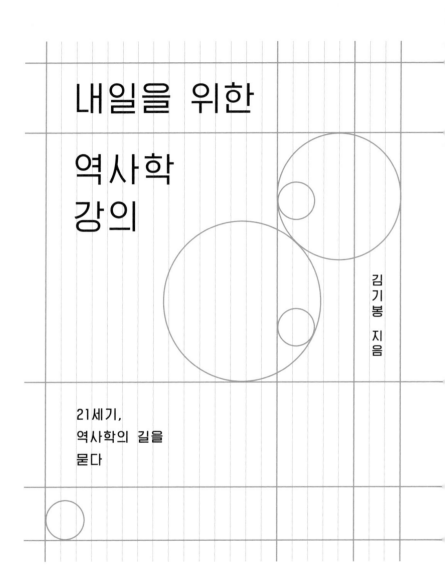

김기봉 지음

21세기,
역사학의 길을
묻다

문학과지성사

책머리에

이 책은 21세기 문명사적 전환을 맞이하여 한국인에게 '역사란 무엇인가'에 대해 생각해보게 할 목적으로 집필됐다. 한국인들이 가장 많이 아는 '역사란 무엇인가'에 대한 답은 E. H. 카의 책 『역사란 무엇인가』에 나온 "현재와 과거의 끊임없는 대화"라는 정의다. 본래 그 책은 1960년 영국인들을 대상으로 했던 연속 강연을 묶어 그다음 해에 출판한 것이다. 이미 고전의 반열에 올라 있는 카의 책은 지금까지도 우리 대학에서 '역사학 입문' 교재로 사용되고 있다.

카가 내린 "현재와 과거의 끊임없는 대화"라는 역사의 정의는 시간을 초월해서 통용될 수 있는 진리다. 하지만 그의 역사관은 오늘이 아닌 어제의 역사학을 대변한다. 고정되지 않고 끊임없이 움직이는 현재에서 이뤄지는 과거와의 대화는 계속 바뀔 수밖에 없기 때문에, 카가 자신의 시대에 했던 과거와의 대화를 통해 얻은 답이 오늘 우리를 위한 '역사란 무엇인가'에 대한 답이 될 수는 없다.

현재 인류는 문명사적으로 유례가 없는 가장 크고 빠른 변화를 겪는 시대에 살고 있다. 카가 살았던 시대에도 역사의 종말을 주장하는 '탈역사posthistoire' 담론은 있었다. 하지만 우리 시대에 제기되는 역사 종말론은 그것과는 차원이 다른, 호모 사피엔스라는 현생 인류 종 전체의 생존이 걸린 문제로 비화되고 있다. 2016년 알파고가 등장한 이래로 인공지능이 인간이 만든 최고이자 마지막 발명품이 될 수 있다는 우려가 SF 영화에나 나오는 허구가 아닐 수 있음을 거의 매일 나오는 그에 대한 뉴스를 통해 실감한다.

카의 시대와 마찬가지로 한국 사회는 여전히 진보와 보수의 진영 논리로 역사 담론 투쟁을 벌이는 어제의 역사학 프레임에 갇혀 있다. 그런 와중에 어느 날 갑자기 '4차 산업혁명'이란 용어가 유령처럼 등장해 우리의 사고와 행동이 미래를 향할 것을 명령한다. 한국인의 역사적 사고는 아직 과거의 이념적 갈등 구도에 관성적으로 머물러 있는 한편, 미래 사회로의 변화를 향한 시간과의 경쟁에서 선두에 서야만 한다는 강박관념에 사로잡혀 있다.

이 책은 이 같은 한국인의 역사의식에 내재된 '비동시적인 것의 동시성'의 모순을 문제 삼고 그 극복 방안을 모색한다. 지난 반세기 동안 한국인의 역사의식 형성에 가장 큰 영향을 미친 책이 카의 『역사란 무엇인가』이다. 아마 전 세계적으로 한국에서만큼 카의 책이 영향력을 발휘한 나라도 없을 것이다. 그런데 놀라운 사실은 내가 1990년대 역사 이론의 본고장인 독일에서 공부할 때 한 번도 카의 『역사란 무엇인가』에 대해 논의하는 것을 보지 못했다는 점이다. 왜 그럴까? 그의 책을 언급하지 않고도 그가 제기한 역사 이론의 중요한 문제들을 선구적으로 다룬 독일 역사가들의 저작이 충분히 있었기 때문이기도 하지만, 그의 책은 기본적으로 1960년대 냉전기 영국을 풍미하던 시대정신을 반영해서 쓰인 것이기 때문이다. 카는 당시 영국의 지적 풍토에 팽배한 냉소주의와 회의주의에 대항해서 역사의 진보에 대한 믿음을 전파해야겠다는 문제의식으로 『역사란 무엇인가』를 썼다. 카의 책은 1970~80년대 한국 민주화 운동에 헌신하는 대학생들에게 복음서와 같은 효력을 발휘했다. 그것은 한국 현대사를 이끄는 나침판이 되었다.

역사를 현재와 과거의 대화라고 할 때, 1차적으로 중요한 것은 대화의 주도권을 어느 쪽이 쥐고 있느냐다. 카는 현재의 역사가가 선택하지 않은 과거는 대화에 참여하지 못한다고 했다. 이런 대화 방식에서는 언제나 역사가의 권력이 개입될 수밖에 없는데, 카는 이 문제를 심각하게 생각하지 않았다. 그가 이런 불평등한 대화를 문제로 여기지 않았던 이유는 "현재와 과거의 끊임없는 대화"를 하는 목적이 어디까지나 진보를 위한 것이라 믿었기 때문이다. 그는 과거가 현재에 전하는 다양한 메시지를 듣기 위해서가 아니라, 미래의 진보에 이바지할 수 있는 과거에만 발언권을 부여하는 방식으로 현재와 과거의 대화를 제안했다.

그런데 한번 생각해보자. 대화란 소통하기 위해서 하는 것이다. 소통은 말하기와 듣기의 상호작용으로 이뤄진다. 소통을 잘하기 위해서는 말하기보다 듣기가 더 중요하다. 달라이라마는 말했다. "당신이 말할 때는 이미 알고 있는 것만을 반복한다. 하지만 듣는다면 새로운 것을 배운다When you talk, you are only repeating what you already know. But if you listen, you may learn something new." 과거를 삶의 스승으로 삼았던 전통 시대 역사 담론은 과거가 말하는 것을 현재가 듣는 경청의 소통 방식을 지향했다. 이에 반해 근대의 역사 담론은 진보를 대의명분으로 삼고 현재가 과거의 한계를 드러내어 극복하는 형태로 대화의 방식을 바꿨다.

카는 진보로서의 역사만이 객관적이라고 주장한, 역사에 정답이 있다고 믿었던 역사가다. 오늘날에는 그런 거대 담론이 더 이상 유효하지 않다. 우리 시대에는 진보에 복무하는 역사 서술보다 오히려 진보에 대한 믿음이 낳은 문제들을 성찰하는 탈근대 경향의 역사 서술이 더 각광을 받는다. 이러한 성찰을 위해 탈근대 역사 담론이 화두로 제시한 문제가 진보라는 목적론적 역사관이 배제시킨 역사적 사고의 범주로서 '공간'을 어떻게 복원시킬 것인가이다. 이는 결국 오직 과거와 현재라는 시간 축만을 고려해 역사란 무엇인가를 정의한 카의 역사관을 어떻게 교정하느냐의 문제로 귀결된다.

인간 삶을 결정하는 두 요인은 시간과 공간이다. 과거에 살았던 사람들의 삶의 발자취를 탐구하는 역사는 시간과 공간을 씨줄과 날줄로 해서 짜여진 텍스트로 성립한다. 엄밀히 말하면, 현재의 한국인과 과거의 조선인이 같은 세계에 살고 있지 않다. 예컨대 중화주의자인 송시열의 세계관과 글로벌 시대를 사는 우리의 세계관은 다르다. 과거의 그와 현재의 나를 같은 '우리'로 묶는 토대는 한국사라는 만들어진 서사다. 그런 한국사를 "현재와 과거의 대화"를 토대로 구성할 때 전제해야 하는 것이 둘 사이의 시간의 간격으로부터 발생하는 문화적 공간의 차이다. 시대착오뿐 아니라 공간 착오를 경계할 것을 주문하는 말이 "과거는 낯선 나라다"라는 표현이다. 유럽의 경우에도 세계관이 다른 중세인과 근대인의 직접적인 대화는 거의 불가능하고 문화적인 통역이 필요하다. 문화적 통역이란 현재와 과거 간의 역사 공간의 차이로부터 발생하는 의사소통의 어려움을 극복하게 해주는 작업이며, 그것을 직업으로 삼는 사람이 바로 역사가다.

　　현재와 과거의 연속성을 진보로 파악한 카는, 과거를 낯선 나라가 아니라 열등하거나 아직 미개한 곳으로 여겼다. 진보사관에 입각해서 그는 역사적 공간의 차이를 시간 순서로 환원했다. 마르크스는 인간의 뇌를 해부하면 원숭이의 뇌에 대해 알 수 있다고 말했다. 마찬가지로 카는 현재의 우리가 과거 그들의 인식 지평을 포괄해서 사유할 수 있다고 생각했다. 하지만 중세는 암흑시대고 근대는 문명화된 시대라는 선입견을 가진 상태에서 이뤄지는 현재와 과거의 대화로는 진정한 이해와 소통이 불가능하다. 중세가 낯선 나라라는 것을 염두에 두고 시간 여행에 임하는 자세를 견지할 때, 중세를 살았던 사람들에 대한 이해와 그들로부터의 배움의 길이 열릴 수 있다.

진보의 공식으로 역사 공간의 차이를 시간적 순서로 위계화했던 역사 담론은 근대주의라 불린다. 이는 유럽이 선취한 근대화를 전 세계의 다른 모든 지역이 똑같이 답습하는 단선적 과정으로 세계사를 이야기하는 역사 담론이다. 이에 따르면 비서구의 공간적 차이는 무의미하며, 서구가 달성한 근대화의 시간표에 맞춰서 삶의 방식을 개조해나가는 것이 인류의 보편사적 목표가 된다. 이런 맥락에서 근대주의자인 카는 유럽중심주의자라는 비판을 면치 못한다.

근대 역사학은 기본적으로 근대와 유럽이라는 두 중심주의를 근간으로 해서 성립했다. 이 문제를 심각하게 인식한 아리프 딜릭Arif Dirlik은 1999년 「유럽중심주의 이후 역사학은 존재하는가?Is There History after Eurocentrism?」라는 도발적인 논문을 발표했다. 근대 역사학은 유럽인들의 공간 범주에 따라 세계의 모든 지역을 동양과 서양으로 양분했다. 또 인류 삶의 시간을 BC와 AD로 나누는 것을 세계 표준으로 설정했다. 그렇다면 유럽인들이 만든 사회과학과 자연과학의 기본 개념과 용어를 사고의 문법으로 사용하면서 유럽중심주의로부터 벗어나는 것이 어떻게 가능하겠는가? 역사학이란 학문 자체가 유럽중심주의라는 기의signified를 내포하고 있는 '근대의 기호a sign of the modern'로 만들어진 것이라면, 역사학이 유럽중심주의라는 원죄로부터 벗어나는 것이 과연 가능한 일인가?

이 같은 문제의식에서 대두된 역사 담론이 탈식민주의Post-colonialism다. 탈식민주의가 유럽 역사학의 경계 밖에서 사유할 수 있는 '아르키메데스의 지렛대'로 사용한 것이 바로 근대의 진보사관이 소멸시켰던 공간적 차이의 복원이다. 탈식민주의 역사 서술은 근대, 과학, 진보와 같은 거대 담론이 배제하여 은폐시켰던 '차이의 공간'을 유럽중심주의와 근대주의를 전복시킬 수 있는 지렛대로 삼아 근대 역사학의 원죄로부터 벗어날 수 있는 길을 모색한다.

'근대'를 하나의 시대를 지칭하는 용어를 넘어 보편사적인 기획으로 설정한 근대의 역사 담론은 시간 축만을 기준점으로 삼고 역사를 정의했다. "현재와 과거의 대화"라는 카의 정의뿐 아니라 프랑스 아날 역사학의 창시자 가운데 한 사람인 마르크 블로크도 『역사를 위한 변명』에서 역사학을 "시간 속의 인간에 관한 과학"이라고 말했다. 이들과 달리 역사에서 공간을 발견한 역사가는 페르낭 브로델이다. 그에게 공간은 인간의 생각과 행동을 구속하는 감옥과도 같다. 그는 이 같은 역사의 공간성에 대한 인식을 통해 "움직이지 않는 역사"를 발굴하는 구조사라는 새로운 역사 모델을 창안했다.[1]

---

1 페르낭 브로델, 조준희·주경철·윤은주·남종국 옮김, 『지중해―펠리페 2세 시대의 지중해 세계』 1·2, 까치글방, 2017.

브로델 같은 예외적인 역사가를 제외하면, 역사는 주로 시간을 축으로 해서 인간 삶의 변화를 탐구하여 기록하는 학문으로 규정됐다. 시간이 인간이 삶을 영위하는 근본 조건이라는 것은 분명하다. 천지창조와 함께 시간이 생겨났듯 태어남과 동시에 나의 수명壽命으로 주어진 것이 시간이고, 죽음과 함께 시간은 소멸한다. 동전의 양면처럼 이런 시간과 짝을 이루는 게 공간이다. 인간이 태어난다는 것은 구체적인 시간과 공간 속에 놓이는 것이며, 그 시공간 속에서 사라지는 것이 바로 죽음이다.

시간과 더불어 공간이 인간 세계를 구성하는 가장 근본적인 요건이기 때문에, 모든 역사적 사건은 시간과 공간에 입각해 인과관계를 해명하는 것으로 연구되고 서술된다. 요컨대 역사란 인간을 주인공으로 해서 시간 축과 공간 축을 씨줄과 날줄로 하여 짠 이야기라고 말할 수 있다. 인간·시간·공간이라는 3간三間이 역사 이야기를 구성하는 3요소다. 어떤 역사를 쓰느냐는 이 3요소를 어떤 식으로 조합해서 방정식을 구성하느냐로 결정된다. 역사를 '역사 3간'을 변수로 하는 3차방정식이라 할 때, '역사란 무엇인가'라는 물음 역시 이 3간을 어떻게 규정하느냐에 따라 다양한 답이 나올 수 있다.

인간이 역사의식을 각성한 이후 모든 시대에는 인간·시간·공간이라는 역사 3간을 조합하는 나름의 방식이 있었다. 이 책은 20세기 한국인들이 역사의 3차방정식을 푸는 정석으로 삼았던 카의 『역사란 무엇인가』가 이제는 '어제의 역사학'이라는 문제의식을 가지고 쓴 것이다. 카의 책은 전형적인 근대 역사관을 대변한다.

　제1부는 '어제의 역사학'으로서 카의 『역사란 무엇인가』를 해체하는 것을 목표로 한다. 카의 핵심 주장은 "역사는 과학이다"와 "역사는 진보한다"라는 두 테제로 요약할 수 있다. 카는 먼저 "현재와 과거의 끊임없는 대화"를 과학적으로 하는 방법에 대해 고찰한 다음, 그 대화의 궁극적인 목적이 진보라는 것을 논증하는 방식으로 책을 썼다. 여기서 1차적인 문제는 현재의 역사가가 과거의 사실과 직접 대화를 한다는 것은 불가능하며, 단지 상상 속의 대화만이 가능하다는 점이다. 따라서 "현재와 과거의 끊임없는 대화"라는 카의 정의는, 엄밀히 말하면 '역사란 무엇인가'에 대한 답이 아니라 문제의 시작이다.

　역사학은 '역사 연구'와 '역사 서술'이라는 두 과정으로 성립한다. 대화라는 수사적 표현이 연구 과정을 지칭한다면, 대화의 성과를 하나의 이야기로 엮어낸 것이 역사 서술이다. 연구는 과학적으로 이뤄지지만, 서술은 문학적으로 행해진다는 점이 역사의 정체성이 과학과 예술 사이에 위치할 수밖에 없는 근본 이유다. 대화의 다른 말이 '이야기'다. 모든 이야기에는 시작과 끝이 있다. 그 둘을 어떻게 연결하느냐, 곧 플롯을 어떻게 구성하느냐에 따라 이야기의 주제가 바뀌고 내용의 변주가 일어난다. 따라서 역사를 쓴다는 것은, 역사적 사실을 이야기한다기보다는 이야기로 역사적 사실을 풀어낸다고 말하는 편이 더 적절하다.

역사적 사실들의 조합으로 이야기를 구성하는 것이 아니라 역사가가 머릿속으로 구상한 이야기의 플롯에 따라 역사적 사실들이 선택되고 편집된다는 점에 주목해, 헤이든 화이트는 "역사적 사실은 발견되는 만큼 발명된다"는 테제를 제시했다. 정답은 역사가가 발견할 수 있다고 믿는 것인 반면, 해답은 역사가에 의해 만들어지는 것이다. 해답은 하나가 아니라 복수로 존재한다. 적지 않은 경우 그 해답들이 극과 극으로 달라서 그 차이 때문에 역사 전쟁이 벌어지곤 한다. 예컨대 1894년 전라도 지방에서 동학농민군들이 봉기를 했다는 하나의 과거 사실에 대한 역사 이야기는 '동학란' '동학혁명' '동학운동' '갑오농민전쟁'처럼 다양하다. 결론적으로 말해, 역사의 해답은 "현재와 과거의 대화"를 어떤 방식으로 해서 어떤 이야기를 구성하느냐에 따라 천차만별로 달라질 수 있다.

과학으로서 역사의 정체성을 주장했던 카는 이 같은 역사의 문학성을 무시했다. 역사가란 기본적으로 역사를 쓰는 사람이며, 새로운 역사를 쓰고자 하는 열망을 갖고 과거와의 대화를 시도한다. 역사가가 역사 연구를 시작할 때 첫번째로 하는 일이 이전의 역사가들이 했던 현재와 과거의 대화 형식과 내용을 검토하는 연구사적 정리다. 이 선행 작업을 하는 가운데 역사가는 역사 연구와 역사 서술 자체도 역사적임을 깨닫는다.

이처럼 역사 연구와 역사 서술의 역사를 전문적으로 탐구하는 분야가 사학사史學史다. 사학사적으로 살펴볼 때, 각 시대 각 지역에는 그 나름의 현재와 과거의 대화를 하는 고유한 방식이 있었다. 그 고유한 방식을 지칭하는 용어가 역사 담론이다. 역사 담론이란 과거 실재를 역사 이야기로 구성하는 인식의 프레임, 푸코의 용어를 빌려 말하면 에피스테메episteme라고 부를 수 있다. 카가 제기한 '역사란 무엇인가'라는 질문은 과거를 역사로 파악하게 만드는 메타역사인 그 프레임에 관한 질문이다. 그 프레임이 전환되어온 과정과 궤적을 탐구하는 사학사의 관점으로 볼 때, 카의 역사관에 이르러 정점에 이르는 근대주의 역사학은 시간 속에서 변화해온 여러 메타역사 가운데 하나일 뿐이다.

　　제2부는 카의 '어제의 역사학'에 대항하는 '오늘의 역사학'인 탈근대 역사 이론을 다룬다. 탈근대 역사 이론은 있었던 그대로의 과거를 보여주기 위해 역사를 쓰는 것이 아니라, 역사로 그렇게 기록돼 있기에 과거가 그러했다는 것을 우리가 알 수 있다는 '인식론적 전환'을 특징으로 한다. 역사의 과거에 대한 우위를 주장하는 '인식론적 전환'은, 개념으로서 역사가 없다면 과거에 대한 인식이 불가능한 상황을 지칭한다. 김춘수 시인은 「꽃」에서 '이름'으로 불리지 않은 것은 의미 없는 '몸짓'에 불과하다고 노래했다. 마찬가지로 역사가에 의해 호명된 과거만이 역사로 기억되고, 그 나머지 과거는 시간 속에서 사라진다.

　　역사를 과거 실재가 아니라 역사가가 붙인 이름으로 보는 탈근대 역사 이론을 구현하는 대표적인 역사 서술이 미시사다. 역사의 기록은 대부분이 승자의 관점에서 서술되었다고 해도 과언은 아니다. 사료 자체가 승자의 역사로서 서술된 것이라면, 역사가는 어떻게 패자의 목소리를 복원하여 역사적 진실의 실마리를 풀어낼 수 있는가? 미시사는 '아래로부터의 역사'라는 관점과 시각으로 역사로부터 소외당하고 배제된 사람들을 구원한다는 문제의식을 가진다.

제3부는 전 지구화와 더불어 인공지능 시대 벌어진 유사 이래 가장 크고 빠른 문명사적 변화와 연관해 '내일의 역사학'을 세 방향에서 전망한다. 첫번째 한국사의 맥락에서 글로벌 시대 한국 역사학이 나아갈 방향에 대해 고찰한다. 한국의 근대 역사학은 일제 식민사학의 유산인 한국사·동양사·서양사로 나눠진 3분과 체제를 청산하지 않고 전후 일본 역사학보다 오히려 이를 더 강화하여 정립됐다. 전 세계 인류가 하나의 지구촌 사회에 사는 오늘날에는 이런 '어제의 한국 역사학' 모델은 하루빨리 해체되어야 한다. 글로벌 시대의 역사학은 마땅히 글로벌 히스토리를 지향해야 한다. 이러한 문제의식에서 '내일의 한국사' 모델로 '글로벌 한국사'를 제안한다.

두번째, 인간 삶의 무대가 실재에서 가상현실로 이동하는 디지털 시대의 경향성에 비추어 역사학과 사극의 엇갈린 운명을 해석한다. 역사학이 '현실의 역사'라면, 사극은 가상의 '꿈꾸는 역사'라고 말할 수 있다. 전자는 만성적인 위기를 벗어나지 못하는 반면, 후자는 전성기를 구가한다. 이런 엇갈린 운명에 대한 진단은 여러 가지로 내릴 수 있지만, 본질적인 이유는 우리가 지식보다 상상력이 더 중요한 시대에 살고 있기 때문이다.

세번째, 빅데이터와 인공지능의 도전에 직면한 인류 역사가 어디로 흘러갈지와 더불어 역사학의 미래에 대해 생각해본다. 장차 인간보다 더 똑똑한 인공지능이 등장한다면, 인류 종의 운명은 어떻게 될 것인가? 인류에게 과연 '내일'이 있는가? 인간은 아무리 어려워도 "내일은 내일의 태양이 뜬다"는 믿음으로 오늘을 견디며 살았다. 내일이 없는 역사를 이야기하고 역사학을 연구한다는 것은 의미가 없다.

철학자이자 생물학자이며 역사가인 다니엘 S. 밀로는 원래 유약한 유인원이었던 호모 사피엔스가 멸종 직전에 자신의 운명을 반전시킨 가장 위험하고 위대한 발명은 '내일'이라고 하였다.[2] 인간만이 아직 오지 않은 미래를 기억하는 지구에 존재하는 유일한 생명체다. 모든 생물, 심지어 미생물까지도 기억을 가지고 있으며 현재를 경험한다. 이에 비해 오직 인간만이 과거를 기억하고 현재를 경험하는 것을 넘어 미래에 대한 상상력을 가지고 있다. 앞으로 인류에게 "문제는 내일이다"라는 위기의식이 미래에 대한 상상력을 더욱더 절실히 요청하게 만든다. 요컨대 '내일의 역사학'

---

2 다니엘 S. 밀로, 양영란 옮김, 『미래중독자─멸종 직전의 인류가 떠올린 가장 위험하고 위대한 발명, 내일』, 추수밭, 2017.

에 대한 탐구는 인류가 "죽느냐, 사느냐"의 미래가 걸린 문제다.

　미리 고백하면, 이 책은 미완성이다. 너무나 많은 변화가 빠르게 일어나는 현실을 반영하여 역사란 무엇이며, 역사학이 어디로 가야 하는가에 대해 쓰는 작업은 마침표를 찍지 못하고 끝없는 수정과 보완을 거듭할 수밖에 없었다. 필자는 집필하는 동안 이미 한물간 논의들을 재탕하고 있다는 회의가 드는 한편, 아직은 역사적 사실이 될 수 없는 미래에 일어날 일들에 대해 다루는 것은 결코 역사학의 주제가 될 수 없다는 걱정을 떨쳐버릴 수 없었다.

　결국 책이 세상에 나옴과 동시에 저자는 죽음을 맞이하는 게 순리라는 자기 위안을 하면서, 마침표가 아닌 쉼표를 찍는 수준으로 글을 일단락 짓는다. 이렇게 일단락이라도 지을 수 있었던 것은 무엇보다도 출판사에서 기울인 정성 덕택이다. 그것 덕분에 나의 안일함과 게으름을 질책하며 스스로가 설정한 한계를 넘어설 수 있었다. 새삼 내가 너무나 많은 빚을 지고 산다는 것을 깨닫는다. 누구보다도 많은 빚을 진 부모님과 아내에게 고마움을 느끼면서, 인간이 이렇게 빚지고 살아가기 때문에 내일의 역사가 있다는 생각을 한다.

2018년 5월 봄날

김기봉

차례

역사가를 꿈꾸는
이들에게

코레일은 2007년 7월 KTX 홍보를 위해 「딸아이의 꿈을 만나다」라는 동영상 광고를 내보낸 적이 있다.[1]

---

1   https://www.youtube.com/watch?v=iwmZnVpNko8.

첫 장면은 이른 아침 아빠가 딸과 함께 기차 여행을 하는 것으로 시작한다. 딸은 졸려 하품하면서 놀이동산이나 가지 왜 경주를 가는지 모르겠다고 아빠를 흘겨보며 불평한다.

그러는 사이 기차는 아침 해가 떠오르는 들판을 가로질러 달린다.

두 사람이 간 곳은 불국사다. 다보탑 위로 해가 찬란히 비치고,

불평하던 딸은 다보탑과 마주한다.

　딸은 황홀하게 석등을 쓰다듬는다. 이 모습을 뒤에서 지켜보
던 아빠는 혼잣말로 말한다. "지금 내 아이는 1,500년 전의 아침을
만나고 있습니다."

불국사 경내를 나오면서 딸은 "아빠, 나 역사학자 될까?"라고 묻는다. 딸의 물음에 아빠는 아무런 대답도 하지 않고 애매모호한 표정을 지으며 씩 웃는다.

두 부녀의 뒷모습 위로 "만나세요. 더 깊게 이어집니다"라는 내레이션과 자막이 나오는 장면으로 광고는 끝이 난다.

여행이 공간을 이동해서 타자들의 삶을 보는 거라면, 역사란 과거의 사람들로부터 배우기 위한 시간 여행이다. 실제 현실에서 가능한 여행은 자동차, 기차, 배, 비행기 같은 교통수단을 이용하는 공간 이동이다. 과거로의 시간 여행인 역사는 아직 타임머신이 발명되지 않았기에 상상으로만 할 수 있다. 그런데 코레일이 KTX의 유용성을 선전할 목적으로 제작한 이 광고는 시간과 공간 여행 둘 다를 매개하는 수단으로서 기차의 효능을 잘 보여준다.

나는 이 41초짜리 짧은 광고를 '역사학 입문' 수업 시간에 보여주고, 학생들에게 다음 세 가지 질문을 던진다. 첫번째, 광고에서 아버지가 딸을 경주 불국사로 데리고 간 의도는 무엇인가? 두번째, 딸은 불국사의 다보탑을 보고 난 다음 왜 역사학자가 되겠다는 꿈을 말했을까? 세번째, 딸의 말을 듣고 보인 아버지의 표정을 어떻게 해석할 수 있는가?

첫번째 질문에 대한 답은 "지금 내 아이는 1,500년 전의 아침을 만나고 있습니다"라는 아빠의 독백에 담겨 있다. '1,500년 전의 아침과의 만남'이라는 기적을 행하는 것이 E. H. 카가 현재와 과거의 대화라고 정의한 역사다. 아빠는 딸이 '1,500년 전의 아침과의 만남'을 가능하게 하는 역사의식에 눈을 뜨게 할 목적으로 이른 아침 불국사로 여행을 떠났을 것이다. 역사의식이란 자기 존재의 기원과 의미를 과거와 미래로 확장시켜서 성찰하는 지적 능력을 지칭한다. 이것을 각성하는 출발점이자 역사를 공부하는 궁극적 목적이 되는 질문이 "우리는 어디서 왔고, 무엇이며, 어디로 가는가?"이다. 이 세 가지 빅퀘스천big questions은 인간의 존재 의미와 삶의 방식에 대해 탐구하는 '인문학 3문問'이다.

첫번째 "우리는 어디서 왔는가"라는 물음으로 자신의 뿌리를 탐구하는 과정을 통해 의식화하는 것이 두번째 "우리는 무엇인가"라는 질문과 연관된 집단 정체성이다. 세번째 "우리는 어디로 가는가"라는 질문은 자기 삶의 목적, 곧 무엇을 위해 살 것인지 삶의 오리엔테이션에 관한 것이다. 나의 정체성을 묻는 질문이 현재의 나를 존재하게 한 과거로의 시간 여행을 떠나게 한다면, 삶의 오리엔테이션에 관한 질문은 현재 내 삶의 목표가 되는 미래의 꿈으로 삶의 지평을 확장시킨다. 현재와 과거의 대화로 정의되는 역사를 학생들에게 가르치는 이유는 1차적으로 과거와 소통하게 하는 것이지만, 그 지향점은 「딸아이의 꿈을 만나다」라는 광고 제목처럼 자기 존재의 의미와 삶의 목적을 찾게 해주는 것이다.

현실적으로 1,500년 전 과거의 사람들과 만나는 것은 불가능하다. 그런 시간 여행은 광고에서처럼 다보탑과 같은 매체를 타임머신으로 활용함으로써만 가능하다. "사료가 없으면 역사도 없다"는 말처럼, 현재와 과거의 소통은 언제나 사료라는 매개물을 통해서만 이뤄질 수 있다.[2] 딸아이는 다보탑을 매개로 해서 1,500년 전 아침과 만나는 기적을 경험하고, 자신과 1,500년 전 사이의

---

2 역사와 매체의 관계에 대해서는 김기봉, 「역사의 '매체적 전환'―매체로 보는 역사와 역사학」, 『역사학보』 204호, 2009, 105~39쪽.

시간에 대해 생각한다. 그사이의 시간에 대해 생각해볼 때, '나'는 그냥 현재 이 세상에 태어난 것이 아니라 수많은 과거의 사람들과 연관돼 있음을 깨닫는다. 예컨대 임진왜란이나 6·25전쟁을 겪은 내 선조들 가운데 한 분이 그때 거기서 죽었더라면 오늘의 나는 존재할 수 없다. 따라서 역사의식이란 1차적으로는 현재의 우리가 과거 조상들의 삶과 연속선상에서 살고 있다는 것, 곧 과거의 그들이 있었기에 오늘의 우리가 존재한다는 집단 정체성을 각성하는 것을 의미한다. 과거는 비록 사라진 실재지만 없는 것이 아니라 현재의 우리를 형성하는 유전자로서 우리 안에 내재해 있음을 깨우치는 것이 역사의식이다.

인간은 모든 인간every man이 아니라 로마인, 신라인, 한국인과 같은 특정 인간으로 존재한다. 내가 한국인으로 여기 이 땅에서 태어난 것은 운명이다. 따라서 한국의 역사학자가 첫번째로 탐구해야 할 중요한 과제는 '한국인이란 누구인가'의 정체성을 해명하는 일이다. 오늘날 우리는 연개소문, 계백 그리고 김춘추를 같은 한국사의 인물로 이야기한다. 하지만 과거에 그들도 그렇게 생각했을까? 아마 서로를 동족이 아닌 적으로 인식했을 것이다. 그렇다면 과거의 그들을 같은 우리로 이야기할 수 있는 근거는 무엇인가?

"나는 누구인가?"의 정체성은 내가 어떤 이야기를 믿느냐로 결정된다. 예컨대 기독교인은 『구약성경』과 『신약성경』, 이슬람교도는 『코란』이 인간으로서 자기 정체성을 결정하는 코드다. 국민

징체성 또한 마찬가지다. 우리는 누구이며, 누가 같은 우리인가도 결국 우리가 어떤 역사 이야기를 같이 공유하느냐의 문제다. 이 점을 염두에 둘 때 한국인이 하나의 단일민족으로 있기 때문에 한국사가 있는 것이 아니라, 한국사의 이야기가 한국인이 누구인지 그 정체성을 만들어낸다는 것이 진실이다.

내가 나를 한국인이라고 말하는 이유는 알고 보면 한국사라는 집단기억이 각인돼 있기 때문이다. 예컨대 내가 일제 식민 시대를 살지 않았고 현재의 일본인들이 과거 정신대 할머니들을 성노예로 삼지 않았음에도, 과거의 일본인들이 그들에게 했던 잘못을 인정하고 사과하라고 요구하는 이유는 내 머릿속에 한국사라는 매트릭스matrix가 주입되어 있기 때문이다.[3] 역사라는 정보는 내가 직접 체험하여 생성된 기억이 아니라 학습을 통해 주입된 '포스트메모리'다. 과거가 없는 인간은 없기 때문에 모든 인간에게는 역사가 있다. 개와 고양이에게도 과거는 있다. 하지만 개와 고양이에게는 개체가 아닌 집단과 종 차원으로 축적하는 총체적 과거에 대한 지식을 탐구하고자 하는 역사의식이 없다. 지구상의 다른 생명체와는 다르게 인간은 자신의 정체성을 역사를 통해 형성하기 때문에 빌헬름 딜타이는 "인간 본성의 총체는 곧 역사"[4]라고 말했다. "역사는 인간의 이야기이지만 인간은 역사를 통해 인

---

3 매트릭스로서 역사에 대해서는 김기봉, 『팩션 시대—영화와 역사를 중매하다』, 프로네시스, 2006.

4 리처드 E. 팔머, 이한우 옮김, 『해석학이란 무엇인가』, 문예출판사, 1988, 173~74쪽.

간이 된다"는 사실로부터 인간은 '역사적 존재*Homo Historicus*'로 규정된다.

　두번째 질문은 딸이 "아빠, 나 역사학자 될까?"라고 말한 이유는 무엇인가이다. 딸에게 인간은 역사적 존재라는 역사의식을 주입시키려는 아빠의 의도는 적중했다. 그 효과로 딸은 역사학자가 되겠다는 꿈을 가졌다. 무엇보다도 1,500년 전의 아침을 만났다는 황홀한 경험이 딸로 하여금 그런 꿈을 꾸게 만들었을 것이다.

　초등학교에서 어린 학생들에게 가장 초보적 수준의 역사의식을 각성시킬 목적으로 내는 숙제가 일기 쓰기다. 일기란 자기 삶을 역사로 기록하는 행위다. 일기를 쓰기 위해 자기 삶을 반성하는 과정을 통해 아이는 과거를 역사로 인식하는 능력을 고양할 뿐만 아니라, 이런 역사화를 통해서 앞으로 어떻게 해야겠다는 미래에 대한 좌표도 설정한다. 이런 식으로 현재의 내가 과거와 미래와 소통하면서 삶을 영위하도록 이끄는 사고 능력을 키워주는 것이 역사교육의 가장 중요한 목적이다.

　인간이 세상을 산다는 것은 시간과 공간 속에 존재한다는 것을 의미한다. 나는 누구인가 그리고 어떤 삶을 살 것인가는 결국 내 삶의 시공간을 어떻게 구성하느냐로 결정된다. 여행이 내 삶의 공간을 확장시키려는 행동이라면, 역사란 내 존재의 기원과 의미를 현재를 넘어 과거와 미래로 확대시켜서 사유한 노력의 성과물이다. 역사의식을 통해 인간은 현재 나의 존재는 과거의 조상뿐 아니라 미래의 후손과 연결돼 있음을 깨닫는다. 과거 조상들의 삶이 현재를 살아가는 우리의 삶을 조건 지은 것처럼, 오늘날 우리가 어떤 삶을 사느냐로 미래 후손들의 삶의 조건이 달라진다. 그래서 과거 조상들의 이야기를 알아야 오늘의 우리가 누구인지를 정확히 이해할 수 있다. 마찬가지로 오늘 우리의 이야기가 미래 후손들의 정체성을 형성한다는 각성이 인간을 역사적 존재로 만든다. 이렇게 우리의 존재 이유와 의미를 과거, 현재, 미래와 연결시켜서 우리가 무엇을 위해 어떻게 살 것인지를 성찰하도록 만드는 것이 역사의식이다.

인간이 자의식을 한 단계 성숙시키는 결정적 계기는 죽음에 대한 인식이다. 인간에게 가장 확실한 사실은 죽는다는 것이다. 그런데 역설적이게도 가장 불확실한 사실이 언제 죽을지 모른다는 것이다. 이러한 죽음의 확실성과 불확실성 때문에 죽음 앞에서 모든 인간은 경건해지면서 자기 존재의 의미에 대해 성찰한다. 아직 오지 않은 죽음에 대한 인식은 지구에 사는 생명체 가운데 오직 인간만이 한다. 그래서 하이데거는 『존재와 시간』에서 다른 존재자들은 사멸하지만, 오직 인간만이 '죽음을 향해가는 존재Sein zum Tode'가 될 수 있다고 했다.

삶 안에 이미 죽음이 프로그래밍 되어 있다는 메시지를 표현한 말이 '메멘토 모리Memento mori(죽음을 기억하라)'다.[5] 고대 로마

---

5   울리 분덜리히, 김종수 옮김, 『메멘토 모리의 세계』, 길, 2008.

제국 시대 원정에서 승리하고 돌아온 개선장군이 행진할 때 노예 하나가 뒤따라가면서 외치는 말이다. 인생의 절정의 순간에 모든 것의 종말인 죽음을 기억하면서 겸손해지라는 뜻이다.

역사란 궁극적으로 죽을 운명을 가진 인간이 죽음을 기억하고 자기 존재의 의미를 성찰하도록 만드는 기능을 한다. 이런 취지로 프랑스의 대표적인 역사가들이 모여 역사가로서 걸어온 자신의 삶에 대해 이야기하는 '에고 역사ego-histoire'로 기술한 책이 『나는 왜 역사가가 되었나』이다. 이 책의 저자 가운데 한 사람인 자크 르 고프는 자신이 역사가가 된 이유를 죽음에 대항하는 싸움을 하는 삶을 살기 위해서라고 했다. 그는 역사가는 단지 지적·학문적 관심에만 매달리지 않고 삶과 죽음에 대한 좀더 깊은 통찰을 하는 사람이라고 말했다. "역사는 죽음과 대항한 싸움이다. 역사가는 죽음과 떨어져서 과거에 잠겨 있기 때문에 자신이 좀더 오래 의식적으로 살기를 바란다."[6]

인간은 죽는다는 것을 기억하는 삶을 살기 때문에 역사적 존재가 되었다. 인간에게 역사는 현재의 나를 과거와 미래로 연결시켜주는 끈이다. 이 같은 끈으로서 역사는 개인의 유한성을 극복하고 집단의 무한성을 불어넣는 신화의 기능을 한다. 인간이 세대 간의 시간과 경험의 단절을 이어주는 이야기로 발명한 것이 역사다. 유한한 나를 무한한 우리로 부활시키는 역사의 서사적 기능을

---

6   피에르 노라 엮음, 이성엽·배성진·이창실·백영숙 옮김, 『나는 왜 역사가가 되었나』, 에코리브르, 2001, 295쪽.

프랑스의 철학자 폴 리쾨르는 다음과 같이 표현했다. "조상의 기억은 그 자손들의 기억과 부분적으로 교차하며, 그러한 교차는 우리의 친밀함에서부터 현장 보도의 익명성에 이르기까지, 모든 단계를 보여줄 수 있는 공통의 현재 속에서 일어난다. 죽은 자들의 시간, 그리고 내가 태어나기 전의 시간으로 이해된 역사적 과거의 방향으로 기억을 중계하는 것처럼 작용하는 조상들의 이야기를 통해, 역사적 과거와 기억 사이에 다리가 놓여지는 것이다. 그러한 기억들의 고리를 거슬러 올라가면, 역사는 인류 최초의 날에서 현재에 이르기까지 연속적으로 펼쳐짐으로써 우리로 표현되는 어떤 관계를 지향하게 된다."[7] 과거의 조상, 현재의 우리 그리고 미래의 후손이 함께 하나의 파트너십을 이룰 수 있도록 만드는 공동체의 서사가 역사이며, 이 같은 서사를 통해 나는 한국인이라는 정체성을 의식화하고 삶의 오리엔테이션을 한다.

코레일 광고와 연관해서 학생들에게 마지막으로 던지는 세 번째 질문은 딸이 역사가가 되겠다고 했을 때 아빠가 보인 반응을 어떻게 해석할 것인가이다. 역사의 중요성에 대해서는 거의 모든 사람이 동의한다. 하지만 자기 딸이 역사학자가 되겠다고 말하면, 아버지로서 어떤 생각이 들까? 이 광고 마지막 장면에 나오는 아버지의 애매모호한 표정이 현재 역사학의 위기 현상을 보여주는

7   폴 리쾨르, 김한식 옮김, 『시간과 이야기 3—이야기된 시간』, 문학과지성사, 2004, 223쪽.

기상도로 읽힌다. 지식정보사회에서 인문학의 중요성은 모두가 인정하지만, 직업으로서 인문학자가 되는 것은 권하고 싶지 않은 것이 현실이다.[8]

사극 열풍으로 나타나듯이 대중의 역사에 대한 열망은 결코 줄어들지 않고 있다. 하지만 대학의 사학과는 위기다. 이른 아침 딸아이와 경주로 역사 답사 기행을 갈 정도의 역사의식을 가진 아버지는 역사가가 되겠다는 딸의 꿈을 꺾지 않고 도와줄 것임에 틀림없다. 하지만 역사 콘텐츠 전성시대에 역사학은 위기에 봉착해 있는 현실의 모순을 잘 알고 있는 아버지의 입장에서는 딸의 장래를 위해 어떤 조언을 할 수 있는가? 이 물음을 화두로 삼고 논지를 전개하려고 한다. 대학에서 역사를 가르치는 기성 역사가인 내가, 장차 역사가가 되겠다는 학문 후속 세대에게 역사란 무엇이고 어떻게 역사를 할 것인지에 대해 이야기하는 것이 앞으로 펼쳐나갈 이 책의 내용이다.

---

8   지식정보사회에서 인문학의 위기에 대한 진단과 처방으로는 김기봉, 「직업으로서 인문학─인문학의 과거와 미래」, 『인문콘텐츠』 15집, 2008, 191~207쪽.

제1부

어제의 역사학
—
굿바이 E. H. 카

1강

'과학'이라는
우상 파괴

「딸아이의 꿈을 만나다」라는 코레일 광고에 나오는 아버지 세대를 비롯한 대다수 한국인들의 역사의식을 지배하는 책은 E. H. 카의 『역사란 무엇인가』이다. 이 책은 1980년대 한국 사회 변혁운동에 헌신했던 사람들에게는 혁명의 교리문답을 설교하는 역사 성경이었다. 지금까지도 카가 내린 역사의 정의를 주문처럼 되뇌는 한국인에게 카는 역사 종교의 '숨은 신'이다.

한국인들의 카에 대한 '우상숭배'를 잘 보여준 것이 2013년 연말 개봉해 1,000만 관객을 돌파한 영화 「변호인」(양우석 감독)이다. 영화의 내용은 사실과 허구가 묘하게 결합된 팩션faction이다. 예를 들어 영화에서 변호사 '송우석'(송강호 분)은 카가 공산주의자인가 아닌가에 대한 영국 정부의 공식 입장을 재판정에서 읽는 장면이 나온다. 영국 외교부가 "에드워드 카는 런던에서 태어났으며 캠브리지 대학을 졸업한 영국인으로 영국을 위해 헌신한 외교관이며 존경받는 역사학자이다. 『역사란 무엇인가』라는 책이 공산주의 사상을 옹호하는 책이 아님을 밝힌다. 아울러 『역사란 무엇인가』가 한국 독자들에게 많이 읽혀지길 바란다"는 메시지를 전달했다는 것이다. 이렇게 메시지를 전달했다는 것은 사실이 아닌 영화적 상상력의 소산이다. 그런데 영화에서처럼 실제 영국 정부를 향해 카에 대한 평가를 묻는다면 과연 어떤 답변을 받게 될 것인가?

카가 영국인들에게 어떤 역사가인지에 대해서는 그의 제자인 조너선 해슬럼Jonathan Haslam이 쓴 평전에 근거해서 말하는 것이 가장 정확할 것이다.[1] 이 책의 우리말 번역본은 'E. H. 카 평전 — 사회적 통념을 거부한 역사가'라는 제목으로 출간됐지만, 원제목은 '완전무결함의 악덕들The Vices of Integrity'이다. 저자는 왜 이런 이상한 제목을 붙였을까?

'완전무결함의 악덕들'이라는 원제는 카의 파란만장한 인생을 한마디로 요약한 말로 여겨진다. 책에는 이에 대한 명확한 설명이 없고, 단지 머리말에 추정을 가능케 하는 언급이 있다. "대다수 사람들에게 카는 수수께끼 같은 인물이자 접근하기 어려운 인물, 인간이라기보다는 반신(또는 악마)과 같은 존재였다."[2] 이 말은 카에 대한 칭찬인가 비난인가? 평전의 맨 앞장에는 "빛이 강렬한 곳에도 짙은 그림자는 있다"는 괴테의 말이 인용돼 있다. 카가 바로 빛과 그림자, 곧 지지자에게는 고결한 역사의 선지자로 추앙받았지만 적대자에게는 초지일관하게 러시아혁명과 스탈린주의를 옹호했던 외골수 지식인이었다. 카의 악마적 속성을 가장 신랄하게 공격한 유명한 지식인들 중 한 사람인 이사야 벌린Isaiah Berlin은 그에 대해 "자유주의자들에 대한 증오를 결코 숨기지 않았고, 극단주의자들이 어리석고 잘못된 개념을 가지고 있다고 평가되는 경우에도 …… 그들을 끝까지 두둔했다"[3]고 지적했다.

1   Jonathan Haslam, *The Vices of Integrity: E. H. Carr 1892~1982*, Verso Books, 2000.
2   조녀선 해슬럼, 박원용 옮김, 『E. H. 카 평전—사회적 통념을 거부한 역사가』, 삼천리, 2012. 8쪽.
3   같은 책, 9쪽.

공산주의자는 사회구조적으로 조건 지어진 불평등 요인들을 철폐함으로써 모든 사람이 평등하게 살 수 있는 세상을 건설하는 것을 꿈꾼다. 하지만 그런 유토피아를 실현시키기 위해 일어났던 볼셰비키 혁명은 스탈린주의라는 역사의 재난을 초래했다. 마찬가지로 이념 차이를 넘어 거의 모든 사람이 공감할 수 있는 가장 명쾌한 역사에 대한 정의를 전파한 카의 『역사란 무엇인가』는 한국인의 역사 개념과 역사의식 형성에 계몽의 빛과 함께 독선과 시대착오의 짙은 그림자를 드리웠다.

현실사회주의의 몰락과 함께 근대 거대 담론 역사가 종말을 고한 탈근대에서도 여전히 카의 역사관을 금과옥조로 받아들이는 것은 시대착오일 뿐만 아니라 악덕을 낳는다. 따라서 이런 문제의식을 가지고 우리 시대 '역사란 무엇인가'에 대한 새로운 답을 구하기 위해서는 먼저 'E. H. 카'라는 역사의 우상을 파괴하는 것에서부터 시작할 필요가 있다.

"현재와 과거의 끊임없는 대화"라는 카의 역사에 대한 정의는 어떤 특정 이데올로기를 담보하지 않은 우리 시대에서도 여전히 유효한 것일 수 있다. 문제는 그 말의 지시 대상인 기표記標, Signifiant가 아니라 의미 내용인 기의記意, Signifié다. 같은 말이라도 시대가 다르면 의미가 달라진다는 것이 "현재와 과거의 끊임없는 대화"가 전하는 역사의 메시지다. 우리의 현재는 카의 현재가 아니다. 카의 강연은 1960년이라는 반세기가 훨씬 지난 과거에 행해진 것이다. 따라서 카의 역사에 대한 정의를 성경 말씀처럼 되뇔

게 아니라, 현재의 우리가 과거의 카와 대화하는 것을 통해 '역사란 무엇인가'에 대해 다시 생각해보는 것이 그의 역사관에 따르는 것이 된다.

'기울어진 운동장'이란 말이 있듯이 모든 대화를 선험적으로 규정하는 것은 의사소통의 장場이다. 축구장과 농구장의 게임 규칙이 다른 것처럼 장소에 따라 대화의 문법이 다르다. 막스 베버는 인간은 그 자신이 짠 문화라는 의미의 거미줄에 매달려 사는 거미와 같은 존재라고 말한 바 있다. 예컨대 중세인과 근대인, 모슬렘과 기독교도 간에는 인정과 관용을 토대로 서로의 차이를 인식하고 대화를 할 때 소통이 가능하다. 즉, 그 대화가 문화와 세계관의 차이를 번역해야 한다는 것을 전제로 할 때 하버마스가 의사소통 관계의 이상적인 상황으로 설정한 자유로운 의사소통의 장이 열릴 수 있다. 문제는 카가 그런 차이를 고려하지 않고 현재와 과거의 직접적인 대화를 주장했다는 점이다.

각 시대는 나름대로 현재와 과거의 대화를 규정하는 고유한 의사소통 관계가 있다. 그 관계는 현재와 과거 가운데 대화를 주도하는 쪽이 권력의 우위를 점한다는 특징이 있다. 카는 그 권력관계를 현재의 역사가가 특정 과거에게만 발언권을 주는 방식으로 대화를 하는 것으로 설정했다. 그런 방식의 대화로는 현재와 과거의 문화적 차이로부터 발생하는 의사소통의 장애를 극복할 수 없다. 우리가 대화를 시도하는 1차적 이유는 차이를 이해하기 위해서다. 지금 우리가 사는 방식이 과거와 다르기 때문에 대화가 필요한 것이고, 그 차이에 비추어 현재의 우리를 반성한다는 자세를 견지할 때 과거로부터 뭔가를 배울 수 있다. 현재가 묻고 과거가 답하는 방식의 대화를 할 때 중요한 태도는, 현재가 과거에 대해 말하기보다는 경청하는 자세로 임해야 한다는 것이다. 말할 때는 내가 아는 것만을 강조할 뿐이지만, 들을 때는 내가 모르는 것도 알 수 있다.

시간과 공간을 초월해서 통용되는 '역사란 무엇인가'라는 물음에 대한 정답은 없다. 이 물음 자체가 현재 우리가 살고 있는 시간과 공간을 과거의 그것들과 비교해 성찰할 목적으로 던지는 질문이다. 인간이 사는 것은 시간과 공간이다. 그 분량이 얼마만큼인지 모른 채 나에게 주어진 시간을 사는 것이 인생이다. 또한 '나'라는 개체는 하이데거가 '세계 내 존재'라고 규정한 것처럼 보이지 않는 새장 속에 사는 존재다. 인간이 상상하는 가장 큰 것이 우주다. 아인슈타인은 우주를 시간과 공간이 씨줄과 날줄로 엮여서 짜진 천과 같은 것이라 했다. 역사 또한 인간이 살았던 시간과 공간에 대한 이야기다. 다시 말해 인간을 주인공으로 삼아 시간과 공간을 씨줄과 날줄로 해서 풀어내는 이야기가 바로 역사다.

우리는 모든 인간이 아니라 한국인으로 산다. 인간·시간·공간의 3간의 조합으로 구성되는 '역사란 무엇인가'라는 물음에 21세기를 살아가는 한국인의 답이 20세기 영국에서 살았던 카의 주장과 같을 수 없다. 카의 『역사란 무엇인가』는 21세기 한국인에게는 위험한 역사의 거울이다. 역사 그 자체가 위험한 거울이라고 말한 역사가는 한양대 사학과의 김현식 교수다. 그는 '역사란 무엇인가'에 대한 자신의 대답으로 쓴 『역사, 위험한 거울』의 「프롤로그」에서 기욤 드 로리스의 『장미 이야기』에 나오는 문장을 인용했다. "그것은 위험한 거울Miroir Prilléux로,/거만한 나르시스가/자신의 얼굴과 회색빛 눈을 보다가,/마침내 빠져 죽은 곳이다./그 거울에 자신을 비춰본 자는 누구나,/자신의 앞에 보이는 것을/사랑하게 된다./그 거울은 수많은 용자勇者를/죽음의 길로 이끌었나니,/가장 현명하고 가장 훌륭한 사람이라도/그곳에 걸려든다."[4]

물론 과거의 사례에 비추어 현재의 문제를 성찰하는 역사라는 거울이 그 자체로 위험하다고 말하는 것은, 목욕물이 더럽다고 아이까지 버려야 한다고 말하는 것처럼 어리석은 일이다. 카의 『역사란 무엇인가』가 위험한 거울이 된 1차적 이유는 그가 제시한 거울을 잘못 사용한 한국인들의 탓임을 지적하지 않을 수 없다. 하지만 앞서 여러 번 지적했듯이 카 자신에게도 책임이 없다고는 말할 수 없다. 카는 역사의 거울이란 "현재와 과거의 끊임없는 대화"를 통해 만들어지는 것이라고 주장했다. 여기서 중요한 표현이 '끊임없는'과 '대화'이다.

먼저 '끊임없는'에 주목해서 생각해볼 때, 역사 연구란 기존에 주어진 역사의 거울을 재사용해 새로운 거울을 만들어내는 작업이다. 실증사학자들은 하나의 과거 실재를 그대로 비출 수 있는

4   김현식, 『역사, 위험한 거울』, 푸른역사, 2001, 9쪽.

완벽한 거울을 만들어낼 수 있다고 믿고 그것을 추구한다. 하지만 그것은 불가능한 일일 뿐 아니라 설사 만들어낸다 하더라도 현재를 살아가는 우리들에게 유용한 거울이 될 수 없다. 역사가들이 실제로 하는 작업은 과거 실재가 아니라 거울로 주어진 역사와의 대화를 통해 또 다른 거울을 만들어낼 목적으로 역사를 다시 쓰는 일이다. 이는 마치 거울 속에 거울이 계속 겹쳐지는 '미장아빔mise en abyme'으로 '이야기 속의 이야기'가 역사 서술의 역사로 전개되는 것을 의미한다.

다음으로 '대화'라는 말에 방점을 찍고 검토해볼 때, 카가 만든 거울이 과연 왜곡된 상이 아닌 진실을 보여주는지 여부다. 그는 자신의 현재에서 역사의 진보라고 믿었던 이데올로기에 입각해 과거와 대화를 한 셈이고, 이는 진정한 의미의 대화가 아니라 실제로는 독백에 가깝다. 인간이 거울을 통해서 자기가 보고 싶은 것만을 보고자 할 때, 거울은 진실이 아니라 허상만을 비춘다. 카는 자신이 보고 싶은 것들만이 잘 보이는 너무나도 훌륭한 거울을 만들었던 장인이다. 그는 조너선 해슬럼이 쓴 평전 제목처럼 '완전무결함의 악덕들'을 지닌 장인이었다.

모든 역사의 거울이 위험할 수 있음에도 인간에게 필요한 이유는, 인간은 거울 없이는 자신이 누구인지를 보지 못하는 존재이기 때문이다. 현재의 우리가 과거의 그들 삶에서 기억할 만한 가치가 있는 일들에 대해 이야기하는 것이 역사다. 이처럼 역사는 인간의 자기 인식을 위한 거울이다. 오랫동안 환경의 지배를 받고 살았던 인류가 오늘날 지구의 정복자로 불릴 만큼 위대한 문명을 건설할 수 있었던 요인들 가운데 하나는 이 같은 역사의 거울을 만들 줄 아는 지구상의 유일한 생명체라는 점이다.

역사의 거울이 위험하다고 해서 거울 자체를 부수는 것은 더 위험한 야만을 초래한다. 우리가 명심해야 할 중요한 사실은 역사의 거울 자체를 부정하는 것이 아니라 그것의 올바른 사용법을 알아야 한다는 것이다. 이미 카의 책을 비판적으로 검토하는 여러 논문과 책이 나왔다. 하지만 여전히 극복되지 않는 이유는 그와 추상적인 대결을 벌였기 때문이라고 생각한다. 역사의 역사로서 사학사는 창과 방패의 모순의 변증법으로 전개된다. 한때 가장 날카롭고 강력한 창이었던 카의 『역사란 무엇인가』가 이제는 뚫어서 해체해야만 하는 방패가 되는 것이 역사의 흐름이다. 카는 이같은 모순의 변증법을 "현재와 과거의 끊임없는 대화"라고 표현했다.

E. H. 카는 지난 반세기 넘게 한국인의 역사의식을 지배해온 역사의 우상이다. 우선 여기서는 우상 타파를 목표로 카의 『역사란 무엇인가』를 해체하려는 시도를 한다. 이를 위해 카의 책에서 핵심적인 주장을 담은 일곱 개 문장을 선별해서 인용한 다음, 거기에다가 집중적으로 비판의 망치질을 가하는 작업을 수행한다.

1

역사적 사실은
발견되는 만큼 발명된다

우리의 논의는 즉시 과거에 관한 사실 모두가 역사적 사실이 아니라고 하는, 혹은 역사가에 의해서 그렇게 취급되지 않는다고 하는 어려움에 빠지게 된다. 역사의 사실과 역사의 사실이 아닌 과거의 사실을 구별해주는 기준은 무엇인가?

역사적 사실historical fact이란 무엇인가? 이것은 우리가 좀 더 꼼꼼히 생각해보아야만 하는 중요한 질문이다. 상식적인 견해에 따르면, 모든 역사가들에게 똑같은, 말하자면 역사의 척추를 구성하는 어떤 기초적인 사실들이 있다 — 예를 들면 헤이스팅스 Hastings 전투가 1066년에 벌어졌다는 사실이 그런 것이다. 그러나 이 견해에는 명심해야 할 두 가지 사항이 있다. 첫째로, 역사가들이 주로 관심을 가지는 것은 그와 같은 사실들이 아니라는 점이다. 그 대전투가 1065년이나 1067년이 아니라 1066년에 벌어졌다는 것, 그리고 이스트본Eastbourne이나 브라이턴Brighton이 아니라 헤이스팅스에서 벌어졌다는 것을 아는 것은 분명히 중요하다. 역사가는 이런 것들에서 틀려서는 안 된다. 하지만 나는 이런 종류의 문제들이 제기될 때 '정확성은 의무이지 미덕은 아니다'라는 하우스먼(1859~1939, 영국의 시인이자 고전학자)의 말을 떠올리게 된다. 어떤 역사가를 정확하다는 이유로 칭찬하는 것은 어떤 건축가를 잘 말린 목재나 적절하게 혼합된 콘크리트를 사용하여 집을 짓는다는 이유로 칭찬하는 것과 같다. 그것은 그의 작업의 필요조건이지만 그의 본질적인 기능은 아니다. [⋯⋯] 두번째로 명심해야 하는 점은 그 기초적인 사실들을 확정해야 할 필요성이 사실 자체의 어떤 성질에 좌우되는 것이 아니라 역사가의 선험적 결정에 좌우된다는 것이다. C. P. 스콧(1846~1932)의 좌우명에도 불구하고, 오늘날 모든 저널리스트들은 적절한 사실을 선택하고 배열하는 것이 여론에 영향을 미치는 가장 효과적인 방법이라는 것을 알고 있다. 흔히 사실은 스스로 이야기한다고들 말한다. 이것은 물론 진실이 아니다. 사실은 역사가가 허락할 때에만 이야기한다: 어떤 사실에 발언권을 줄 것이며 그 순서나 전후 관계를 어떻게 할 것인가를 결정하는 사람은 바로 역사가이다. 사실이란 마대와 같아서 그 안에 무엇인가를 넣을 때까지는 서 있지 못한다고 말한 것은 피란델로(1867~1936, 이탈리아의 극작가)의 주인공들 중의 한 사람이었던 것 같다. 우리가 1066년에 헤이스팅스에서 전투가 벌어졌다는 것을 알고 싶은 단 하나의 이유는 역사가들이 그것을 주요한 역사적 사건으로 보기 때문이다. 카이사르가 루비콘이라는 저 작은 강을 건넌 것이 역사의 사실이 된 것은 역사가가 나름대로의 이유가 있어서 결정한 일이지만, 그 이전이나 그 이후에 수없이 많은 다른 사람들이 루비콘 강을 건넌 것에 대해서는 누구도 전혀 관심을 가지지 않는다. [5]

'역사학 입문' 첫 시간에 다루는 것이 과거와 역사의 차이다. 역사란 과거에 일어났던 수많은 일들 가운데 현재 우리 삶에 유용한 기억할 만한 가치가 있다고 여겨지는 것들만을 역사적 사실들로 구성하여 만든 이야기이다. 역사적 사실이란 역사학이 연구하는 대상을 지칭한다. 그래서 카는 『역사란 무엇인가』 첫번째 장 「역사가와 그의 사실들」에서 역사적 사실이란 무엇인지, 곧 역사적 사실이 될 수 있는 필요·충분조건에 대해 밝히고자 했다. 먼저 그는 필요조건으로 과거에 실제 일어났던 사실만이 역사적 사실이 될 자격이 있다고 말했다. 과거에 실제 있었던 일이라고 주장하기 위해서는 그것이 일어났던 때와 장소가 명확해야 한다.

카가 예로 든 것이 헤이스팅스 전투다. 노르망디 공작 윌리엄이 영국에 상륙하여 해럴드 2세와 헤이스팅스에서 싸워 승리함으로써 노르만 왕조가 열리는 이 사건은 역사학에서 일반적으로 '노

---

[5]   E. H. 카, 김택현 옮김, 『역사란 무엇인가』, 까치글방, 2018, 19~21쪽.

르만 정복'으로 일컬어진다. 노르망디 공국은 영국이 아닌 프랑스에 위치해 있고, 그것이 나중에 영국과 프랑스 사이에 백년전쟁 (1337~1453)이 일어나는 원인이 된다. 정복자로서 잉글랜드에 들어온 윌리엄은 대륙의 제도인 봉건제를 도입했고, 그래서 노르만 왕조의 성립과 함께 영국사는 중세로 이행하는 것으로 시대 구분된다.

헤이스팅스 전투가 1067년이 아니라 1066년에 그리고 이스트본이나 브라이턴이 아니라 헤이스팅스에서 벌어졌다는 것은, 역사가가 사료에 입각해서 확증해야 하는 연대기적 사실이지 아직은 역사적 사실이 아니다. 그것이 위에서 말한 것처럼, 영국사가 고대에서 중세로 이행하는 분기점이 됐다는 이야기를 구성하는 중요한 요인이 될 때 역사적 사실로 바뀐다. 이처럼 연대기적 사실은 역사적 사실이 되기 위한 필요조건이지 충분조건이 되지는 못한다. 어디까지나 이런 연대기적 사실의 가치를 카는 그의 스승인 하우스먼의 말을 인용하여 "정확성은 의무이지 미덕은 아니다"라는 말로 표현했다.

이탈리아의 역사가 베네데토 크로체는 연대기와 역사를 시체와 생명체로 비유했다. 과거의 사실들을 기록하고 있는 연대기는 살아 있는 것이 아니라 박제된 것이다. 그것들이 현재의 역사가에 의해 호명될 때 살아 있는 역사로 부활한다. 이처럼 죽은 과거를 현재에 부활시키는 것이 역사가의 작업이라고 생각했던 크로체는 "모든 역사는 당대사contemporary history"라는 유명한 말을 남겼다.

카가 과거의 사실과 역사적 사실을 구분한 가장 큰 의도는 과거와 역사를 같은 것으로 보는 실증사학을 비판하기 위해서였다. 그는 역사가가 과거의 연대기적 사실을 밝히는 것은 역사가로서의 의무일 뿐이고, 그 의무를 잘 수행했다는 것만으로 훌륭한 역사가가 되는 것은 아니라고 했다. 카는 기본적으로 역사를 역사가가 구성하는 서사라고 생각한 구성주의자다. 그는 수많은 과거의 사실들 가운데 무엇을 선택하여 역사 이야기를 구성하는 요소로 배열하느냐는 역사가의 선험적 결정에 의해 좌우된다고 주장했다. 그가 『역사란 무엇인가』에서 논증한 것은 이런 선험적 결정을 어떻게 하느냐, 곧 과거를 역사로 개념화하는 '역사이성' 비판을 어떻게 수행할 것이냐에 관한 것이다. 역사이성이란 과거 실재를 역사라는 지식으로 개념화하는 지적 능력에 관한 것이다. 개념이 먼저 정립되어 있지 않으면 인식은 불가능하다. 모든 역사가는 무엇이 역사적 사실인지를 선험적으로 결정하는 역사 개념을 통해 과거의 사실들을 탐구한다.

'역사란 무엇인가'에서 '역사'는 개별적인 역사적 사실이 아니라 과거를 역사로 파악하는 '개념으로서의 역사'를 지칭한다. 개념으로서의 역사란, 역사 이론의 전문용어로 역사 너머에 있는 역사라는 뜻에서 '메타역사meta-history'라고 일컬어진다. 메타역사는 일반적으로 사관이라 불린다. 사관이란 과거를 바라보는 역사가의 '마음의 창'으로, 인식의 프레임을 형성한다. 이 프레임이 역사가로 하여금 그의 사실을 선택해 역사적 사실을 구성하고 역사 이야기의 플롯을 결정하는 기능을 한다.

역사학자는 문서고의 어두운 방에서 아주 오래된 고문서를 읽으며 과거와의 만남을 시도한다. 비록 그는 혼자서 사료를 보지만 전체 역사학계를 대표해서 과거와의 대화를 시도한다. 이 같은 만남에는 그가 아는 범위 내에서 온 역사학계가 관여돼 있다. 역사가는 무중력 상태에서 자유롭게 떠다니는 게 아니라 역사학계의 담론 권력의 중력장 속에서 사료들을 취사선택하고 배열한다. 아이티 혁명을 연구한 인류학자 미셸-롤프 트루요는 이런 역사가의 작업을 다음과 같이 표현했다. "사료들을 만드는 데 있어서는 생산자 선택, 증거 선택, 주제 선택, 과정 선택 등과 같은 수많은 선택 작용들이 일어난다. 사료를 만드는 일은 좋게 말해보았자 차별적인 등급을 매기는 일이고, 나쁘게 말하면 어떤 생산자들, 어떤 증거, 어떤 주제들, 어떤 과정들을 제외시키는 것을 의미한다. 권력은 이러한 과정에서 노골적으로 개입하기도 하고 혹은 은밀하게 개입하기도 한다."[6]

카는 역사책을 읽기 전에 먼저 그것을 쓴 역사가에 대해 조사하라고 말했다.[7] 이 말은 역사가의 개념이 그의 역사적 사실의 취사선택과 구성 방식 그리고 서사의 플롯을 결정했기 때문에 그 개념에 대한 인식을 먼저 할 때 비로소 심층적인 대화가 가능하다는

6   미셸-롤프 트루요, 김명혜 옮김, 『과거 침묵시키기—권력과 역사의 생산』, 그린비, 2011, 106쪽.
7   E. H. 카, 『역사란 무엇인가』, 71쪽.

깃을 의미한다. 사료가 과거의 사실을 전하는 이야기라면, 그것을 역사적 사실로 가공하는 과정에는 '이야기 속의 이야기'로서 메타역사가 개입돼 있다. 사료가 없으면 역사적 사실은 성립할 수 없다. 하지만 모든 역사적 사실에는 '이야기 속의 이야기'가 내재해 있다. 역사를 새로 쓰는 것은 새로운 역사적 사실을 구성할 수 있을 때 가능하다. 새로운 역사적 사실이 등장하는 것은 새로운 사료가 발굴될 때다. 하지만 이보다 역사가는 메타역사의 교체를 통해 의미 있었던 것을 무의하게 만들고 무의미하게 여겨졌던 것을 의미 있는 것으로 해석하는 작업으로 역사를 다시 쓰는 경우가 더 많다. 역사가의 역사 서술이란 과거에 대한 역사를 쓰는 것이 아니라 역사를 씀으로써 과거에 대한 이야기를 만들어내는 행위이다. 그래서 헤이든 화이트는 "역사가는 역사적 사실을 발견하는 만큼 발명한다"고 주장했다.[8]

카이사르 이전과 이후에도 수많은 사람들이 루비콘 강을 건넜다. 하지만 카이사르의 행위만이 역사적 사실이 되는 이유는 역사가들이 당시 강을 건너는 그의 결단이 로마가 공화정에서 제정으로 바뀌는 결정적 계기가 됐다는 역사 서술을 하기 때문이다. 카는 영국사에서 이와 비견되는 역사적 사실로 1066년 헤이스팅스 전투를 예로 들었다. 그는 1066년 헤이스팅스 전투를 영국사를 구성하는 척추라고 이야기했다. 그런 역사 인식에는 역시 '이야기

---

8   헤이든 화이트, 천형균 옮김, 『19세기 유럽의 역사적 상상력―메타역사』, 문학과 지성사, 1991.

속의 이야기'를 형성하는 메타역사가 내재해 있다. 1066년 헤이스팅스 전투를 연구하는 역사가는 맨 먼저 그 메타역사에 대해 물어야 한다.

1066년 노르만의 잉글랜드 정복은 일반적으로 영국사의 정체성을 형성한 기원이 되는 사건으로 이야기된다. 그런데 문제는 헤이스팅스 전투에서 승리한 정복왕 윌리엄은 앵글로 색슨족이 아니라 노르만족인데, 그가 잉글랜드의 왕이 됐다는 것이 영국 중세사의 시작으로 시대 구분이 된다는 점이다. 잉글랜드가 노르만의 통치를 받으면서 왕족과 귀족들이 사용한 노르만어가 중세 영어 형성에 큰 영향을 주었다. 또한 윌리엄 1세는 프랑스의 봉건제를 잉글랜드에 정착시키고 세금 징수의 기반을 마련하기 위해『둠스데이 북Domesday Book』을 편찬했다.

그런데 문제는 영국사란 처음부터 있었던 것이 아니라 역사가들이 만든 '이야기 속 이야기'를 구성하는 메타역사라는 점이다. 우리가 사용하는 '영국'이라는 말도 '잉글랜드'에서 나왔지만, 둘은 같지 않다. 고대에는 로마인들이 잉글랜드를 점령했고, 그다음에 바이킹과 노르만의 침입이 있었고, 백년전쟁으로 프랑스에 있는 노르망디 공국을 잃음으로써 대륙의 기반을 상실한 연후에나 인위적으로 '잉글랜드'의 정체성이 만들어지기 시작했다. 영국은 단수가 아니라 복수의 민족적 정체성을 가진다. 잉글랜드, 웨일스, 스코틀랜드를 포괄하는 총칭으로서 '브리튼적인 것Britishness'은 대체로 18세기 말 또는 19세기 초에나 명확한 것으로 나타났다.[9] 결론적으로 처음부터 영국인들이 있어서 영국사가 생겨난 것이 아니라 영국사가 영국인들을 만들었다는 것이 역사적 사실이다.

영국이란 무엇인가를 이야기하는 영국사는 실체가 아니라 인간·시간·공간이라는 역사 3간의 조합으로 구성되는 서사다. 먼저 인간을 매개변수로 할 때, 영국사의 주인공이 되는 영국인은 잉글리시인가 브리티시인가가 문제가 된다. 현재 영국의 공식 명칭은 'United Kingdom of Great Britain and Northern Ireland'(그레이트브리튼과 북아일랜드 연합왕국)이다. 뒤에 'Northern Ireland'가 붙은 것은 20세기에 아일랜드의 남부가 독립해서 떨어져 나갔기 때문이다. 영국이란 무엇인가의 정체성은 역사 3간의 두번째 변수인 시간의 흐름에 따라 변하며 또 앞으로도 변할 가능성이 적지 않다. 브렉시트 이후 유럽연합에서 탈퇴한 영국은 어디로 갈 것인가? 만약 스코틀랜드가 분리 독립을 한다면, 영국은 더 이상 브리튼이 아니다. 역사 3간의 세번째 변수인 공간으로 볼 때도 영국이란 무엇인가가 달라진다. 오늘날의 영국은 섬나라다. 하지만 제2차 세계대전 이전까지만 해도 영국은 '해가 지지 않는 제국'이었다. 미국은 1776년 독립을 선언하기 이전까지는 영국의 식민지였다. 미국사는 조지 워싱턴을 건국의 영웅으로 추앙하지만, 대영제국의 역사로 보면 그는 반역자다.

영국과 영국사와 마찬가지로 우리는 '한국인은 누구이며, 한

---

9   Keith Robbins, "The Identity of Britain," in idem, *Nineteenth Century Britain: Integration and Diversity*, Oxford: Oxford University Press, 1988, p. 6.

국사란 무엇인지'에 대해 물어야 한다. 한국사란 무엇인가의 개념 정의 또한 역사 3간의 조합 방식에 따라 달라질 수 있다. 민족으로서 한국인이란 처음부터 있었던 실체가 아니라 한국사가 만든 역사적 사실이다. 예컨대 김춘추, 연개소문, 계백은 당대에는 서로를 같은 한국인이 아니라 각기 다른 신라인, 고구려인, 백제인으로 인식했다. 하지만 오늘날 대부분의 한국사학자들은 한국인이라는 역사적 사실을 만든 '이야기 속의 이야기'로서 한국사가 어떻게 만들어졌는지에 대한 메타역사적 성찰을 하지 않고 연구를 한다.

많은 경우 메타역사의 차이가 역사 분쟁을 야기하는 1차적 원인이 된다. 중국인들은 오랫동안 고구려사를 한국사로 여겨왔다. 그런 중국이 갑자기 고구려사를 자국사로 포함시키는 동북공정을 벌인 이유는 중국사를 규정하는 메타역사를 변경했기 때문이다. 자국사를 어떻게 정의하느냐는 기본적으로 인간·시간·공간이라는 역사 3간의 구성과 조합을 어떻게 하느냐에 달려 있다. 한국은 민족이라는 인간, 중국은 현재의 영토를 상수로 설정해서 자국사의 개념과 범주를 규정한다. 둘 사이의 자국사 개념 규정의 차이를 조정할 수 있는 역사 3간의 매개변수가 시간이다. 『삼국사기』 이래로 고구려사는 우리 역사로 기록됐던 데 반해, 중국 정사正史에서 고구려사는 이민족의 역사로 서술됐다. 이 같은 사료적 증거가 무엇이 역사적 사실인가를 판가름하는 가장 중요한 잣대가 된다.

한국 현대사에서 가장 큰 논란거리가 되어온 것이 대한민국의 기원이다. 1919년 대한민국임시정부가 구성된 시점부터인지, 아니면 1948년 정부 수립이 된 후에야 국가가 성립한 것으로 간주할지를 둘러싸고 진보와 보수 진영 사이에 끝없는 논쟁이 벌어진다. 역사적 사실이 정권에 따라 한국사교과서에서 다르게 서술되는 것은 바람직하지 않다. 모든 역사는 정치적이지만, 정치가 역사를 지배하면 궁극적으로 학문의 자유는 말살된다.

이 건국 논쟁은 결국 한국사란 무엇인가의 방정식을 구성하는 역사 3간의 조합을 어떻게 하느냐의 차이로부터 발생한 문제다. 쟁점은 한국인은 누구인가를 결정하는 코드가 민족인가, 국가인가이다. 일제 강점기에 국가가 없었을 때 한국은 민족으로 존재했다. 민족이 있었기에 대한민국임시정부가 생겨날 수 있었고, 그것이 현재 우리가 살고 있는 대한민국의 기원이 되었다. 민족을 상수로 설정하고 한국사를 정의하는 민족주의 사관이 '국사'로서 한국사를 정의하는 문법이었다.

문제는 이런 민족주의 사관이 세계 최고의 저출산 국가이면서 점점 다문화 사회로 변모하는 21세기 한국의 역사 현실에 적합한가이다. 이 책에서 다룰 가장 중요한 문제가 '글로벌 시대, 다문화 사회에 부응하는 한국인과 한국사 정체성을 어떻게 재규정하느냐'다. 한국 역사학을 어떻게 재구성하여 이 문제를 해결할지는 6강에서 다루려고 한다.

결국 역사적 사실은 발견되는 만큼 발명되는 것이기에 역사에는 정답이 없다. 단지 카가 역사가의 선험적 결정이라고 표현한

'이야기 속의 이야기'에 의거한 풀이 과정에 따라 다른 해답이 계속해서 나오는 것으로 역사학의 역사가 전개된다. 그렇다면 역사의 객관성과 진실이란 무엇을 말하는가? 그것들은 고정불변의 정답이 아니라 과정과 절차의 형태로 존재한다. 요컨대 메타역사를 형성하는 역사관의 차이로부터 발생하는 역사 분쟁을 해소할 수 있는 방안은, 증거로 인용하는 사료가 얼마나 신빙성이 있는지 그리고 풀이 과정이 얼마나 논리적인지를 쌍방이 교차해서 검토할 수 있는 합리적 의사소통의 장이 마련될 수 있는가에 달려 있다. 그렇다면 다음에 검토해볼 사항은 카가 현재와 과거의 대화를 위한 합리적 의사소통의 장을 과연 열어놓았는지 여부다.

내일을 위한 역사학 강의

2

역사에는 정답은 없고
해답만 있다

역사가는 그의 사실들의 비천한 노예도 아니고 난폭한 지배
자도 아니다. 역사가와 그의 사실들의 관계는 평등한 관계, 주고
받는 관계이다. 연구 중에 있는 역사가가 잠시 일을 멈추고서 자
신이 생각하고 글을 쓰는 동안 무엇을 하고 있는지 생각해본다면
다 알 수 있듯이, 역사가는 자신의 해석에 맞추어 사실을 만들고
또한 자신의 사실에 맞추어 해석을 만드는 끊임없는 과정에 종사
하고 있는 것이다. 둘 중 어느 한쪽을 우위에 두는 것은 불가능하
다. 〔……〕 역사가와 역사의 사실은 서로에게 필수적이다. 자신의
사실을 가지지 못한 역사가는 뿌리가 없는 쓸모없는 존재이다. 자
신의 역사가를 가지지 못한 사실은 죽은 것이며 무의미하다. 따라
서 '역사란 무엇인가?'라는 질문에 대한 나의 첫번째 대답은, 역사

란 역사가와 그의 사실들의 끊임없는 상호작용 과정, 현재와 과거 사이의 끊임없는 대화a continuous process of interaction between the historian and his facts, an unending dialogue between the present and the past라는 것이다.[10]

역사가가 역사를 쓰는 작업은 일반적으로 역사적 사실이라는 퍼즐을 만들어서 그것들로 과거가 어떠했는지 전체 그림을 짜맞추는 방식으로 진행된다. 역사가는 역사적 사실을 만드는 장인이다. 카는 역사적 사실을 만드는 공정 과정을 "과거의 사실 - 역사가의 사실 - 역사적 사실"의 3단계로 정리했다. 본래 있었던 것은 과거의 사실이다. 하지만 현재의 역사가는 과거의 사실을 직접 접할 수 없고 사료를 매개로 해서만 그에 대한 정보를 얻는다. 그 정보를 바탕으로 역사가는 자신의 해석에 맞추어 그의 사실들을 만들어낸다. 그리고 자신이 만든 사실에 맞추어 계속해서 해석을 해나가는 과정을 통해 역사적 사실이라는 성과를 도출한다. 카는 이런 역사가와 그의 사실들 사이의 상호작용을 "현재와 과거 사이의 끊임없는 대화"라고 수사적으로 표현했고, 이것을 '역사란 무엇인가'에 대한 자신의 첫번째 답이라고 밝혔다.

카가 말하는 "현재와 과거 사이의 끊임없는 대화"란 결국 해석을 의미한다. 모든 역사적 사실은 역사가에 의해 해석된 사실

10　E. H. 카, 『역사란 무엇인가』, 46쪽.

이다. 그렇다면 문제가 되는 것이 역사가가 자신의 해석에 맞추어 그의 사실을 만들고, 그것에 맞춘 해석을 끊임없이 하는 것을 과연 현재와 과거의 대화라고 말할 수 있는가 하는 점이다. 이는 엄밀히 말해 대화가 아니라 역사가 자신이 묻고 대답하는 독백에 지나지 않는다는 비판을 면치 못한다. 자기가 선택한 사실에 그 선택을 합리화하는 해석으로 역사적 사실을 만드는 것을 과연 과거와의 대화라고 말할 수 있는가? 카는 역사가가 그의 사실들의 비천한 노예도 아니고 난폭한 지배자도 아니라고 말하지만, 결국은 역사가의 지휘에 따라 과거의 사실들이 역사적 사실이라는 화음을 냄으로써 역사라는 하나의 작품이 연주된다.

역사가의 해석이 주도하는 대화를 통해서는 카가 말하는 역사가와 그의 사실들의 평등한 관계, 곧 주고받는 관계가 성립할 수 없다. 대화란 듣고 말하는, 서로 말을 주고받는 과정을 쌍방이 하는 것을 의미한다. 그런데 역사가의 해석이 주도하는 대화를 통해서는 과거는 스스로 말하지 못하고 역사가의 물음에만 답할 수 있을 뿐이다. 이런 딜레마로부터 벗어나기 위해서는 현재가 아닌 과거가 주도하는 대화, 곧 역사가는 말하기보다 듣는다는 자세로 과거와의 만남을 하려는 노력을 기울여야 한다. 말할 때는 자기가 아는 것만을 말하지만, 들을 때는 자기가 모르는 것을 배울 수 있기에 역사가는 경청하는 자세로 과거와의 대화를 시도해야 한다. 역사는 '생의 스승'이라는 전근대 서양의 역사 담론이나 역사는 '정치의 거울'이라는 전통 시대 동아시아의 역사 담론은 모두 과거로부터 경청한다는 자세를 견지했다.

역사적 사실을 현재와 과거의 대화로 정의한 카의 역사인식론이 가지는 사학사적 의미는 과거와 역사의 관계를 전도시키는 '코페르니쿠스적 전환'을 했다는 점이다. 서양 역사의 아버지 헤로도토스 이래 역사 서술의 변하지 않는 원칙은 실제 일어난 과거라는 원본을 복사하는 것으로 역사를 써야 한다는 것이었다. 이 원칙에 입각해 과거에 대한 지식으로서 역사를 어떻게 구성하느냐가 역사인식론의 근본 문제였다. 하지만 카의 정의에 따라 역사를 "현재와 과거의 끊임없는 대화"로 보면, 과거와 역사의 불일치는 극복해야 할 문제가 아니라 역사학의 존재 이유가 된다. 다시 말해 둘 사이의 불일치를 전제로 할 때만이 현재와 과거의 끊임없는 대화를 할 수 있는 조건이 성립하고 역사를 다시 쓸 수 있는 가능성이 열린다.

역사란 과거의 사실이 아니라 역사적 사실들의 총합이고, 그 사실들의 총합은 이야기로 구현된다. 그래서 나온 유명한 말이 "자연과학자는 세계가 원자로 구성되어 있다고 생각하지만, 역사가는 이야기로 이뤄져 있다고 믿는다"는 것이다. 역사가란 과거에 일어난 모든 사실의 총합으로서 세계에 관한 문제를 이야기로 푸는 사람이다. "현재와 과거의 끊임없는 대화"로 이뤄지는 역사 이야기는 결론이 아니라 언제나 과정이다. 이야기를 어떻게 하느냐에 따라 세계에 관한 문제가 달라지므로 역사에는 정답이 없고 해답만 있다.

역사 분쟁이 해소되지 않는 1차적 이유는 자신의 해석만이 정답이라고 믿기 때문이다. 카는 역사를 현재와 과거의 끊임없는 대화라고 정의하는 한편, 역사에 특정한 정답이 있다고 믿었다. 이런 양면성이 카를 천사와 악마의 두 얼굴을 가진 역사가로 보이게 만들었다. 이런 카의 이중성을 적나라하게 보여주는 것이 『E. H. 카 평전』(원제 '완전무결함의 악덕들')이다. 카에게 역사의 정답이 된 사건은 러시아혁명이었다. 그는 "내가 지금껏 살아오면서 결코 상실한 적이 없는 역사의식을 제공했고, 결국 먼 훗날 역사가로 변모하게 된 결정적인 사건이 바로 러시아혁명이다"[11]라고 말했다. 러시아혁명이 두 번의 세계대전을 통해 몰락한 서구 문명을 구원하고 식민지 해방 이후 근대화의 길을 모색하는 제3세계에 역사적 나침판이 된다는 것을 그는 죽을 때까지 믿어 의심치 않았다.

1970년경에 쓴 것으로 보이는 '마르크스주의와 역사Marxism and History'라는 제목의 노트에서 발견된 미완성 초고에서 카는 다음과 같이 전망했다. "제2차 세계대전 이래 그 사회주의 혁명(볼셰비키 혁명)은 부르주아 혁명이 시작조차 되지 않은 나라들에까지 확산되었다. 이제는 불필요해진 부르주아 자본주의 혁명을 뛰어넘어 사회적이고, 계획적인 생산의 통제를 통해서 경제의 공업화와 근대화를 성취하게 될, 또한 그것이 동반하는 고도의 생산성을

---

11   조너선 해슬럼, 『E. H. 카 평전』, 52쪽.

성취하게 될 미래 사회에 대한 전망이 오늘날 서유럽 국가들의 영역 외부에 있는 세계 전체를 지배하고 있다."[12]

카의 이 같은 사회주의 혁명 교리는 1980년대 한국 사회의 변혁운동을 이끌었던 사람들에게는 미래를 비추는 거울이었다. 카의 이런 혁명 교리는, 역사의 법칙으로 사회를 변혁하는 것이 아니라 전 지구적 연결과 지식정보를 기반으로 '4차 산업혁명'의 문명사적 전환을 추진하려는 21세기 한국인들에게는 위험한 역사의 거울이나 다름없다. 아직도 그 거울로 현재의 우리를 비추려는 것은 시대착오다. 하지만 현실적으로 인간은 거울 없이는 자신을 인식할 수 없다. 역사는 인간의 자기 인식, 곧 거울의 기능을 한다. 문제는 오직 하나의 거울에 비추고자 할 때 발생한다. "현재와 과거의 끊임없는 대화"를 통해 만들어지는 역사의 거울은 계속해서 다시 만들어져야 하고, 하나가 아니라 여럿으로 존재한다는 것을 인정할 때 카가 빠졌던 것과 같은 '완전무결함의 악덕들'에서 벗어날 수 있다.

---

12   E. H. 카, 『역사란 무엇인가』, 247~48쪽.

3

현재와 과거의 대화는
과학 아닌 이야기

그렇기 때문에 역사는 그 말의 두 가지 의미에서 — 역사가가 수행하는 연구와 그가 연구하는 과거의 사실이라는 두 가지 뜻에서 — 하나의 사회적인 과정이며, 개인은 그 과정에 사회적인 존재로서 참여한다; 그러므로 사회와 개인의 대립을 가정하는 것은 우리의 관심을 다른 데로 돌리게 하여 우리의 사고를 혼란시키려는 미끼에 불과하다. 역사가와 그의 사실 사이의 상호작용의 과정, 즉 내가 현재와 과거 사이의 대화라고 불렀던 그 과정은 추상적이고 고립적인 개인들 사이의 대화가 아니라 오늘의 사회와 어제의 사회 사이의 대화이다. 부르크하르트의 말을 빌리면, 역사란 '한 시대가 다른 시대 속에서 찾아내는 주목할 만한 것에 관한 기록'이다. 과거는 현재에 비추어질 때에만 이해될 수 있다; 또한 현재도 과거에 비추어질 때에만 완전히 이해될 수 있다. 인간이 과거의 사회를 이해할 수 있도록 해주는 것, 그리고 현재의 사회에 대한 인간의 지배력을 증대시키는 것, 이것이 역사의 이중적인 기능이다.[13]

인간의 정체성을 결정하는 요인은 기억이다. 공유할 수 있는 기억이 있어야 집단과 공동체가 유지될 수 있다. 이런 집단기억을 만들어내는 대표적인 서사가 역사다. 역사란 현재와 과거의 끊임없는 대화를 개인의 차원을 넘어 집단 단위로 하는 것을 의미한다. 현재와 과거의 대화를 어느 집단을 범주로 하여 의사소통 관계를 형성하느냐로 역사 서사의 구성 방식이 결정되고, 역으로 개인에게 어떤 역사 서사를 주입하느냐에 따라 공동체 의식과 집단 정체성이 각인된다.

아리스토텔레스는 인간은 '폴리스적 동물zoon politikon'이라고 말했다. '폴리스적'은 문맥에 따라 '정치적' 또는 '사회적'이라는 말로 이중으로 번역된다. 먼저 '정치적 동물'이라 할 때, 그 집단은 일반적으로 국가와 민족으로 이해된다. 이에 따라 역사는 국가 또는 민족의 서사로 서술된다. 전통 시대 국가는 왕조를 의미하므로, 그때는 왕권의 정통성을 확립하고 왕조의 계보를 잇는 정사正史로서 역사가 편찬됐다. 서양에서도 투키디데스의 『펠로폰

---

13   E. H. 카, 『역사란 무엇인가』, 79쪽.

네소스 전쟁사』이래로 역사는 기본적으로 정치사였다.

"역사는 정치의 뿌리고, 정치는 역사의 열매다"라는 생각은 근대 국민국가의 탄생과 함께 강화됐다. 이에 따라 근대 역사학은 국민국가 만들기에 기여해야 한다는 목표로 성립했다. 근대 역사 학 모델을 탄생시킨 아버지는 레오폴트 폰 랑케다. 랑케는 국가를 역사의 주체로 설정하는 정치사를 역사 서술의 첫번째 과학 모델 로 정립했다. 그는 역사란 무엇보다도 국가 중심의 정치사여야 한 다는 것을 1836년 베를린 대학 정교수 취임 연설에서 다음과 같이 밝힌 바 있다.

역사의 과제가 국가의 본질을 이전에 일어났던 일련의 사건 들로부터 해명하고 그런 식으로 이해하는 것이라면, 정치의 과 제는 그렇게 얻어진 지식에 따라 국가의 본질을 더욱더 발전시켜 서 완성시키는 데 있다. 현재와 연관성을 갖지 않는 과거의 지식 은 불완전하고, 이전 시대에 대한 지식 없이 현재를 이해하는 것 은 불가능하다. 정치와 역사는 서로서로 손잡고 있는 관계를 형성 한다. 하나가 없는 다른 하나는 존재할 수 없거나 완전해질 수 없 다.[14]

14 Leopold von Ranke, "Über die Verwandschaft und den Unterschied der Historie und der Politik. Eine Rede zum Antritt der ordentlichen Professor an der Universität zu Berlin im Jahre 1836," W. Hartdtwig(ed.), *Über das Studium der Geschichte*, München, 1990, pp. 55~56.

"현재와 연관성을 갖지 않는 과거의 지식은 불완전하고, 이전 시대에 대한 지식 없이 현재를 이해하는 것은 불가능하다"는 랑케의 말과, "과거는 현재에 비추어질 때에만 이해될 수 있다; 또한 현재도 과거에 비추어질 때에만 완전히 이해될 수 있다"는 카의 말은 동일한 의미를 갖는다. 역사란 과거의 정치이고 현재의 정치를 주도하는 주체는 국가라는 생각이 "국가 없이는 역사도 없다"는 헤겔의 명제를 낳았다. 이러한 역사 서술의 전통에 입각해서 랑케는 국가 중심의 정치사 모델을 제시했다.

이에 반해 카는 현재와 과거의 대화가 이뤄지는 의사소통 공간을 사회로 바꾸는 사회사를 지향했다. 일반적으로 말해, 위로부터의 국가에 대항해서 아래로부터의 집단 정체성을 인식하는 범주로 사회에 대한 관념이 나타난 시기는 근대다. 공동체를 형성하는 코드가 신분에서 계약 또는 계급으로 바뀌어야 한다는 의식이 생겨나면서 역사 인식의 주체와 범주를 국가에서 사회로 변경할 것을 주장하는 사회사가 등장했다. 사회란 국가와 마찬가지로 개인의 삶을 규정하는, 분명 존재하는 것이지만 결국은 의사소통 관계로 성립하는 관념적 구성물이다.

사회주의자인 카는 현재와 과거의 대화 코드를 사회로 설정함으로써 제1장에서 내린 역사의 정의를 제2장 「사회와 개인」에서는 "오늘의 사회와 어제의 사회 사이의 대화"라고 수정했다. 카는 부르크하르트의 말을 인용하여 역사를 "한 시대가 다른 시대 속에서 찾아내는 주목할 만한 것에 관한 기록"이라고 보고, 한 시대를 규정하는 단위를 사회로 설정했다. 사회를 인식 범주로 해서 현재와 과거의 관계를 연결하는 역사의 공식을 정식화한 사람이 카를 마르크스다. 그는 『공산당 선언』에서 "지금까지 존재하는 모든 사회의 역사는 계급투쟁의 역사다"라는 명제를 통해 계급투쟁이 사회 발전의 원동력임을 천명했다. 마르크스의 역사관을 신봉한 카는 계급투쟁 없는 평등 사회, 즉 공산주의 사회를 건설하는 것을 목표로 해서 과거의 사회를 이해하고 현재의 사회에 대한 인간의 지배력을 증대시키는 것을 역사가의 임무로 보았다. 하지만 문제는 이런 목적론적 역사관이 현실사회주의가 종말을 고한 이후에도 유효할 수 있는가이다.

근대 역사학의 첫번째 과학 모델은 역사 인식의 범주를 국가로 설정하고 민족을 주체로 하는 정치사로 성립했다. 이에 대항하며 사회를 범주로 계급 내지는 민중을 주체로 하는 사회사 모델이 등장했다. 20세기 사학사는 이 두 역사학 모델의 대립으로 전개되었다. 그러다 탈근대주의의 세례를 받고 국가와 민족 또는 사회와 같은 거대 담론에 의거해 현재와 과거의 대화를 하는 것을 부정하는 신문화사가 나타났다. 1980년대에 새롭게 대두한 신문화사는 국가와 민족 그리고 사회라는 범주로부터 제외된 것들을 재인식한다는 문제의식으로 '아래로부터의 역사'를 지향했다. 여기서 '아래'란 계급적 의미가 아니라 거대 담론을 해체한다는 방법론적 기의를 함축한다.

신문화사는 사회의 통일성을 해체하는 문화의 다양성을 코드로 하는 "현재와 과거의 대화"를 시도한다. 한 시대가 다른 시대 속에서 찾아내는 의미는 문화에 따라 다르며, 동시대를 살았던 사람들 사이에서도 집단과 계층에 따라 의미와 무의미를 결정하는 문화 코드가 다르다. 신문화사가 발굴하는 차이에 주목할 때 공동체의 서사로 서술된 역사는 지배 세력이 만들어낸 담론이었다는 것이 드러난다. 신문화사는 삶의 의미망인 문화를 매개로 한 현재와 과거의 대화를 시도해서, 거대 담론 역사에 의해 배제되고 억압된 기억들을 고고학적으로 발굴해내는 일상사와 미시사라는 새로운 역사 서술을 등장시켰다.

신문화사는 거대 담론 역사를 파편화시켜서 재미있고 인간 삶의 숨결을 느끼게 하는 작은 역사 이야기들을 재생했다. 하지만 이런 작은 역사 이야기들이 전 세계의 인류가 하나의 지구촌 사회를 이루며 사는 글로벌 시대에 발생하는 문제들에 대한 해답을 줄 수는 없었다. 실제로 대표적인 신문화사가이자 미국 역사학회 회장을 역임한 린 헌트Lynn Hunt는 『글로벌 시대 역사 서술Writing History in the Global Era』의 「서문」에서 신문화사 방식의 "현재와 과거의 대화"가 이제는 사라지고 글로벌 히스토리global history라는 거대사가 부상하고 있는 것이 시대정신임을 토로했다. "이 책은 글로벌 시대에 역사 서술이라는 큰 주제에 대한 소책자이다. 내가 이 책을 쓴 이유는 두 가지 새로운 발전이 역사의 풍경을 재형성하고 있다고 믿기 때문이다. 하나는 1950년대 이래로 역사 서술을 많이 자극했던 사회 이론과 문화 이론이 활력을 잃었다는 것이고, 다른 하나는 미래에는 역사를 어떻게 쓸 것인지에 대한 불확실성이 증가하고 있다는 점이다. 이와 동시에 지구화의 이야기는 칡덩굴처럼 뻗어나가고 있다. 그 이야기가 미래의 방향이나 과거의 의미를 결정하는 어떤 시도의 주위를 휘감고 있다. 그렇다면 지구화는 역사를 소생시킬 새로운 이론이 될 것인가? 또는 다른 모든 경쟁적인 역사 서술을 질식시키고, 세계가 서구적 모델에 따라 근대화하는 것만이 역사의 필연이라는 주장만을 남길 것인가?"[15]

린 헌트가 문제 제기한 것은 신문화사가 쇠락한 이후 글로벌 시대에 유럽과 근대 중심주의가 글로벌 히스토리라는 형태로 다시 등장한 것이 아닌가 하는 점이다. 오늘날 인류 전체가 지구촌이라는 하나의 생활 세계에 산다는 것은 부인할 수 없는 사실이다. 글로벌 시대에 부응하여 새롭게 등장한 세계사가 글로벌 히스토리다. 이전의 세계사는 적어도 한국에서는 자국사를 제외한 서양사와 동양사의 합으로 서술됐다. 이에 비해 글로벌 히스토리의 관점에서 세계사는 지역사의 산술적인 총합이 아니라 그야말로 인류 전체의 삶을 포괄하는 역사로, 시간의 흐름 속에서 여러 지역 세계가 갈등과 전쟁, 경쟁과 교류를 통해 오늘날과 같은 하나의 세계로 통합되는 과정에 대해 이야기하는 전체사이다. 우리 삶이 전 지구적 공동체 속에서 전개되고 있다면, 전 지구를 역사 인

---

15 Lynn Hunt, *Writing History in the Global Era*, W. W. Norton & Company, 2014, p. 1.

식 범주로 설정할 필요가 있다는 것은 자명한 이치다. 또한 현재 인류가 당면한 문제들이 전 지구적 맥락 속에서 형성됐기에, 그 해결 방안 역시 전 지구적 연관성 속에서 모색돼야 하므로 역사 공간의 전 지구적 확장은 불가피하다.

그런데 문제는 이런 세계화 과정의 역사로 글로벌 히스토리를 서술할 때 유럽의 근대화가 전 지구적으로 확장해나가는 역사로 쓰는 것을 어떻게 피할 수 있는가이다. 그 대안으로 제시된 것이 각 지역 사람들의 관계망이 확장되는 과정을 역사로 서술하는 방식이다. 인류는 그 시조가 아프리카에서 탄생한 이래로 전 대륙으로 이주하여 다른 공간에서 독자적인 생활을 영위하는 한편, 시간의 흐름 속에서 교역과 전쟁, 정복 등 다양한 교류를 통해 관계망을 형성했다.

윌리엄 맥닐과 존 맥닐 부자父子는 이런 관계망을 사람들을 서로 이어주는 연결 장치로서 '웹Web'이라고 불렀다. "이 연결 장치는 우연한 만남, 혈연관계, 친구 관계, 공동의 종교의식, 경쟁심, 적대감, 경제 교류, 생태적인 교환, 정치적 협력, 심지어는 군사 대결 등의 다양한 형식을 띨 수 있다. 그와 같은 모든 관계 속에서 사람들은 정보를 교환하고 그 정보를 이용하여 앞날을 준비해간다. 또한 웹을 통해 유용한 기술, 물자, 곡식, 사상, 그 밖의 많은 것들이 교환되고 전달된다. 그 밖에도 사람들의 의도와는 무관하게 질병 혹은 잡초처럼 백해무익한 것임에도 불구하고 어쨌거나 인간의 생사에 악영향을 미치는 것들도 역시 웹을 통해 교환된다. 이런 정보, 물건, 해로운 것 등의 교환과 확산, 이에 대한 사람들의 반응이 역사를 형성하는 요소들이다."[16]

글로벌 시대란 인류가 여러 지역 세계와 역사 공동체로 공존하면서 교류하며 경쟁했던 복수複數의 웹이 하나의 글로벌 웹으로 긴밀히 연결되어 네트워크를 형성한 시점을 의미한다. 전 지구화 과정은 크게 보아 단순한 동일성에서 다양성을 경유하여 복잡한 동일성으로 진화했다. 지역 세계와 역사 공동체의 단순한 동일성은 다른 지역 세계와 역사 공동체와의 만남을 통해 문화적 다양성을 경험하고 변형되면서 사회의 복잡성을 증대시키는 한편, 유기적 통합을 강화하는 방향으로 진화했다. 이러한 문명사적인 진화에 성공한 지역 세계와 역사 공동체는 살아남아 번영한 반면, 적응에 실패한 지역 세계와 역사 공동체는 지배를 당하거나 역사의 뒤안길로 사라졌다.

이런 글로벌 시대에 한국사는 더 이상 현재와 과거 사이 소통의 장場을 민족과 국가라는 울타리 속으로 한정해서는 안 된다. 휴먼 웹의 전 지구적 확장 과정 속에서 어떻게 한국이라는 역사 공동체를 보전하고 발전시켜왔는가를 이야기하는 새로운 역사 모델을 만들어낼 필요가 있다. 이를 위해서는 먼저 한국 역사학은 한국사·동양사·서양사의 '3분과 체제'부터 해체하고 '글로벌 한국사'로 재구성해야 한다. 그 방안에 대해서는 6강에서 논의할 것이다.

---

16 존 맥닐·윌리엄 맥닐, 유정희·김우영 옮김, 『휴먼 웹―세계화의 세계사』, 이산, 2007, 13~14쪽.

2강

진보 신앙의
종말

1

운동으로서 역사,
진보 vs. 연관성

역사란 운동이다; 그리고 운동은 비교를 의미한다. 역사가들이 '선'이나 '악'처럼 타협이 불가능한 적대적인 용어보다는 '진보적'이라거나 '반동적'이라는 말과 같이 비교할 수 있는 성질의 용어로 자신들의 도덕적인 판단을 표현하려고 하는 것은 그 때문이다; 그런 식의 판단은 상이한 사회나 역사적 현상을 어떤 절대적 기준과의 연관 속에서가 아니라 서로 간의 연관 속에서 규정하려는 시도인 것이다. 게다가 절대적이고 역사 외적extra-historical이라고 생각되는 가치들을 검토할 때, 우리는 그것들도 역시 실제로는 역사에 뿌리를 두고 있음을 알게 된다. 일정한 시간에 혹은 일정한 장소에서 특정한 가치나 이상이 출현하는 것은 장소와 시간의 역사적 조건들로 설명할 수 있다. 평등, 자유, 정의, 자연법 등과 같이 절대적이라고 추정되는 것들의 실제적인 내용은 시대 혹은 지역에 따라서 변한다. 모든 집단은 그 자신만의 가치가 있으며, 그 가치는 역사에 뿌리를 두고 있다.[1]

"모든 것은 변화한다. 변화하는 것은 역사다. 고로 모든 것은 역사다." 모든 것은 시간 속에 놓이고 시간은 모든 것을 변화시킨다. 역사가는 그 변화를 탐구하는 사람이다. 그 변화를 어떻게 탐구할 것인가? 탐구를 위해 첫번째로 명심해야 할 사항은, 데이비드 로웬덜이 쓴 책 제목처럼 "과거는 낯선 나라The Past is a Foreign Country"[2]라는 것이다. 역사가는 과거로의 시간 여행을 한 후 그 탐사 보고서로 역사를 쓴다. 역사가가 여행기에서 관심을 두고 서술하는 것은 그때 거기의 실제 모습이라기보다는 현재의 삶과 연관된 과거다. 왜냐하면 역사가는 카의 표현대로 역사의 흐름이라는 '움직이는 행렬moving procession'의 어느 한 부분에 끼어 함께 행진해 가면서, 그가 있는 위치에 따라 끊임없이 변하는 과거의 광경을 관찰하는 방식으로 역사라는 여행기를 쓰기 때문이다.

　　모든 관찰은 서 있는 위치에 따라 다른 모습으로 나타난다. 그럴 때 문제가 되는 것이 관찰의 객관성이다. 보는 관점에 따라 보이는 것이 달라진다면, 어떤 관점으로 보는 것이 역사의 진실인가의 문제가 발생한다. 카는 과거라는 산은 보는 위치에 따라 다

1　　E. H. 카, 김택현 옮김, 『역사란 무엇인가』, 까치글방, 2018, 116쪽.
2　　데이비드 로웬덜, 김종원 · 한명숙 옮김, 『과거는 낯선 나라다』, 개마고원, 2006.

르게 보이지만, 과거에 산이 있었다는 것은 부정할 수 없는 사실이기에 실증사학자들과 마찬가지로 인식의 상대성을 넘어서는 역사의 객관성이 존재한다고 믿었다. 하지만 과거의 그 산을 현재의 우리는 가서 볼 수 없다. 남아 있는 것은 그 산에 대한 그림, 사진 또는 기록 같은 자료들뿐이다. 그 자료들을 바탕으로 과거에 산이 어떠했는지를 재현해내는 것이 역사 서술이다. 그런데 이때 역사가에게 중요한 것은 과거 산의 모습 그 자체라기보다는 변화의 궤적이다.

예컨대 구한말 한양의 모습을 찍은 사진들이 현재의 우리에게 주는 의미는 무엇인가? 1차적으로는 랑케가 말했듯이 "그것이 본래 어떠했는지"를 보여주는 사료로서 의미가 있지만, 역사를 쓸 때는 그 사진은 현재의 서울 모습과 비교하는 자료로서 의미를 가진다. 카는 역사란 운동이고, 운동은 비교를 의미한다고 말했다. 실제로 역사가들이 연구하여 알 만한 가치가 있다고 생각하는 것은 과거 그 자체에 대한 지식이 아니라 현재와 과거의 연관성에 대한 지식이다.

카는 현재와 과거의 연관성은 절대적이지 않고 장소와 시간이 규정하는 역사적 조건에 따라 변한다는 것을 다음과 같이 인정했다. "평등, 자유, 정의, 자연법 등과 같이 절대적이라고 추정되는 것들의 실제적인 내용은 시대 혹은 지역에 따라서 변한다. 모든 집단은 그 자신만의 가치가 있으며, 그 가치는 역사에 뿌리를 두고 있다." 이는 전형적인 역사주의 사고다. 역사주의는 인간과 세계에 대한 인간의 인식이 시간 속에서 변한다는 것을 공리로 하는 세계관이다. 따라서 역사주의는 필연적으로 시간과 장소에 따라 가치판단이 달라지는 상대주의 문제에 봉착한다.

카는 과거, 현재, 미래로 흐르는 역사적 시간의 흐름을 운동으로 파악함으로써 상대주의 문제를 극복하고자 했다. 운동에는 선악을 판단하는 절대적 기준은 없지만 방향성은 있다. 결국 앞으로 나가는 '진보'인가, 뒤로 후퇴하는 '반동'인가가 판단 기준이 된다는 것이다. 하지만 문제는 그 판단 기준 자체도 절대적인 것이 아니라 시대와 장소에 따라 달라진다는 점이다.

과거 공산주의를 경험한 국가들에서는 자본주의 국가들과는 달리 좌파는 '보수,' 시장경제주의자는 '진보'로 인식된다. 현실사회주의가 붕괴하기 이전 중국의 역사가들은 자본주의가 근대라면 사회주의는 현대라는 시대 구분을 했다. 역사가 그런 식으로 운동한다고 믿었기 때문이다. 하지만 오늘날에는 계획경제에서 시장경제로 이행하는 것이 역사의 진보라고 믿기에, 이른바 우파가 진보이고 좌파가 보수로 분류되는 역전이 일어났다. 이처럼 역사는 인간이 예측할 수 없는 변화무쌍한 운동이다. 모든 변화에는 조짐이 있다. '나비효과'라는 말처럼 작은 변화의 연쇄로 태풍과 같은 커다란 변화의 흐름이 만들어진다. 비록 사후적일지라도 역사가는 시작은 미미했으나 끝은 장대했던 변화의 전말을 탐구하는 사람이다.

인간은 미래를 알지 못한다. 아는 것은 과거일 뿐이다. 하지만 인간이 사는 것은 과거가 아닌 미래다. 그래서 인간은 알고 있는 과거로부터 알지 못하는 미래에 대해 유추해볼 목적으로 역사를 탐구한다. 어찌 보면 역사가의 역할은 관상가와 유사하다. 과연 역사가는 시대의 흐름을 읽을 수 있는가? 영화 「관상」(한재림 감독, 2013)의 말미에 주인공인 천재 관상가 '내경'(송강호 분)이 바다를 바라보며 독백하는 장면에 유명한 대사가 나온다. "난 사람의 얼굴을 봤을 뿐, 시대의 모습을 보지 못했소. 시시각각 변하는 파도만 본 격이지. 바람을 보아야 하는데, 파도를 만드는 건 바람인데 말이오." 여기서 '바람'이란 헤겔의 용어로 시대정신이다. 헤겔은 한 시대를 관통하는 하나의 절대정신이 있다고 보고, 그것을 시대정신이라 불렀다. 이런 시대정신의 총아가 위인이다. "그 시대의 위인이란 자기 시대의 의지를 표현할 수 있고, 그 의지가 무엇인지를 그 시대에 전달할 수 있고, 또한 그것을 완성할 수 있는 사람이다. 그가 행하는 것은 그의 시대의 정수精髓이자 본질이다; 그는 자신의 시대를 실현한다."[3]

영웅의 말로는 대부분 비참하다. 시대정신이 그를 영웅으로 만든 것이지, 그가 시대정신을 만든 것이 아니기 때문이다. 영웅은 단지 시대정신의 도구일 뿐이다. 예컨대 카이사르는 모두가 인정하는 영웅이다. 그는 루비콘 강을 건너는 결단을 통해 영웅이 되었지만, 공화주의자들에게 암살당하는 비극적 최후를 맞이

---

3 E. H. 카, 『역사란 무엇인가』, 78쪽 재인용.

했다. 하지만 암살자들은 황제가 되고자 했던 카이사르를 제거하는 것으로 로마사가 공화정에서 제정으로 이행하는 역사의 운동을 막을 수는 없었다. 그들은 파도만 보고 바람은 보지 못했다. 이미 제국의 차원으로 확대된 로마를 공화정으로는 더 이상 통치하는 것이 불가능했기 때문에 제정으로의 이행이 불가피하다는 것을 그들은 몰랐다. 그래서 시대정신은 카이사르의 양자인 옥타비아누스를, '존엄자'를 뜻하는 아우구스투스Augustus라는 칭호와 함께 초대 황제로, 시대의 영웅으로 만들었다.

이처럼 역사의 수레바퀴는 분명 앞으로 계속 굴러간다. 하지만 그 운동은 바퀴의 순환을 통해 이뤄진다. 그 순환의 방식을 마르크스는 『루이 보나파르트의 브뤼메르 18일』에서 "한 번은 비극, 그다음은 희극"으로 이어진다고 했다. 나폴레옹 3세가 삼촌인 나폴레옹 1세를 본떠 황제로 등극한 것은 역사의 비극이지만, 결국 그의 몰락은 역사의 진보라는 희극을 낳을 것이라는 기대로 마르크스가 헤겔을 인용하여 한 말이다. 개인으로서 영웅의 삶은 비극이다. 하지만 역사는 그의 희생을 대가로 앞으로 나아가는 희극이라 말할 수 있다.

역사가가 탐구의 대상으로 삼는 것은 영웅의 개인적 삶보다는 비극과 희극의 반복을 낳는 시대정신이다. 랑케는 역사의 운동을 추동하는 힘인 시대정신을 '주도 이념die leitende Idee'이라고 불렀다. 헤겔이 말하는 시대정신의 '숨은 신'은 '이성의 간지奸智'이고, 그것에 의해 세계사는 진보한다고 믿었다. 헤겔은 프랑스혁명을 역사의 진보로 파악했다. 카는 기본적으로 헤겔에서 마르크스로 이어지는 역사주의에 입각해 있다고 말할 수 있다.

랑케는 헤겔의 진보사관을 인간의 자유를 부정하는 목적론이라 보고 반대했다. 그가 남긴 유명한 말 "모든 시대는 신에 직결된다Jede Epoche ist unmittelbar zu Gott"에서 '신'이란 주도 이념을 지칭한다. 인간의 눈으로 보면 그때그때마다 바람이 변덕스럽게 불어오는 것처럼 보이듯, 각 시대에는 그 나름의 방식대로 역사 발전을 선도하는 주도 이념이 있다는 것이다. 그는 주도 이념을 다음과 같이 파악했다. "각 세기에는 지배적 경향이 있다. 그런 경향은 단지 기술될 수 있을 뿐이며, 어떤 경우도 하나의 개념으로 총괄될 수 없다. (……) 인류 발전은 무한한 다양성을 가지며, 이러한 다양성은 우리가 알 수 없는 법칙에 따라 우리의 생각보다도 훨씬 더 신비스럽고 위대하게 점차로 나타난다."[4]

카는 역사를 과학적으로 인식하기 위한 가설로 진보를 설정했다. 하지만 프랑스혁명을 독일이 따라야 할 역사의 진보가 아니라 피해야 할 재난으로 보았던 랑케는 인간의 자유를 역사 연구에서 포기할 수 없는 가설로 보았다. 그는 인간의 자유를 최우선적으로 고려하여 역사적 운동을 기술할 수 있는 방안을 모색했다. 그는 인과적 결정론과 진보의 목적론이라는 양자택일의 선택지를 벗어나 과거, 현재, 미래로 이어지는 역사의 열린 연관성을 기술

---

4   Leopold von Ranke, *Über die Epochen der Neueren Geschichte*, Stuttgart, 1954, p. 9.

하는 제3의 대안을 추구했다. 자연과학은 인과론에 따라 자연현상을 설명하고, 헤겔의 역사철학은 진보의 목적론에 따라 역사 현상들의 위계질서를 규정했다. 이에 대해 랑케는 역사 발전이 인간의 자유를 매개로 해서 이뤄진다는 점을 근거로 역사적 사건들이 완전히 결정론적이거나 순전한 우연으로 발생하지 않는다고 논증했다.

랑케와 동시대를 살았던 마르크스는 『루이 보나파르트의 브뤼메르 18일』에서 "인간은 자신의 역사를 만들어가지만, 그들이 바라는 꼭 그대로 만드는 것은 아니다. 인간은 스스로 선택한 환경 속에서가 아니라, 이미 존재하는, 주어진, 물려받은 환경 속에서 역사를 만들어가는 것이다"[5]라고 말했다. 랑케는 역사학자의 관점으로 이것과 매우 유사한 내용을 담은 문장을 1860년경에 쓴 것으로 추정되는 유고에 적었다.

> 역사는 결코 철학적 체계의 통일성을 가질 수 없다. 하지만 내적 연관성inneren Zusammenhang 없는 역사란 존재할 수 없다. 우리는 서로서로 계기를 이루면서 조건 짓는 일련의 사건들 앞에 직면한다. 내가 '조건 짓는다bedingen'라고 말할 때, 그것은 결코 절대적 필연성으로 조건 지어진다는 의미가 아니다. 중요한 점은 오히려 인간의 자유는 도처에 어디에나 있다는 것이며, 그런 자유

5　카를 마르크스, 임지현 · 이종훈 옮김, 『프랑스 혁명사 3부작—1848년에서 1850년까지 프랑스에서의 계급투쟁』, 소나무, 2017, 163쪽.

의 장면들을 찾아낸다는 것이 역사학의 가장 큰 매력이다.[6]

신이 아담에게 자유의지를 부여했던 것처럼 역사에서 인간은 행동의 자유를 가진다고 랑케는 믿었다. 그런 인간의 자유가 실현되는 장면들을 묘사하는 것이 역사학의 가장 큰 매력이라 했다. 따라서 역사학이 그 매력을 충족시키기 위해 역사가가 가장 애써서 파악해내야 할 사항은 각 시대에서 인간 행동의 자유의 한계를 설정했던 역사적 조건들을 파악하는 일이다. 이 조건에 해당하는 것이 바로 '주도 이념'이다.

랑케가 했던 가장 유명한 말이 실증사학자들이 마법의 주문처럼 말하는 "본래 그것이 어떠했는가wie es eigentlich gewesen"이다. 여기서 중요한 단어가 '본래'다. 실증사학자는 '본래'가 과거의 사실을 지칭한다고 보지만, 랑케가 염두에 둔 것은 '주도 이념'이다. 결론적으로 말해 역사를 시간 속에서 과거 - 현재 - 미래로 이어지는 운동으로 파악한 것은 헤겔, 마르크스, 랑케 그리고 카 모두 일치한다. 단지 차이점은 그 운동이 일정한 목표를 향해 나가는 진보인가, 아니면 그때그때마다 시대의 필연성으로 나타나는 내적 연관성의 전개인가이다.

전자로 보면 인간은 역사의 진보에 복무해야 할 사명을 띠고

---

6 Leopold von Ranke, "Idee der Universalgeschichte," F. Stern (ed.), *Geschichte und Geschichtsschreibung. Möglichkeiten, Aufgaben, Methoden*, Piper Verlag: München, 1966, p. 64 재인용.

이 땅에 태어났다. 지금 여기에 내가 존재한다는 것은 내가 선택한 것이 아니라 운명처럼 주어진 것이다. 그렇다면 이 운명을 어떻게 맞이할 것인가? 2016년 12월부터 2017년 1월까지 인기리에 방영됐던 tvN 드라마 「도깨비」에는 운명에 대한 매우 의미 있는 정의가 나온다. 등장인물인 '덕화'(육성재 분)의 몸에 깃든 신은 말한다. "신은 그저 질문하는 자일 뿐, 운명은 내가 던지는 질문이다. 답은 그대들이 찾아라." 운명이란 신이 나에게 던진 질문이고, 내 인생이란 그 질문에 답해나가는 여정이라는 말이다. 랑케는 그 운명의 주재자를 '신' 또는 '주도 이념'이라고 지칭했다. "모든 시대는 신에 직결 된다"고 말한 그는 모든 시대에는 신이 낸 문제처럼 주어진 시대정신이 있다고 보았다. 시대정신은 당대를 사는 사람들에게 운명처럼 부과된 역사적 사명이다. 랑케는 그 역사적 사명을 수행하는 과정에서 인간이 펼쳤던 행동의 자유를 있었던 그대로 기술하는 것이 역사가의 임무라고 보았다.

2

역사적 인과관계 구성,
법칙 vs. 이야기

평상시의 음주량 이상을 마시고 파티에서 돌아오고 있던 존스는 거의 앞을 분간할 수 없는 컴컴한 길모퉁이에서, 나중에 브레이크에 결함이 있는 것으로 판명된 차로 로빈슨을 치어 죽였는데, 로빈슨은 마침 그 길모퉁이에 있는 가게에서 담배를 사기 위해서 길을 건너던 중이었다. 혼란이 수습된 후, 우리는 ― 말하자면 지방 경찰서 같은 곳에 ― 모여서 그 사건의 원인을 조사하게 된다. 그것은 운전자가 반쯤 취한 상태였기 때문이었는가? ― 그럴 경우 형사소추가 가능할 것이다. 아니면 결함이 있는 브레이크 때문이었는가? ― 그럴 경우 겨우 1주일 전에 그 차를 정밀 검사한 수리점에 대해서 무엇인가 조치가 있을 것이다. 아니면 컴컴한 길모퉁이 때문이었는가? ― 그럴 경우 도로를 관리하는 당국이 그 문제점에 주의를 기울이도록 소환될 것이다. 우리가 이런 실제적인 문제들을 논의하고 있는 동안, 두 사람의 유명인사 — 나는 그들의 신원을 밝히지 않겠다 — 가 방으로 불쑥 들어와서는 우리에게, 만일 그날 밤 담뱃갑에 담배만 있었던들 로빈슨은 그 길을 건너지 않았을 것이며 따라서 죽지도 않았을 것이다. 그러므로 로빈슨이 담배를 피우고 싶어 한 것이 죽음의 원인이었다, 이 원인을 무시하는 모든 조사는 시간 낭비가 될 것이며, 그런 조사에서 이끌어낸 어떠한 결론도 무의미하고 쓸모없는 것이다라고 대단히 유창하고 설득력 있게 말하기 시작한다. 자, 우리는 어떻게 해야 할까?[7]

〔……〕

우리는 합리적인 원인과 우연적인 원인을 구별한다. 합리적인 원인은 다른 나라, 다른 시기, 다른 조건에서도 언젠가 적용될 가능성이 있기 때문에 결국 유익한 일반적인 원인이 되며, 따라서 그것으로부터 교훈을 얻을 수 있게 된다; 그것은 우리의 이해를 확장시키고 심화시킨다는 그 목적에 기여한다. 우연적인 원인은 일반화될 수 없다; 또한 그것은 그야말로 말 그대로 독특한 것이기 때문에, 어떠한 교훈도 가르쳐주지 않으며 어떠한 결론도 가져다주지 못한다. 그러나 여기에서 나는 또 하나의 논점을 지적해야만 한다. 우리가 역사에서의 인과관계를 다루는 데에 열쇠를 제

7　E. H. 카, 『역사란 무엇인가』, 143~44쪽.

공하는 것은 바로 이렇듯 어떤 목적이 고려되고 있는가 하는 관념이다: 그리고 이 관념은 필연적으로 가치판단을 포함한다.[8]

모든 것은 시간 속에 사라지고, 남는 것은 그에 대한 이야기다. 역사가가 문서고에 가서 사료를 통해 알아내고자 하는 것은 그때 거기서 무슨 일이 일어났는지에 대한 이야기다. 한 사건에는 여러 이야기가 있다. 그 이야기들 가운데 무엇을 역사적 사실로 선택하여 어떻게 그것들을 인과적으로 연결 짓느냐로 역사라는 서사가 만들어진다. 역사 만들기는 역사 연구와 역사 서술의 두 과정으로 이뤄진다. 역사 연구가 과거의 이야기들을 찾아내 무엇이 역사적 사실인지를 탐구하는 작업이라면, 역사 서술은 그렇게 탐구한 역사적 사실을 인과적으로 구성해서 하나의 서사로 엮어내는 일이다.

역사 연구가 과학이라면, 역사 서술은 예술에 가깝다. 전자가 후자의 목적을 달성하기 위한 수단이라면, 역사는 과학인가 예술인가? 근대 역사학의 아버지 랑케는 역사의 정체성에 대해 이렇게 말했다. "역사는 하나의 예술이란 점에서 다른 과학들과 구별된다. 역사는 수집하고 발견하고 통찰한다는 점에서는 과학이다. 하지만 발견하고 인식한 것을 재형성하고 묘사한다는 점에서는 예술이다. 다른 과학들은 발견한 것을 오직 그런 것으로 보여

---

8 같은 책, 147쪽.

주는 것으로 만족한다. 이에 비해 역사는 재창작하는 능력이 요구된다."[9]

랑케는 역사가 '과학+α'라는 점을 강조했다. 하지만 카는 과학의 한 분야로 역사학을 정립시킬 목적으로 '역사란 무엇인가'라는 강연을 했다. 역사가 과학이 되기 위한 첫번째 조건은 인과론을 토대로 하는 역사적 설명이 가능해야 한다는 것이다. 인과론이란 모든 사물의 생성과 변화에서 원인이 되는 상태가 있으면 반드시 그 결과가 되는 다른 상태가 결정론적으로 일어난다는 이론이다. 인과론적 설명을 할 수 있어야 개별적 사실들을 일반화할 수 있는 법칙이 성립할 수 있다.

과학혁명을 상징하는 가장 유명한 법칙이 뉴턴의 만유인력의 법칙이다. "사과가 사과나무에서 떨어진다"는 것은 하나의 상식이다. 그것은 뉴턴이 의문을 품기 전까지는 과학적 연구 대상이 아니었다. 일상적 사실이 과학적 사실로 바뀌는 계기는 그 원인을 모른다는 것을 깨닫는 순간이다. 모른다는 것을 알 때 인간은 인과관계에 대한 탐구를 시작한다. 그래서 유발 하라리는 "과학혁명을 출범시킨 위대한 발견은 인류는 가장 중요한 질문들에 대한 해답을 모른다"는 것을 깨달은 '무지혁명'이라 했다.[10] 뉴턴이 발견한

9 Leopold von Ranke, "Idee der Universalhistorie," hg. v. v. Dotterweich u. W. P. Fuchs, *Aus Werk und Nachlaß, Bd. 4*, München, 1975, p. 72.

10 유발 하라리, 조현욱 옮김, 『사피엔스—유인원에서 사이보그까지, 인간 역사의 대담하고 위대한 질문』, 김영사, 2015, 356~57쪽.

만유인력의 법칙은 뉴턴의 정원에 있는 개별적 사과뿐 아니라 지구상에 존재하는 모든 사과를 포함한 모든 물체에 적용되는 보편적 사실이다.

뉴턴이 사과의 낙하 원인을 알아내어 이뤄낸 빛나는 성과는 만유인력의 법칙을 발견한 것이다. 이 법칙은 질량을 가지고 있는 물체 사이에는 서로 끌어당기는 힘이 존재한다는 보편적 사실의 인과관계를 설명하는 기능을 한다. 이에 비해 '역사의 아버지'라 불리는 헤로도토스는 모든 전쟁이 아니라 페르시아전쟁이 일어난 원인을 탐구했고, 그 성과로 전쟁의 법칙을 발견해낸 것이 아니라 『역사Historiai』를 썼다. 물리학자는 법칙을 찾아낼 목적으로 보편적 사실에 관한 인과관계를 밝혀내는 연구를 하는 반면, 역사학자는 기억할 만한 가치가 있는 이야기를 찾아내기 위해 역사적 사실을 탐구한다. 법칙은 사실을 설명하게 해준다. 이에 비해 이야기는 사태를 이해할 수 있게 만든다.

법칙은 일반화를 추구하지만, 이야기는 의미를 지향한다. 카는 이 차이를 고려하지 않고 역사적 사실에 대한 합리적·인과적 설명이 어떻게 가능한지만을 집중적으로 조명해서 역사를 하나의 과학으로 정립하고자 했다. 하지만 역사가는 뉴턴처럼 사과의 낙하 원인 일반을 탐구하는 것이 아니라, 오 헨리의 소설 『마지막 잎새』에 나오는 떨어지지 않는 잎새에 대한 이야기를 하는 데 관심이 있다. 사과나 잎새가 낙하한다는 것은 기정사실이다. 물리학자의 시선으로 보면, 소설 속의 여주인공이 죽어가는 자신과 떨어지는 잎새를 동일시하는 것은 전혀 탐구할 가치가 없는 비합리적 현상이다. 둘 사이의 인과관계는 전혀 성립하지 않는다. 하지만 사람들은 합리적인 이성만으로 세상을 살지 않는다. 잎새와 자신을 같은 운명으로 보는 것은 물리학적 사실이 아니라 문학적 허구다. 하지만 허구이기 때문에 그것이 무의미하다고 말한다면 문학적 진실은 성립할 수 없다. 여주인공이 잎새와 자기를 동일시하는 것은 물리학적 법칙으로 설명되어야 하는 과학적 사실이 아니라, 여주인공이 자의적으로 부여한 의미의 연관성으로 이해되어야 할 삶의 진실이다.

문학에서는 그것이 사실인지 아닌지 여부가 아니라 인간 삶의 진실을 얼마나 잘 구현해내느냐가 중요하다. 문학이 허구적 이야기를 통해 인간 삶의 보편적 진실을 깨우쳐주는 기능을 한다면, 역사는 실제 일어난 과거의 사실 가운데 삶의 거울이 될 만한 것들에 대한 이야기를 하려는 것이 목적이다. 카는 이런 역사의 교훈적 기능에 중점을 두고 합리적 원인과 우연적 원인을 구분하여 인과관계를 구성하는 것이 역사가 과학으로서 정체성을 획득할 수 있는 길이라고 주장했다. 그는 다른 나라, 다른 시기, 다른 조건에서도 유용한 교훈을 줄 수 있는 인과관계를 구성하려는 노력을 통해 역사가 과학의 지위에 오를 수 있다고 믿었다. 그는 보편적 유용성을 기준으로 삼아 합리적 원인과 우연적 원인을 나누는 것을 제안했다. 예컨대 로빈슨이 그때 담배를 피우고 싶어 해서 교통사고가 일어났기 때문에 흡연이 교통사고의 원인이며, 따라서 금연을 통해 교통사고를 방지할 수 있다고 일반화하는 것은 우연적 원인을 합리적 원인으로 둔갑시키는 오류라는 것이다.

앞의 사례에서 담배의 경우는 비교적 명확하게 판단을 내릴 수 있다. 하지만 이해관계와 관점에 따라 합리성의 기준 자체가 달라질 때 어떤 식으로 인과관계를 구성하는 것이 과학적이라고 말할 수 있는가? 교통사고를 낸 존스는 자신의 과실을 최소화하기 위해 사고의 주된 책임이 자동차 수리점과 도로공사에 있다고 주장할 것이다. 카는 역사란 실체에 대한 인식적 지향의 '선택 체계'일 뿐만 아니라 인과적 지향의 '선택 체계'라는 점을 인정했다. 인간은 뇌를 통해 사실을 정보로 인식한다. 그런데 뇌는 거짓을 걸러내는 필터의 기능을 하기보다는 믿고 싶은 것을 사실로 인정하는 편향성이 있다. 인식의 과정뿐 아니라 판단을 할 때도 자신이 갖고 있는 편견과 선입견을 토대로 한다. 그렇다면 1차적으로 검토해야 할 사항은 '선택 체계'의 합리성이다. 과연 어떤 '선택 체계'에 입각할 때 합리적인 인식과 판단이 가능한가? 카는 그 문제 해결의 열쇠는 어떤 목적과 가치판단에 의거해서 현재와 과거의 대화를 하느냐에 달려 있다고 보았다. 결론적으로 그는 미래의 진보에 이바지하는 방식으로 역사 이야기를 구성하는 것이 과학적 역사라고 주장했다.

우리 시대에 이런 역사의 거대 담론은 더 이상 유효하지 않다. 카는 옳고 그름을 따지는 도덕 문제를 근대 이성의 합리성에 근거해서 과학적으로 해결할 수 있다고 믿었다. 하지만 탈근대에서 이런 거대 담론은 망상이다. 조슈아 그린Joshua Greene 하버드 대학 심리학과 교수는 아리스토텔레스가 주장한 덕德은 궁극적으로 (그리스라는) 부족部族적 한계를 벗어나지 못했고, 칸트가 정언 명령이라 세운 도덕법칙도 사뮈엘 베케트가 『고도를 기다리며』에서 풍자한 것만큼이나 부조리하다고 주장했다.[11] 그는 미국 생물학자 개릿 하딘Garrett Hardin이 말한 '공유지의 비극'의 사례를 인용하여 보편적 합리성 담론을 해체했다. 예컨대 한 부족의 공유 목초지에서 양치기들이 자신의 양 떼만 많이 먹이려 든다면 목초지는 곧 황폐해지고 말 것이다. 이를 방지하기 위해 부족의 구성원들은 원칙을 세워 상생할 수 있는 방안을 마련한다. 그리고 그것은 부족 내에서 법과 상식으로 통용된다. 그런데 문제는 다른 법과 상식을 가진 부족이 등장했을 때 일어난다. 예컨대 자본주의적 양치기 마을과 공산주의적 양치기 마을이 같은 목초지를 이용한다면, 그들 사이에 협력이 가능할까? 그 둘은 다른 경제 제도와 소유권 개념을 가졌기에 대립을 벌일 수밖에 없다. 실제로 미국 서부 개척 시대에 인디언과 백인 사이에서 그런 일이 벌어졌다.

오늘날 글로벌 시대에서 인간 삶의 무대가 지구촌처럼 좁아졌지만, 다른 한편으로는 이질적인 문화와 가치 체계를 가진 사람들과의 만남이 빈번해졌다. 이렇게 좁아진 세계에서 이른바 '문명의 충돌'이 일어나는 역설이 발생했다. 이에 따라 역사학이 이제

---

11   조슈아 그린, 최호영 옮김, 『옳고 그름―분열과 갈등의 시대, 왜 다시 도덕인가』, 시공사, 2017.

는 더 이상 단선적인 진보에 이바지하는 이야기이기보다는 '통일성 속의 다양성' 내지는 '다양성에 의거한 통일성'을 각성시키는 이야기를 발굴해야 한다는 문제의식이 생겨났고, 유럽과 근대 중심주의를 해체하는 여러 새로운 역사 서술이 등장했다.

글로벌 시대 '문명의 충돌'을 극복하기 위한 전제는 인식적 지향과 인과적 지향 둘 다를 선험적으로 규정하는, 일반적으로 문화라 불리는 의미 체계에 대한 성찰이다. 그린은 모든 부족의 인간은 세계와 타자를 보는 나름의 카메라를 갖고 있다고 보았다. 그는 인간의 뇌를 자동 모드와 수동 모드를 함께 지닌 카메라에 비유했다. 일상생활에서 인간의 뇌는 자동 모드로 설정된 카메라로 세상을 인식한다. 이 자동 모드는 실제로는 자기 부족의 문화에 내재된 의미 체계에 맞춰 설정된 것이다. 인과관계 구성과 가치판단도 이 자동 모드로 이뤄진다. 문제는 서로 다른 자동 모드를 가진 사람들이 만났을 때다. 이때 필요한 것이 수동 모드다. 각각의 자동 모드에 입력된 선택 체계를 수동으로 바꾸려는 노력을 기울일 때 이해와 협력이 가능하다.

역사란 자동 모드 설정을 해제하고 수동 모드로 전환할 때 필요한 지식과 정보다. 역사에는 수많은 과거의 사례와 인물이 있다. 그들과의 대화를 통해 카메라 렌즈의 시야를 넓히는 모드로 조절할 수 있게 도와주는 것이 역사 이야기다. 이를 위해서는 역사에서 정답을 찾는 인과적 구성이 아니라 해답을 찾아가는 이야기로 현재와 과거의 대화를 하는 것이 필요하다.

카는 역사에는 하나의 정답이 있다고 믿고 역사적 인과관계를 구성해야 한다고 주장한 근대주의자다. 하지만 탈근대라 불리는 우리 시대에는 그 정답을 해체하고 내가 가진 인식 지평과 의미 체계의 한계를 확장해야 한다는 문제의식을 가지고 과거와 대화를 해야 한다. 현재를 살아가는 우리에게 주어진 현실은 필연이 아니라 과거에 있었던 각기 다른 수많은 가능성들 가운데 하나가 실현되어 나타난 것이다. 이런 식으로 인간 역사가 전개된다고 할 때, 현재와 과거를 어떻게 연결할 것인가? 자연과학처럼 인과법칙에 의거하기보다는 과거에 있었던 열린 가능성들을 재인식할 수 있는 이야기들을 찾아내는 것이 역사를 연구하고 서술하는 목적이다.

3

'사실의 객관성'에서
'관계의 객관성'으로

여기서 나는 역사에서의 객관성objectivity이라는 잘 알려진 어려운 문제를 맞게 된다. 객관성이라는 말 자체는 오해되기 쉬운 데다가 입증되어야 할 문제를 안고 있는 말이다. 이미 지난번 강연에서 나는, 사회과학 —물론 거기에는 역사학도 포함되지만—은 주체와 객체를 분리시키고 관찰자와 관찰 대상 사이의 엄격한 분리를 강요하는 인식론을 따를 수 없다고 주장했다. 우리에게는 그들 사이의 상호연관과 상호작용의 복잡한 과정을 올바르게 다룰 수 있는 새로운 모델이 필요하다. 역사의 사실들은 순수하게 객관적일 수 없는데, 왜냐하면 그것들은 역사가가 부여하는 의미에 의해서만 역사의 사실이 되기 때문이다. 역사에서의 객관성 —만일 우리가 그 판에 박힌 용어를 여전히 사용하기로 한다면 ─ 은 사실의 객관성일 수 없으며, 오로지 관계의 객관성, 즉 사실과 해석 사이의, 과거와 현재와 미래 사이의 관계의 객관성일 수 있을 뿐이다.[12]

〔……〕

그러므로 결론적으로 나는 진보를 '역사 서술의 근거가 될 과학적인 가설'이라고 본 액턴의 설명으로 다시 돌아가게 된다. 원하기만 한다면 여러분은 어떤 역사 외적이고 초이성적인 힘에 과거의 의미를 예속시킴으로써 역사를 신학으로 바꿀 수 있다. 원하기만 한다면 여러분은 역사를 문학 ─ 의미도 중요성도 없는, 과거에 관한 꾸며낸 이야기와 설화들의 묶음 ─ 으로 바꿀 수도 있다. 그 이름에 걸맞는 역사는 역사 그 자체 안에서 방향감각을 찾아내어 그것을 받아들이는 사람들만이 쓸 수 있다. 우리가 어딘가로부터 왔다는 믿음은 우리가 어딘가로 가고 있다는 믿음과 밀접히 연관되어 있다. 미래의 진보 능력에 대한 믿음을 상실한 사회는 과거의 진보에 대한 관심도 이내 포기할 것이다. 내가 첫번째 강연의 첫머리에서 말한 것처럼, 우리의 역사관은 우리의 사회관을 반영한다. 지금 나는 사회의 미래에 대한 그리고 역사의 미래에 대한 나의 믿음을 밝힘으로써 출발점으로 다시 돌아가고 있는 것이다.[13]

---

[12]   E. H. 카, 『역사란 무엇인가』, 164~65쪽.
[13]   같은 책, 180~81쪽.

카가 『역사란 무엇인가』의 제1장 「역사가와 그의 사실들」에서 해명했던 것은 역사학의 탐구 대상인 역사적 사실이란 무엇인가다. 그는 역사적 사실이란 실증사학이 주장하는 것처럼 과거의 사실이 아니라 "현재와 과거의 대화"를 통해 얻어지는 성과라고 했다. 그런데 그가 말하는 "현재와 과거의 대화"란 실제로는 현재의 역사가가 과거의 사실들 가운데 오직 그가 선택한 것, 곧 그의 사실들과 대화하는 것을 뜻한다. 대화를 통해서 구성되는 역사적 사실에는 주체와 객체의 분리가 애초부터 없다. 그렇기 때문에 카는 역사의 객관성을 '사실의 객관성'이 아니라 (역사가와 그의 사실들 간의) '관계의 객관성'이라고 정의했다.

'관계의 객관성'은 주체와 대상의 분리를 전제로 하는 근대 인식론과는 다른 의미의 객관성을 말한다. 근대 인식론은 데카르트의 "나는 생각한다. 고로 존재한다"라는 근대적 주체의 독립선언과 함께 시작한다. 이 선언에 따르면, 인식은 생각하는 주체로서 내가 세계를 대상화하는 행위로 성립한다. 하지만 이때 주체는 니체의 말대로 실체가 아닌 허구다. 원래 주체를 지칭하는 영어 단어 'subject'는 논리학에서 술어를 통해 무엇이라고 진술되는 문법적 주어를 지칭하는 라틴어 *subjectum*(수브엑툼)에서 유래했다. 수브엑툼의 본래 의미는 '종속된다'이다. 예컨대 "나는 가수다"라고 할 때, '나'라는 주어는 '가수다'라는 술어가 규정하는 요건을 충족한다는 전제하에서 가수로서의 정체성을 가질 수 있다.

데카르트의 "나는 생각한다. 고로 존재한다"는 술어와 주어의 이런 주종 관계의 역전을 선언하는 말이다. '나'는 술어에 의해 규정되는 객체가 아니라 세상을 구성하는 주체라는 것이다. 카가 말한 대로 역사를 현재와 과거의 대화라고 할 때, 주체는 현재이고 과거는 대상이 된다. 전통 시대 역사 담론인 서양의 "역사는 생의 스승이다"와 동양의 '정치의 거울'로서 사史는, 술어인 과거가 주어인 현재를 종속시켜서 지도하는 방식의 대화였다. 근대 역사학의 아버지 랑케조차도 주어인 나를 소거하고, 과거를 있었던 그대로 재현하는 것이 역사의 객관성이라고 보았다.

랑케의 객관주의에 대항해 역사가의 주관 없는 역사 인식은 없다고 주장한 역사가가 요한 구스타프 드로이젠Johann Gustav Droysen이다. 그는 인식 주체가 선험적으로 가진 범주에 의해 객관적으로 존재하는 대상을 파악하는 것으로 인식이 성립한다는 칸트의 '코페르니쿠스적 전환'에 입각해서 역사 인식의 주도권을 과거의 사실에서 현재의 역사가로 전환시켰다. 랑케의 실증사학에서 역사가는 수브옉툼의 본래 의미대로 과거에 종속된 존재인 데 반해, 드로이젠의 현재주의에서 역사가는 인식을 위한 '아르키메데스의 지렛대' 역할을 하는 주체다.

카는 실증사학과 현재주의의 양극단을 지양하면서 이를 연결시키는 방안으로 '관계의 객관성'을 주창했다. 그런데 여기서 말하는 관계는 과거와 현재와 미래 사이의 관계고, 이 관계는 결국 역사가 진보를 향한 운동이라는 관점으로 규정된다. 카는 "오직 미래만이 과거의 해석의 열쇠를 제공할 수 있다"는 것이고, "이러한 의미에서만 우리는 역사에서의 궁극적인 객관성을 이야기할 수 있다"고 보았다. "과거가 미래를 밝혀주고 미래가 과거를 밝혀주는 것, 바로 이렇게 하는 것이야말로 역사의 정당화인 동시에 역사의 설명이다"라는 것이다.[14]

역사란 인간·시간·공간이라는 3간의 조합으로 만들어지는 서사이고, 그것의 재구성을 통해 역사는 다시 써짐으로써 다양한 역사 서술이 생겨난다. 그런데 카는 오로지 시간 축만을 고려해 사유한다는 문제점이 있다. 그는 역사를 진보를 향해 나아가는 운동으로 파악함으로써, 미래의 목표에 복무하는 것이 역사의 객관성이라 보았다.

'역사란 무엇인가'의 답이 역사 3간의 조합을 어떻게 하느냐에 따라 도출되는 것이라면, '관계의 객관성' 또한 이 3간을 변수로 하여 3차원적으로 고찰해야 한다. 먼저 시간 축을 기준으로 하면, "현재와 과거의 대화"로 정의되는 역사는 현재와 과거 사이의 관계를 재구성하는 것을 뜻한다. 그 관계는 역사의 진보에 이바지해야 한다는 명분으로 현재가 과거를 재판하고, 미래가 현재를 구속하는 일방적인 성격의 것이 돼서는 안 된다. 현재의 역사가만이 과거에 말을 걸 수 있기 때문에, 현재와 과거는 주어와 술어의 관계로 성립한다. 전통 시대 역사 담론에서는 주어인 현재가 술어인 과거에 종속됐다. 하지만 근대에서는 그 관계가 역전되어, 조

---

14   E. H. 카, 『역사란 무엇인가』, 168~69쪽.

지 오웰이 『1984』에서 썼듯이 "과거를 지배하는 자가 미래를 지배"하고, "현재를 지배하는 자가 과거를 지배한다"는 역사 담론이 생겨났다. 현재를 지배하는 자가 과거를 지배할 때 역사는 정치적 권력투쟁의 장이 됨으로써 객관적 역사란 불가능해지고 역사 왜곡 논쟁이 끊임없이 일어난다.

기억하고 싶은 과거만을 역사로 인식한다고 해서 과거가 사라지는 것은 아니다. "우리는 과거를 잊었지만, 과거는 우리를 잊지 않는다"는 말처럼, 현재에 의해 망각된 과거는 결코 사라지지 않고 복수한다. 그래서 나온 경구가 "역사를 잊은 민족에게는 미래가 없다"는 말이다. 이전 동유럽과 소련의 공산주의 사회에는 '사회주의 리얼리즘'이란 예술사조가 있었다. 이는 역사가 공산주의를 향해 진보해나가는 것이 진리이기에 여기에 복무하는 예술만이 '리얼'하다는 주장이다. 카가 주장하는 진보사관에 근거한 '관계의 객관성'은 이 같은 사회주의 리얼리즘의 오류를 내포한다.

현재와 과거의 관계는, 마르틴 부버의 용어로 말하면 '나와 너' 또는 '나와 그것'의 두 가지 유형으로 구분할 수 있다.[15] 진보사관은 현재의 '나'를 위해 과거를 '그것'으로 취급하여 도구로 사용한다. 이에 비해 '나와 너'의 관계로 대화한다는 것은 '너'라는 과거를 사물이나 타자로 여기지 않고 현재의 '나'를 존재하게 만들고 존재의 의미를 부여하는 근대적 주체 이전의 주어와 술어의 연

---

15   마르틴 부버, 표재명 옮김, 『나와 너』, 문예출판사, 2001.

결 방식을 지향한다. 부버는 '나'라는 의식은 데카르트의 자아처럼 세계라는 대상과의 분리를 통해서가 아니라 관계의 짜임 속에서만 나타난다고 했다.[16] 마찬가지로 역사라는 서사를 통해 구성되는 '우리'라는 정체성은 과거의 조상들과 '나와 너'의 관계를 맺음으로써 형성된다. 역사란 현재와 과거의 관계를 재구성하면서 끊임없이 다시 쓰여지는 서사이며, 이는 결국 현재라는 주어와 과거라는 술어의 '나와 너'의 상호연관성을 갱신하여 새로운 문장을 쓰는 방식으로 의미를 만드는 행위다.

두번째, 공간 축을 기준으로 '관계의 객관성'을 고찰하려는 시도는 진보사관의 단선적 시간관으로 환원할 수 없는 공간적 차이를 복원해야 한다는 문제의식으로부터 나온다. 예컨대 한·중·일의 동아시아 역사 분쟁을 카의 진보사관으로 해결할 수 있는가? 지식사회학이 사유는 존재의 구속을 받는다고 말하는 것처럼, 모든 인식은 장소에 뿌리를 두고 있다. 그래서 역사 인식은 장소에 따라 다르게 나타날 수밖에 없다. 일례로 안중근에 대한 한국과 일본의 역사 인식을 들 수 있다. 한국사는 을사늑약의 원흉인 이토 히로부미를 사살한 의사義士로, 일본사는 일본 근대 헌법을 제정하고 양원제兩院制를 확립했던 위인이자 한때는 천 엔千円 지폐의 모델까지 됐던 인물을 암살한 테러리스트로 기억한다.

그렇다면 이렇게 장소에 따라 역사 인식이 천양지차로 다른

---

16   같은 책, 42쪽.

경우 관계의 객관성은 어떻게 가능하겠는가? 이 문제를 극복하기 위해서는 한국과 일본의 장소적 한계를 초월하는 포괄적인 상위의 역사 공간이 요청된다. 동아시아라는 역사 공간에서 안중근을 생각하면 동아시아 평화를 선구적으로 주창한 선각자로 기억될 수 있다. 여기서 동아시아란 무엇인가? 하나의 역사 범주로서 동아시아는 아직까지 그 개념이 명확하지는 않지만, 적어도 한·중·일의 자국사의 기억을 넘어서 과거를 역사로 만들 수 있는 트랜스내셔널 역사 공간이란 점은 분명하다.

모든 자국사는 과거를 역사로 기억화하는 나름의 매트릭스가 있다. 예컨대 '국사the National History'로서 한국사는, 헤이든 화이트의 용어를 빌려 말하면 '본래역사proper history'가 아니라 역사 3간의 구성 방식에 따라 다르게 개념화되는 '메타역사meta-history'다. 고구려사를 둘러싼 한국과 중국의 역사 분쟁이 발생하는 근본적 이유는 두 나라가 자국사를 정의하는 메타역사가 다르기 때문이다. 한국사는 역사 3간 가운데 민족을 상수로, 중국은 현재의 중국 영토라는 공간을 범주로 자국사를 정의한다. 그렇기 때문에 이러한 자국사 개념의 차이를 고려하지 않고 논쟁을 벌이면 소통은 불가능하다.

카가 시간 축으로만 고찰한 '관계의 객관성'을 공간적으로 확장할 때 역사 분쟁을 해소할 수 있는 길이 열린다. 한·중·일은 나름대로 자국사를 구성하는 기억의 프레임이 있다. 이 프레임이 기억과 망각의 경계를 설정하는 '기억의 장場'을 형성한다. 따라서 역사 분쟁을 해결하기 위해서는 무엇보다도 먼저 한·중·일의 관계망을 토대로 동아시아의 '기억의 장'을 구성하려는 노력이 필요하다.

최근 역사학에서는 트랜스내셔널 차원에서 관계의 객관성을 추구하는 여러 시도들이 나타나고 있다. 국내적으로는 국사를 한국사로 과목명을 변경하고, 한국사 - 동아시아사 - 세계사로 '기억의 장'을 동심원적으로 확장하는 역사교육과정 개정이 이뤄졌다. 이 교육과정을 짤 때 생겨났던 문제가 세 교과가 사용하는 역사 용어의 불일치다. 예컨대 한국사에서는 임진왜란이라 쓰지만, 동아시아사 차원에서는 부적절한 용어라는 문제의식으로 2009년 개정 교육과정에서 '임진전쟁'이라는 제3의 용어를 도입했다. 그러다 보니 한국사와 동아시아사 두 교과서의 용어 차이가 학생들에게 혼동을 유발한다는 문제가 제기됨으로써 2015년 교육과정 개정에서는 다시 임진왜란으로 통일하며 후퇴했다.

글로벌 시대를 맞이하여 역사 공간이 국가와 민족을 넘어 전 지구로 확대됨에 따라 글로벌 히스토리가 등장했다. 글로벌 히스토리는 종래의 세계사와 다르게 세계를 동양사와 서양사의 합이 아니라 인류 삶의 공간이 전 지구로 확장되는 세계화 과정의 역사라고 말할 수 있다. 여기서 세계화란 인류 삶의 공간이 네트워크로 연결되는 것을 의미한다. 이 네트워크 연결을 주도하는 개념이 '지역 세계의 상호연관성'이다.

이에 대해 결국은 유럽이 주도했던 근대화를 보편사적 운동의 방향으로 설정하는 것을 전제로 상호연관성을 구성한다는 비판이 제기됐다. 그 문제점을 극복하기 위해 나온 대안이 탈식민주의 역사 서술이다. 탈식민주의는 중심 없는 연결망을 지향하고, 그 방법론으로 '유럽의 지방화'를 제시한다. 유럽이 근대화에 성공한 것은 필연이 아니라 우연이었음을 입증하는 여러 연구들이 나왔다. 이에 따르면, 유럽이 세계를 만든 것이 아니라 세계가 유럽을 만들었다. 유럽의 근대를 연 이탈리아 르네상스는 서로마 제국 멸망 후 거의 천년 동안 지속된 비잔틴 제국으로부터 그리스 고전 문화와 과학적 지식을 전수받음으로써 탄생할 수 있었다. 서구의 흥기興期를 낳는 결정적 계기가 된 영국의 산업혁명도 이른바 지리상의 팽창을 통한 연쇄 작용으로 일어난 '우연contingency'이라는 것이다. 결국 앞으로 역사학의 화두는 '부적절하지만 불가피한' 유럽 근대의 보편성을 사실로 인정하고, 유럽과 비유럽의 '관계의 객관성'을 구현하는 세계화 과정의 역사를 어떻게 쓸 수 있느냐다.

카는 '역사 서술의 기초가 되어야 하는 과학적인 가설'인 진보를 '관계의 객관성'을 판단하는 기준으로 보았다. 그는 진보를 "자기 자신과 자신의 환경을 이해하고 지배할 수 있는 인간 능력의 증대"[17]라고 정의했다. 진보의 과정으로서 역사는 20세기에 마침내 "하늘 아래 새로운 것은 없다"는 성경 말씀을 수정할 만큼

---

[17]   E. H. 카, 『역사란 무엇인가』, 193~94쪽.

의 눈부신 문명을 이룩했다.[18] 우리 시대의 이런 특이성을 부각시킬 목적으로, 네덜란드의 노벨 화학상 수상자 파울 크뤼천Paul J. Crutzen이 2000년에 '인류세anthropocene'라는 새로운 지질시대 용어를 창안했다.[19] 인류세란 지구의 운명이 인류에게 달려 있는 빅히스토리 차원의 특이성을 지칭하기 위해 만든 시대 개념이다.

인류는 산업혁명 덕분에 맬서스주의Malthusianism 덫에서 벗어나 성장을 가로막는 마의 장벽을 뛰어넘는 진보를 이룩했다. 하지만 이제는 이러한 문명의 패러다임을 바꾸지 않으면 자연의 복수로 파국에 이를 지경에 이르렀다. 진보가 역사의 목표가 아니라 문제로 인식됨에 따라 인간과 자연의 관계를 새롭게 성찰하는 환경사가 등장했다. 환경사는 인간이 환경을 이해하고 지배하는 능력을 확대하는 진보의 과정으로서 역사가 이제는 한계 지점에 도달했다는 성찰로부터 비롯되었다.

인간과 자연을 마르틴 부버가 말한 '나와 그것'의 관계로 설정하는 카의 진보사관은 이제는 폐기돼야 한다. 지구의 운명이 인류에게 달려 있는 인류세에서 인류는 인간중심주의 역사학을 극복해야만 하는 역설이 발생했다. 이를 극복하려면 인간과 자연의 관계를 다시 '나와 너'의 관계로 되돌려야 한다. 이런 관계의 재구성을 할 수 있는 문명사적인 역사의식의 필요성을 제러미 리프

---

18 존 맥닐, 홍욱희 옮김, 『20세기 환경의 역사』, 에코리브르, 2008.
19 Paul J. Crutzen, "The Geology of Mankind," *Nature*, Vol. 415, 3 January 2002, p. 23.

킨Jeremy Rifkin은 다음과 같이 강조했다. "인류 앞에 놓인 임무는 부담스러우리만치 막중하다. 처음으로 우리는 하나의 종으로서 우리 자신의 역사에 도전해야 하고, 에너지를 덜 소비하면서 새롭고 보다 상호의존적인 문명을 만들어야 한다. 그 방법은 공감을 계속 성장시키고 글로벌 의식을 확장시켜가는 길뿐이다. 그래서 더 이상 지구를 쓰고 버린 에너지로 채울 것이 아니라 동정과 아량으로 채워야 한다. 그렇게 하려면 우리의 의식이 장구한 역사를 거치면서 어떻게 발전하여 그 어느 때보다 더 복합적인 에너지 소비 문명을 이어받게 되었는지부터 알아야 한다. 지난 세월의 인간의 의식을 재발견함으로써 우리는 앞으로 나아갈 의식의 향방을 재정립할 수 있는 중요한 실마리를 잡을 수 있다."[20]

역사의 새로운 방향 정립을 위해 다시 생각해봐야 하는 물음이 인류는 무엇을 위해 역사의 진보에 복무해야 하는가이다. 콜럼버스의 항해를 통해 빙하기 이래로 갈라졌던 지구의 대륙 사이에 교류의 길이 열리면서 지구 생태계에 중대한 변화가 나타났다. "1500년에 지구 전체에 살고 있던 호모 사피엔스의 수는 5억 명이었다. 오늘날에는 70억 명이 산다. 1500년 인류가 생산한 재화와 용역의 총 가치는 오늘날의 화폐로 치면 약 2,500억 달러였다. 오늘날 인류의 연간 총생산량은 60조 달러에 가깝다. 1500년 인류가 하루에 소비한 에너지는 약 13조 칼로리였다. 오늘날 우리는 하루

---

20 제러미 리프킨, 이경남 옮김, 『공감의 시대』, 민음사, 2010, 223~24쪽.

1,500조 칼로리를 소비한다."[21]

　　하지만 이런 눈부신 진보의 이면에는 신대륙 원주민의 멸종과 아프리카 노예의 희생과 더불어 닭, 소, 돼지와 같은 생명체가 고기 수급을 위한 기계로 전락하는 야만이 도사리고 있다. 또한 평균수명이 늘어나고 욕망을 채울 수 있는 것들이 많아졌다고 하나, 현재 인류가 대부분의 시간을 노동보다는 노는 데 보냈던 석기시대 인류보다 행복한 삶을 산다고 말할 수 있는가? 물질적 부와 정신적 행복은 정비례하지 않는다는 것을 현대인들은 잘 안다. 인간이 환경을 이해하고 지배하는 지식의 측면에서는 엄청난 진보를 이뤘지만, 지혜의 측면에서 보면 현대인들은 수렵 채집인이나 중세의 농노보다 더 우월하다고 말할 수 없다.

　　이러한 문제의식으로 인류 종으로서 사피엔스의 역사를 쓴 유발 하라리는 현재와 과거의 대화를 역사의 진보가 아닌 인간의 행복의 관점으로 바라볼 것을 제안했다. "대부분의 역사서는 위대한 사상가의 생각, 전사의 용맹, 성자의 자선, 예술가의 창의성에 초점을 맞춘다. 이런 책들은 사회적 구조가 어떻게 짜이고 풀어지느냐에 대해서, 제국의 흥망에 대해서, 기술의 발견과 확산에 대해서 할 말이 많다. 하지만 이 모든 것이 개인들의 행복과 고통에 어떤 영향을 미쳤느냐에 대해서는 아무것도 말해주지 않는다. 이것은 우리의 역사 이해에 남아 있는 가장 큰 공백이다. 우리는 이

21　　유발 하라리, 『사피엔스』, 350~51쪽.

공백을 채워나가기 시작해야 할 것이다."²²

결론적으로 인류 역사상 가장 큰 문명사적 전환기를 살아가는 우리는 이 시대에 '역사란 무엇인가'라는 물음에 걸맞은 답을 하기 위해 먼저 인문학 3문間, 즉 "우리는 어디서 왔고, 무엇이며, 어디로 가는가?"라는 중요한 문제에 관해 성찰해보아야 한다. 『역사란 무엇인가』의 마지막 장 「지평선의 확대」에서 카는 이 물음에 대한 자신의 답을 역사의 진보에 대한 믿음을 공식적으로 밝히며 신앙고백을 하듯 피력했다. 그런데 과연 우리 시대에도 그의 답이 유효할 것인가? 끝으로 이 문제를 검토해볼 수 있는 카의 글을 살펴보자.

---

22   유발 하라리, 『사피엔스』, 560쪽.

4

진보에서 진화로의 전환과
빅히스토리

사람들이 시간의 경과를 자연적 과정 ── 계절의 순환이라든가 사람의 일생과 같은 ── 으로 생각하는 것이 아니라 인간이 의식적으로 연루되고 의식적으로 영향을 줄 수 있는 특정한 사건들의 연속이라고 생각하기 시작할 때, 역사는 시작된다. 부르크하르트는 역사란 '의식의 각성에서 비롯된 자연과의 결별'이라고 말한다. 역사는 이성의 발휘를 통해서 환경을 이해하고 그것에 작용을 가해온 인간의 오랜 투쟁이다. 그러나 근대는 그 투쟁을 혁명적으로 확장시켰다. 이제 인간은 환경뿐만 아니라 그 자신까지도 이해하고 그 자신에게까지 작용을 가하려고 애쓴다; 그리고 이로 말미암아, 말하자면 이성에 새로운 차원이, 그리고 역사에도 새로운 차원이 덧붙여진 것이다. 오늘의 시대는 모든 시대 중에서 가장 역사의식이 강한 시대이다. 현대인은 유례가 없을 정도로 자기를 의식하며, 따라서 역사를 의식한다. 그는 자기가 지나온 희미한 어둠 속의 가냘픈 빛이 그가 앞으로 가려고 하는 어두컴컴한 곳까지 밝혀줄 것이라는 희망을 가지고서 열심히 그 희미한 어둠 속을 뒤돌아본다; 그리고 이와는 반대로, 앞에 놓인 길에 대한 그의 갈망 또는 불안은 뒤에 놓인 것에 대한 그의 성찰을 재촉한다. 과거와 현재와 미래는 끝없는 역사의 사슬 속에 서로 연결되어 있다.[23]

자연의 물리적 시간은 봄, 여름, 가을, 겨울과 같은 사계절의 순환으로 흐른다. 이에 비해 역사적 시간은 사건으로 전개된다. 인간은 언제 어디서 무슨 일이 일어났다는 사건들의 연대기적 시간으로 과거를 인식한다. 인간은 과거를 물리적 시간이 아니라 삶에 중요한 영향을 미쳤던 사건들의 연속을 이야기로 구성하여 회상한다. 한 공동체에게 일어난 의미 있는 사건들에 대한 이야기들을 하나의 서사로 편집하여 기록함으로써 역사가 탄생했다. 역사의 아버지 헤로도토스는 과거의 위대한 사건인 페르시아전쟁을 후대의 그리스인들이 망각하지 않고 기억할 수 있도록 만들기 위해 그 전쟁이 일어난 원인에 대한 여러 이야기를 탐구 조사한 보고서로 『역사Historiai』를 쓴다고 했다.

특이한 점은 이렇게 과거를 역사로 이야기하는 능력이 인간

---

23 E. H. 카, 『역사란 무엇인가』, 184~85쪽.

에게만 있다는 것이다. 인간에게 역사라는 서사가 있다는 것이 동물과 다른 삶을 살게 만들었다. 동물은 있는 그대로의 자연 속에 살지만, 인간은 자연 상태의 사물에 인간의 작용을 가하여 그것을 변화시키거나 새롭게 창조해내는 문화적 삶을 영위한다. 이렇게 인간이 문화적 삶을 영위한다는 것을 부르크하르트는 의식의 각성을 통한 자연과의 결별이라고 표현했다.

그런데 역사적 존재로 산다는 것이 인간을 행복하게 만들었는가? 니체는 「삶에 대한 역사의 공과」에서 자연과 결별하는 삶을 살게 만든 역사는 인간 이성의 승리가 아니라 불행의 원천이라고 말했다. 니체는 앞서 유발 하라리가 행복의 관점에서 인류 역사를 성찰한 것처럼, 자연적 삶을 사는 동물과 역사적 삶을 사는 인간 가운데 누가 더 행복한 존재인지에 대해 의문을 품었다. 니체는 과거를 기억하지 않고 오직 현재에 몰입함으로써 역사 없는 삶을 사는 동물이 인간보다도 더 행복하게 산다고 보았다. 순간의 말뚝에 묶여 있어서 우울함도 권태도 느끼지 않는 동물을 시기심 어린 눈으로 바라보는 인간은 동물에게 "너는 왜 너의 행복에 대해 내게 말하지 않고 그저 나를 쳐다보기만 하는가?"라고 묻는다. "동물은 이렇게 대답할 것이다. 내가 말하려고 했던 것을 금방 잊어버리기 때문이야—그러나 동물은 이 대답 역시 곧 잊어버렸고 침묵했다. 그래서 인간은 그것을 이상하게 생각했다. 그러나 그는 망각을 배우지 못하고 항상 과거에 매달려 있는 자신에 대해서도 이상하다는 생각이 들었다. 〔……〕 이렇게 동물들은 비역사적으로 산다. 기이한 분수分數를 남기는 어떤 수처럼 동물은 현재에 완전히 몰두하며, 꾸밀 줄도 모르고 아무것도 감추지 않으며, 매 순간 진정 있는 모습 그대로다."[24]

과학적인 역사를 깨부수는 '망치를 든 철학자'인 니체의 반시대적 고찰은 카에게는 매우 낯선 얘기일 수 있다. 하지만 지금 우리에게도 그러한가? 부르크하르트와 니체는 동시대를 살았던 유럽을 대표하는 지식인이지만, 인간 지성에 대해 정반대의 시각을 가졌다. 부르크하르트가 인간 지성의 위대함을 보았다면, 니체는 근대 이성의 광기를 통찰했다. 니체의 통찰이 아무리 정곡을 찔렀다 해도 인간이 다시 자연으로 되돌아가서 동물처럼 살 수는 없다. 인류는 지구상에 존재하는 생명체 가운데 유일하게 유한한 시간과 공간을 초월하여 자기 존재의 정체성과 의미에 대해 사유하는 존재다. 인간은 시간적으로 현재의 내가 존재하기까지 수많은 과거의 사람들이 있었고 현재의 내가 어떻게 사느냐로 내 후손들의 삶이 영향을 받는다는 의식을 갖고 살면서, 공간적으로 같은 운명 공동체를 공유하며 산 사람들의 이야기를 역사로 기록한다. 이런 역사의 거울을 통해 인류는 이성의 힘을 극대화하여 환경을 지배하고 지구 역사상 최초로 지구의 운명을 좌우하는 정복자가 되는 '인류세'라는 새로운 지질시대를 열었다.

카는 현대인은 유례가 없을 정도로 자기를 의식하며 가장 강

---

24 프리드리히 니체, 이진우 옮김, 『니체 전집 2—비극의 탄생·반시대적 고찰』, 책세상, 2005, 290~91쪽.

한 역사의식을 가진 시대를 맞이했다고 자부했다. 그럼으로써 현대인은 과거의 어두운 터널을 지나갈 수 있는 등불인 동시에 미래의 불안과 기대를 성찰하는 거울을 갖고 있다는 낙관적 전망을 했다. 하지만 역사는 카의 바람대로 전개되지 않았다. 진보의 과정으로서 역사는 우리 시대에 이르러 더 이상 지속 가능하지 않을 뿐 아니라 심지어 파국의 위기에 직면해 있다. 인공지능 시대가 도래하면 인간과 기계는 헤겔이 말하는 주인과 노예의 변증법적 상황에 직면할 것이다. 기계의 주인은 인간이었다. 하지만 인공지능이라는 새로운 기계의 탄생과 함께 인간의 거의 모든 일자리가 인공지능으로 대체되리라 예측된다. 그러면 인간은 무엇을 하며 살 것인가? 노동의 종말 이후 인간은 한없는 행복과 사치를 누리며 살게 될 것인가, 아니면 인공지능이라는 노예에 외려 종속되어 놀면서 받아먹기만 하는 잉여 인간으로 전락할 것인가?

질주하는 과학기술은 머지않은 장래에 사이보그나 복제인간 같은 새로운 인류 종種을 만들어낼 것이다. 그런 포스트휴먼 시대가 마침내 현실로 나타나면, 현생 인류인 사피엔스는 과거의 네안데르탈인처럼 멸종해버리고 마는 역사의 종말이 올지도 모른다. 이 같은 종말론에 직면해서 오늘의 역사학이 물어야 할 근본적 질문은 "우리는 어디서 왔고, 무엇이며, 어디로 가는가"라는 인문학 3문間이다. 인간의 거의 모든 위대한 업적은 이 세 가지 질문의 답을 추구하는 과정에서 이룩됐다고 말해도 과언은 아닐 것이다. 이 세 가지 질문은 인류의 과거, 현재, 미래에 관한 것이다.

이 인문학 3문에 대한 역사적 탐구는 카가 말하는 인간 이성의 진보를 통해서 인식의 지평선을 확장시키는 것과는 차원이 다른 빅히스토리라는 새로운 역사 서술을 등장시켰다. 빅히스토리는 종래의 역사학과는 비교할 수 없는 거대한 규모로 인간·시간·공간의 역사 3간을 확장하여 재구성한다. 재구성을 하는 공식이 바뀌는 결정적 계기는 '진보progress'와 '진화evolution'의 구분이 사라졌다는 것이다. 카에 따르면 그 둘의 구분을 애매하게 만든 사람이 다윈이다. 헤겔은 역사는 진보하지만 자연은 진보하지 않는다고 뚜렷이 구분했는데, 다윈의 진화론은 자연도 순환하는 것이 아니라 진보한다는 것을 알려주었다는 것이다. 이에 대해 카는 진화의 원천은 생물학적인 유전biological inheritance인 데 반해, 역사는 사회적인 획득social acquisition을 통해 진보한다고 보았다. 이런 차이를 모르기 때문에 생겨난 혼동이라는 것이다. "생물학자들이 거부하고 있는 획득형질acquired characteristics의 전승이야말로 사회적 진보의 바로 그 기초인 것이다. 역사란 획득된 기술이 한 세대에서 다음 세대로 전승되는 것을 통해서 이루어지는 진보라고 할 수 있다."[25]

카는 역사시대 이래로 인간에게 중요한 생물학적 변화가 일어나지 않았다고 했다. 하지만 포스트휴먼 시대를 눈앞에 두고 있는 우리는 "인간이란 무엇인가"라는 정체성 규정에 대한 근본적

25　E. H. 카, 『역사란 무엇인가』, 157쪽.

문제를 제기해야만 하는 상황에 직면해 있다. 자연선택에 근거한 진화가 이제는 유전자 복제, 사이보그 공학, 인공지능을 통한 지적설계의 단계로 패러다임을 전환한다. "사피엔스는 아무리 열심히 노력하고 아무리 많은 것을 이룩한다고 할지라도 생물학적으로 결정되어 있는 스스로의 한계를 벗어날 수 없을 것이다. 하지만 21세기에 이것은 더 이상 사실이 아니다. 호모 사피엔스는 스스로의 한계를 초월하는 중이다. 이제 호모 사피엔스는 자연선택의 법칙을 깨기 시작하면서, 그것을 지적설계의 법칙으로 대체하고 있다."[26] 지적설계를 통해 '호모 데우스Homo Deus'(신적 인류)라는 새로운 종이 탄생할 때 사피엔스의 역사는 어디로 가는가?

포스트휴먼 시대는 아직 오지 않은 미래다. 하지만 '인류세'와 같은 새로운 지질시대 구분은 종래 역사학이 다뤘던 시간 축을 크게 소급해서 확장할 것을 요청한다. 역사학이 연구하는 시간은 기껏해야 5,000년이다. 지구는 46억 년의 역사를 갖고 있고, 20만 년쯤 동아프리카에서 호모 사피엔스의 진화가 일어났다. 문자 기록만을 연구 대상으로 삼는 역사학 패러다임은 단지 지구 일생의 100만분의 1만을 학문 영역으로 포섭한다. 인류의 탄생과 더불어 유인원에 불과했던 인류가 만물의 영장으로 도약했던 시간에 대한 탐구는 물리학, 화학, 생물학, 지질학 등의 자연과학과 고고학에 넘겨버린 것이다. "우리가 살고 있는 세계가 어떤 모습이고 인

---

26 유발 하라리, 『사피엔스』, 561쪽.

간은 도대체 어떤 생물인지를 이해하려면, 기록된 역사 이전의 일들을 살펴보아야 한다. '과학'과 '역사'를 나눌 이유가 없듯이, '과학'과 '종교'를 나누어 이름 붙일 그럴듯한 이유도 없다. 지난 50여 년간 과학자들은 우리가 어디에서 왔고 어떻게 여기 왔으며 어디로 가는지, 즉 우주의 기원에 대한 검증 가능하고 또 상당 부분 검증된 설명을 만들어왔다. 그것이 우리 시대의 창조론이다."[27]

근대 학문이 연구의 영역을 나누고 전문화하는 방향으로 나아갔다면, 우리 시대 학문의 시대정신은 분야의 경계를 넘어 지식을 대통합하는 융합이다. 어떤 학문보다 역사학이 이런 융합의 견인차 역할을 할 수 있다. 인류 종이 계속 존재하느냐 멸종하느냐의 문제에 직면한 오늘, 역사학은 시간 축을 태초로까지 소급하고 공간 축을 지구 생태계 전체로 확장해야만 이 문제를 다룰 수 있다. 그러기 위해서 역사학은 인문학의 울타리에서 벗어나 자연과학을 포괄하는 융합학문으로 거듭나야 한다.

역사 공간을 지구 생태계 전체로 확장하면, 진보로서 인류 역사는 생태계 파괴와 더불어 인간 이외의 다른 생명체를 엄청난 불행에 빠뜨린 파국의 과정이다. 지구온난화로 2050년에는 현재 지구상 동식물 가운데 30~50퍼센트가 멸종할 것이라 예상한다. 이런 파국을 막기 위해서는 인간중심주의에서 탈피하여 지구 생태계 내 다른 존재와의 연관성 속에서 인류 종의 미래에 대해 성찰

---

27 신시아 브라운, 이근영 옮김, 『빅히스토리—우주, 지구, 생명, 인간의 역사를 통합하다』, 웅진지식하우스, 2013, 11~12쪽.

해야 한다. 이런 문제의식과 함께 역사적 과정을 진보가 아닌 진화로 보려는 관점의 전환이 일어났다. 역사의 과정을 진보 또는 진화로 보는 관점의 가장 큰 차이는 결국 우주 내지 지구에서 인간이 차지한 위치다. 인간만이 역사를 갖기에 모든 역사는 인간중심주의라고 말해도 과언은 아니다. 모든 역사는 기본적으로 인간의 관점에서 세상의 변화에 대해 이야기한다. 하지만 빅히스토리는 지구 밖의 외계인을 관찰자로 설정하고 인류 역사를 조망해보는 시각의 전환을 시도한다.

최근 외계인의 지구 방문을 소재로 한 SF 영화가 많이 나오는 이유는 장차 인류의 삶을 기존 역사학의 차원보다는 훨씬 더 큰 시공간적 지평 위에서 큰 그림으로 성찰해보려는 시도다. 2016년에 제작된 「컨택트」(드니 빌뇌브 감독)라는 SF 영화도 그런 사유 실험을 한다. 영화는 어느 날 갑자기 전 세계에 12개의 셸(UFO)이 도착한 것으로 시작한다. 그런 상황에서 가장 먼저 알아내야 하는 게 외계인들이 지구에 온 목적이다. 그들이 지구까지 올 정도면 인류보다 훨씬 뛰어난 존재임에 틀림없는데, 우선 그들이 적인지 친구인지부터 알아야 어떻게 대처할지를 결정할 수 있다. 미국 정부는 이 문제를 풀 수 있는 사람으로 언어학자와 과학자 한 명씩을 선발한다. 이 두 사람이 첫 만남에서 나눈 대화가 인상적이다. 언어학자는 인류 문명의 초석은 언어라고 믿는 반면, 과학자는 과학이라 말한다. 이게 바로 문과와 이과의 세계관 차이다.

과학자는 정복을 목표로 하지만, 언어학자는 소통을 추구한다. 과학자는 외계인과의 만남을 거듭하면서 결국 과학도 소통을 위한 언어임을 깨닫는다. 외계인이 지구에 온 목적은, 한쪽의 손실이 다른 한쪽의 이득이 되는 '제로섬 게임'이 아니라 양쪽 모두에게 이익이 되는 '논 제로섬 게임non zero-sum game'이 되도록 협력을 해야만 인류가 살아남을 수 있다는 메시지를 전하기 위해서다. 왜 외계인들은 지구인들에게 그 메시지를 전하기 위해 방문한 것일까? 앞으로 3,000년 후면 자신들이 사는 행성에 멸망의 위기가 도래하는데, 그 위기에서 자신들을 구해줄 수 있는 존재가 지구인들이기 때문이다. 그런 지구인들이 상호 협력하지 않고 지금처럼 계속 '제로섬 게임'을 벌인다면, 결국 멸망해서 자신들을 구원해줄 존재도 사라져버린다.

이 영화는 한국에서는 '컨택트,' 일본에서는 '메시지'라는 제목으로 상영됐다. 원제는 'Arrival'이다. 이미 그때가 도착했다는 의미다. 지구인들은 과거 – 현재 – 미래의 선형적 시간관을 갖고 있다. 지구인들의 '존재의 집'인 언어에 시제가 있기 때문이라는 것이 영화적 설명이다. 이에 비해 외계인의 언어는 시제가 없는 상형문자이기에 과거, 현재, 미래를 나누지 않고 통으로 사유한다는 것이다. 이런 사유의 언어결정론이 옳은가 그른가의 문제는 차치하고, 이 영화의 중요한 메시지는 우주에서 "모든 것은 다른 모든 것들과 연결되어 있다"는 점이다.

다윈이 지구 생태계에서 일어난 이런 연결들을 '생명의 나무'로 그려낼 수 있도록 만든 것이 바로 진화론이다. 이처럼 진화란 인간이 만물의 척도가 아닌 만물과의 연결 속에서 생겨났고 사라질 수 있는 존재라는 것을 깨닫게 하는 통찰이다. 사물인터넷과 인공지능 시대에 인간과 사물, 기계와 인간은 서로 소통하고 그 경계가 허물어지면서 새로운 진화가 일어나고 있다. 결국 인류가 무엇이고 나는 누구인가는 만물과 어떻게 연결되어 어떤 관계를 맺느냐로 규정된다. 실제로 인류 문명도 그런 관계 맺음의 확장을 통해 진화해온 과정이다. 앞으로 이 연결을 통해 진화가 어떤 방향으로 어떻게 나아가느냐에 따라 인간이란 무엇이고 역사는 어디로 가는가에 대한 답이 나온다. 이처럼 우리 시대 역사의 정답은 없으며, 답은 우리 스스로가 연결을 통해 만들어가는 것이다. 이것이 앞에서 언급한 역사가가 되려는 꿈을 가진 딸이 탐구해야 하는 '역사란 무엇인가'이고, '역사, 어디로 가는가'라는 물음이다.

제2부

오늘의 역사학

—

'언어적 전환'과 미시사

3강

과거의 '몸짓'과
'이름'으로서
역사

탈근대란 근대의 기획을 넘어선다는 문제의식을 갖고 등장한 담론이다. 근대는 E. H. 카처럼 진보와 같은 역사의 거대 담론을 믿었던 시대다. 탈근대의 '탈'은 그런 거대 담론의 종말을 지칭하는 기표다. '탈'은 접두사 '포스트post'의 번역어다. 한동안 포스트모더니즘, 포스트히스토아, 포스트마르크스주의, 포스트구조주의, 포스트콜로니얼리즘 등과 같은 신조어들이 쏟아져 나왔다. 이 기표들이 공통적으로 함축하는 기의가 근대 종말론이다.

　　위기란 기존의 질서가 해체된 후 새로운 질서가 아직 도래하지 않은 상황을 의미한다. '탈'이란 접두사는 그런 위기의 문제의식을 반영한다. '탈'의 의미는 장례식과 졸업식이라는 이중의 비유로 해석될 수 있다. 홉스봄은 '탈'이란 접두사는 뒤에 나오는 개념이 지칭하는 현실이나 사상의 죽음을 선언하는 장례식의 기호라고 했다.[1]

　　인간에게 가장 확실한 것은 죽을 운명을 갖고 태어났다는 점인데, 가장 불확실한 것이 언제 죽을지는 모른다는 점이다. 그래서 인간을 인간답게 살도록 일깨우는 경구가 '죽음을 기억하라'는 '메멘토 모리Memento mori'다. 탈근대 담론이 환기시키는 것이 바로 근대 거대 담론의 종말에 대한 '메멘토 모리,' 곧 진보로서 역사의 종말을 기억하라는 메시지이다.

　　탈근대 담론이 가진 한계로 자주 제기되는 것이 근대에 대한

---

[1]　　에릭 홉스봄, 이용우 옮김, 『극단의 시대—20세기 역사』 하, 까치글방, 1997, 400쪽.

대안 없는 비판과 해체를 주장한다는 것이다. 탈근대는 문제를 제기하는 인식 틀이지 정답을 제시하는 기획이나 이념은 아니다. 이러한 맥락에서 '탈'은 대나무의 마디처럼 한 과정을 매듭짓고 새로운 단계로 올라서는 디딤돌의 역할을 한다는 점에서 졸업식의 기능을 한다. 영어로 졸업식은 'commencement'다. 이 단어는 졸업과 동시에 시작이라는 이중의 의미를 지닌다. "모든 종말은 새로운 시작"이라는 것이 기독교 종말론의 본래 의미다.

종말과 동시에 새로운 시작을 하는 현재는 카오스이면서 새로운 질서의 탄생을 예정하는, 들뢰즈가 말한 카오스모스chaosmos의 시간이다.[2] 카오스모스의 계기인 탈근대에서 나타나는 혼돈의 시간에는 서로 모순되는 주장들과 역사 서술의 경향성들이 나타난다. 근대 거대 담론의 종말 이후 역사의 나아갈 방향을 암중모색하는 가운데, 역사란 과거 실재를 지칭하는 언어, 곧 과거를 부르는 이름이라는 '언어적 전환linguistic turn'이 나타났다.

한국사란 한국인이 부르는 역사의 명칭이다. 그 명칭의 의미가 무엇인지를 해명하는 작업은, 결국 21세기를 사는 한국인들에게 '역사란 무엇인가'에 대해 논의하는 일이다.

2　질 들뢰즈, 김상환 옮김, 『차이와 반복』, 민음사, 2004, 146쪽.

1

과거를 부르는 이름을 짓는
작명가로서 역사가

몸짓과 이름

2004년 가을, 시 전문 계간지 『시인세계』는 기획 특집으로 국내 현역 시인 246명을 대상으로 '시인들이 좋아하는 애송시' 세 편씩을 조사한 적이 있다. 이 조사에서 시인들이 가장 애송하는 시는 김춘수의 「꽃」으로, 가장 많이 애송하는 시인은 서정주인 것으로 나타났다.

왜 한국의 시인들은 가장 좋아하는 시로 「꽃」을 꼽았을까? 꽃이란 아름다움의 상징이다. 꽃보다 사람이 아름답다고 말하는 이유는 역설적으로 세상에서 가장 아름다운 것이 일반적으로 꽃이라고 여겨지기 때문이리라.

시와 꽃은 다르면서도 선택적 친화성을 갖는다. "내 마음은 호수다"처럼 마음과 호수라는 완전히 다른 것들 사이의 의미연관성을 발명하여 선택적 친화성을 발견해내는 것이 시를 창작하는 행위라고 말할 수 있다.

의미를 창조하는 행위인 '시'는 '말의 꽃'이다. 어떤 시보다도 이것을 가장 잘 보여주는 시가 김춘수의 「꽃」이다.

내가 그의 이름을 불러주기 전에는
그는 다만
하나의 몸짓에 지나지 않았다.

내가 그의 이름을 불러주었을 때
그는 나에게로 와서
꽃이 되었다.

내가 그의 이름을 불러준 것처럼
나의 이 빛깔과 향기香氣에 알맞는
누가 나의 이름을 불러다오.
그에게로 가서 나도
그의 꽃이 되고 싶다.

우리들은 모두
무엇이 되고 싶다.

너는 나에게 나는 너에게

잊혀지지 않는 하나의 눈짓이 되고 싶다.[3]

이 시에서 꽃이란 무엇인가? 첫번째 연에서의 답은 '이름'이다. 여기서 이름과 상대적인 것이 몸짓이다. 이름과 몸짓 사이에는 의미와 무의미라는 심연이 놓여 있다. 시인에 의해 호명되지 않은 몸짓은 무의미하기 때문에 잊혀지고, 이름으로 불린 것만이 의미를 가진 존재로 그에게 '꽃'이 된다.

이름과 역사

이 세상에 존재하는 모든 것은 사라진다. 사라진다는 것은 현재에는 없는 과거가 된다는 것을 뜻한다. 움베르토 에코Umberto Eco는 『장미의 이름』의 마지막을 "지난날의 장미는 이제 그 이름뿐, 우리에게 남은 것은 그 덧없는 이름뿐"이라는 문장으로 장식했다. 과거 실재가 사라지고 없을 때, 그것이 존재했다는 것을 기억하게 해주고 그 존재의 의미를 나타내는 이름이 바로 역사다.

이름으로서의 역사가 역사가가 부여하는 의미라면, 그 의미는 영원불변하지 않고 변한다. 의미가 변할 때 부르는 이름도 바뀌어야 하므로, 역사학에서 과거 사건을 부르는 이름은 시대에 따라 바뀔 수 있다. 결국 역사가란 과거의 그 일을 어떤 이름으로 부를

---

3   김춘수, 「그는 나에게로 와서 꽃이 되었다」, 시인생각, 2013, 14쪽.

것인가를 주제로 역사를 다시 쓰는 일을 하는 사람이다. 당대에서는 조망할 수 없었던 역사적 연관성을 후대에 인식하여 만들어낸 역사학의 이름들이 르네상스, 절대주의 시대, 산업혁명과 같은 시대를 지칭하는 개념들이다. 실제로 오늘날 역사학에서 이 개념들을 사용하지 않고 서양 근대사에 대해 이야기한다는 것은 거의 불가능하다. 하지만 현실을 지칭하기 위해 개념이 있는 것이 아니라 개념에 의거해서 현실을 인식하기 때문에, 역사학의 개념들은 과거 현실을 재현하는 것을 넘어서 만들어내는 성향이 있다.

결국 역사 연구의 쟁점은 특정 과거의 몸짓에 의미를 부여하는 알맞은 이름이 무엇인가다. 예컨대 1894년 전라도 지방에서 동학 농민들이 봉기를 일으켰다. 역사가에 의해 그 봉기에 적당한 이름이 붙여지지 않는다면, 그것은 한낱 농민들의 몸짓에 지나지 않는다. 한국의 역사학에서 그 과거의 사건은 '동학란, 동학혁명, 동학운동, 갑오농민전쟁'이라는 네 가지 이름으로 호명된다. 이처럼 이름이 다양한 이유는 작명가인 역사가에 따라 그 사건을 보는 의미가 극과 극으로 차이가 나기 때문이다.

동학란과 동학혁명은 정반대의 의미를 지닌다. 전자가 '위로부터의 역사' 시각을 대변한다면, 후자는 '아래로부터의 역사' 관점에 의거해서 지배층 중심의 역사관에 대한 가치 전도를 시도한다. 기본적으로 동학혁명과 연관된 의미를 가지지만, "지금까지 존재했던 모든 사회의 역사는 계급투쟁의 역사"라는 마르크스주의 역사관에 입각해서 주조된 명칭이 갑오농민전쟁이다. 원래 이 명칭은 프리드리히 엥겔스Friedrich Engels가 봉건사회 내부에서 개혁을 목적으로 일어났던 농민운동을 지칭하기 위해 만든 개념인 '농민전쟁'에서 유래했다. 1980년대에 1894년 동학 농민들의 봉기를 한국 민중혁명의 원형으로 만들고자 하는 열망이 이 같은 이름을 짓게 만들었다.

하지만 전봉준을 위시한 동학 농민들이 실제로 조선왕조의 정통성을 부정하는 계급투쟁을 벌였는가에 대해서는 의심할 여지가 많다. 또한 사회주의라는 거대 담론이 종말을 고한 현시점에서 민중혁명이 한국사의 나아갈 방향이라고 믿는 사람은 거의 없다. 따라서 현행 한국사교과서는 '동학운동'이란 이름으로 과거의 그 사건을 호명한다. 그 이름은 물리학의 운동 개념처럼 가치중립적인 역사 용어라는 장점은 있지만, 미래에 대한 전망을 담아내지 못한다는 한계를 가진다.

21세기 한국인에게 '역사란 무엇인가'

역사가는 과거를 부르는 이름을 짓는 작명가다. 이름이 없는 과거는 김춘수 시인의 말처럼 하나의 '몸짓'처럼 덧없이 사라진다. 고대 로마인들도 이름이 운명을 결정한다고 믿어서 "이름이 곧 운명이다Nomen est omen"라는 격언을 만들어냈다. 이름으로서 역사는 과거를 부르는 것을 넘어, 미래로 나아갈 방향을 가리키는 이정표의 역할을 한다.

위대한 역사가는 당대를 비추는 거울이 되는 과거를 지칭하는 부르는 새로운 이름을 지어서 미래의 새 역사 창조에 이바지한다. 이렇게 해서 만들어진 역사의 이름들 가운데 대표적인 것이 부르크하르트에 의해 호명된 르네상스Renaissance와, 독일의 역사가 드로이젠이 지은 헬레니즘Hellenism이다.

실제로 근대라는 새로운 시대가 밝아오는 여명으로서 르네상스가 있었는가, 아니면 요한 하위징아Johan Huizinga의 주장대로 '중세의 가을'인가에 대해서는 여러 의견이 있다. 그리고 헬레니즘 시대가 실제로 드로이젠이 의미 부여한 것처럼 알렉산더 대왕의 원정을 통해 그리스 문화와 동방 문화가 융합해서 새로운 세계 문명이 태동했는지에 대해서도 논란이 많다. 그럼에도 분명한 역사학적 사실은 르네상스와 헬레니즘이라는 시대 개념이 과거의 몸짓들을 '꽃'으로 만들었다는 점이다.

21세기 한국사는 어디로 가야 하는가? 한국의 역사가는 이 문제에 답하기 위해 우리 과거의 몸짓에 이름을 붙이는 시인이 돼야 한다. 어떻게 그런 시인이 될 것인가? 김춘수의 「꽃」이 노래하듯이, 우리는 시인이면서 동시에 꽃이 되고 싶은 열망을 가진 존재들이다. 미국의 역사가 칼 베커Carl Becker는 "모든 사람은 그 나름의 역사가다Every man is his own historian"라고 말했다. 그런 역사가가 되기 위해서는 먼저 과거라는 몸짓에 이름 붙이는 사명을 짊어진 사람이 현재를 사는 우리 자신이라는 역사의식을 갖는 것이 중요하다.

내가 그의 이름을 불러주었을 때, 그는 나에게로 와서 꽃이 된다고 했다. 마찬가지로 우리 모두는 누군가의 꽃이 되고 싶어 하고, 그것이 존재의 이유라고 믿기 때문에 대다수의 한국인들이 김춘수의 「꽃」을 애송한다. 인간은 자신의 빛깔과 향기에 알맞은 이름으로 누군가에 의해 불리길 기대하면서, 야코프 부르크하르트J. C. Burckhardt의 말처럼 고뇌하고 인내하며 노력하는 삶을 산다. 자기 삶의 의미에 대해 진지하게 고민하는 대부분의 사람들이 역사의 꽃으로 기억되기를 갈망한다. 특히 예로부터 한국인은 청사靑史에 빛나는 삶을 사는 것을 인생의 목표로 삼으며 살아왔다.

조선왕조가 500년 넘게 존속할 수 있었던 생명력도 임진왜란과 같은 국난 속에서 『조선왕조실록』을 지켜내고 실록 편찬을 멈추지 않았던 투철한 역사의식에서 유래했다고 말할 수 있다. 『조선왕조실록』은 조정의 일들을 기록하는 단순한 연대기적 역사의 의미를 넘어서 왕과 신하로서 현존재의 존재 방식을 규정하는, 하이데거M. Heidegger가 말한 '역사성'의 기호로 작동했다. 그것을 편찬해야 하는 사관을 제외하고 왕은 물론 어느 누구도 볼 수 없다는 것은 신격화의 효과를 낳았다. 궁극적으로 기억되는 것은 『조선왕조실록』에 실리게 될 자신에 관한 기록이라는 사실로부터 조선의 왕들은 역사에 대한 외경을 가졌다. 이 같은 상황에서 역사는 볼 수는 없지만 엄연히 존재해 자신의 삶을 규제하는 '숨은 신'이었다.

모든 것은 사라진다. 인간의 삶도 단 한 번뿐이다. 우리는 한 번의 리허설도 없이 세상이라는 무대에 섰다가 퇴장해야만 하는 존재다. 밀란 쿤데라Milan Kundera가 썼듯이, "인생이란 한번 사라지면 두 번 다시 돌아오지 않기 때문에 한낱 그림자 같은 것이고, 그래서 산다는 것에는 아무런 무게도 없고 우리는 처음부터 죽은 것과 다름없어서, 삶이 아무리 잔혹하고 아름답고 혹은 찬란하다 할지라도 그 잔혹함과 아름다움과 찬란함조차도 무의미하다는 것이다."[4]

역사는 사라진 것에 대한 기록이다. 사라진다는 것은 무無이고, 그것을 기록으로 남기는 역사란 무화되는 것을 막기 위해 그것에 의미를 부여하는 행위다. 과거로 사라질 운명에 처해 있다는 것을 미리 아는 인간은 어떤 방식으로든 자신의 삶에 의미를 부여하지 않으면 살 수 없는 존재다. 그 자신의 삶이 의미 있다는 확신을 갖기 위해서는 먼저 그 이전에 살았던 사람들의 삶이 의미 있었음을 입증해야 했고, 이런 필요성 때문에 역사라는 서사를 만들어냈다.

미래 창조는 신의 영역이지만, 새 역사 창조는 인간의 능력으로 성취할 수 있는 과제다. 과거는 신조차도 바꿀 수 없는 결정된 것이지만, 인간은 그 과거에 이름을 새로 짓는 행위로 역사를 다시 쓸 수 있고, 그럼으로써 새 역사 창조의 과업을 이룩할 수 있다. 오늘의 한국인들은 빠르게 변하는 세상 속에서 점점 더 심화되는 '참을 수 없는 존재의 가벼움'에서 벗어나기 위해 어떤 새 역사 창

4　밀란 쿤데라, 이재룡 옮김, 『참을 수 없는 존재의 가벼움』, 민음사, 2005, 9쪽.

조를 해야 하며, 또 할 수 있는가? 이 물음에 대한 정답은 없다.

과거에 정답이라고 여겨졌던 것이 21세기 문명사적 전환을 맞이해서는 더 이상 유효하지 않다. 정답이 없는 시대에 인간은 누구에게 물어야 하고 어디로부터 답을 구해야 하는가? 지도에는 아직 없는, 길 없는 길을 가기 위해서는 길을 안다고 말하는 사람이 아니라 길을 찾는 사람에게 길을 물어야 한다. 21세기 한국은 어디로 가야 하는가? 이 물음에 대한 답은, 동시대 한반도에 같이 사는 우리가 함께 찾아야 할 미래의 길을 안내해주는 내비게이션이다. 이처럼 공동 운명체로 함께 나아갈 길을 찾는 사람들이 공유하는 화두가 "21세기 한국인에게 '역사란 무엇인가'"이다.

2

역사,
누구를 위한 이름인가

역사적 존재로서 인간

『구약성경』의「창세기」2장 19절에는 "여호와 하나님이 흙으로 각종 들짐승과 공중의 각종 새를 지으시고 그 아담이 무엇이라고 부르나 보시려고 그것들을 그에게로 이끌어가시니 아담이 각 생물을 부르는 것이 곧 그 이름이 되었더라"라고 나와 있다. 인간은 그 자신도 신의 피조물이면서, 신이 창조한 다른 것들에 이름을 붙일 수 있는 신의 대리인이다. "땅을 지배하라"는 하나님의 말씀은 이 같이 이름을 붙일 수 있는 권한에 근거한다.

이름이란 인간이 타자와 소통하는 기호다. 인간은 상징적 언어를 통해 실재하는 세계뿐 아니라 꿈과 환상처럼 실재하지 않는 세계와 소통할 수 있다. 인간은 사물·행위·상황에 일반적으로 통용되는 이름을 부여하고, 그것을 매개로 하여 의사소통을 하면서 합의된 의미 체계를 구축하는 삶을 산다. 통칭 '문화'라 불리는 이 의미 체계에서 인간은 이야기를 통해 자기 경험을 타자에게 전달하고 또한 타자의 경험을 공유함으로써 공감할 수 있는 범위를 확장시킨다.

이 같은 이야기들 가운데 하나가 역사다. 인간은 개체의 유한성을 넘어 타자들의 경험과 지식을 집단 단위로 축적하고 이를 시공간적으로 확장하여 축적할 목적으로 역사라는 서사를 발명했다. 인간만이 역사를 가진다는 점이 인간을 다른 동물과 구별하게 만드는 종차種差다. 지구상에 존재하는 많은 생명체 가운데 오직 인간만이 개체가 습득하고 축적한 지식과 정보를 시공간을 넘어서 소통하는 능력을 가졌다. 이 같은 소통 능력을 통해 인류는 문명을 건설했고, 이로써 인류는 환경의 지배를 받으면서 동시에 환경을 변화시키는 지구상의 유일한 존재가 되었다.

역사와 권력

신으로부터 이름 붙일 권한을 위임받았다는 것은 바로 의미를 부여하는 능력을 부여받았다는 것을 의미한다. 역사를 쓴다는 것은 과거의 수많은 일들 가운데 의미 있다고 여겨지는 것만을 불러내서 이름을 붙이는 행위와 유사하다. 그래서 모든 사람이 역사라는 이름을 짓는 작명가가 될 수 있는 것은 아니며, 과거의 특정 사건들을 지칭하는 이름을 짓는 일을 업으로 삼는 사람들이 역사가다. 전통 시대 이래로 동아시아에서 사관은 천명天命의 대리인으로서 특별한 지위에 있었다. 그런데 문제는 역사로 호명됨으로써 생기는 권력이다. 근본적으로 역사라는 이름에는 권력이 깊숙이 개입돼 있기 때문에 역사의 정치화, 곧 역사가 정치의 시녀로 전락하는 것의 문제점은 끊임없이 제기됐다.

이 같은 문제를 구체적으로 잘 그려낸 소설이 조지 오웰의 『1984』이다. 이 소설의 무대가 되는 오세아니아에는 네 개의 정부 부처가 있다. 각 부처는 역설적이게도 하는 일과 정반대의 이름으로 불린다. 명색이 '평화부Ministry of Peace'지만 전쟁을 관장하고, 사상범죄 처벌 등 법과 질서를 유지하는 일을 맡은 부처는 '애정부Ministry of Love'로 일컬어진다. 경제를 담당하는 부처의 이름은 '풍요부Ministry of Plenty'지만 실제로는 매일매일 배급량 감소만을 발표하는 역할을 한다. 그리고 보도·연예·교육·예술을 관장하는 '진리부Ministry of Truth'의 주요 업무는 모든 정보를 통제하고 조작하는 일이다.

여기서 이름은 실체를 드러내는 것이 아니라 오히려 감추는 기능을 한다. 이 같은 모순을 발생시키는 요인은 무엇보다도 권력이다. 이름은 의미뿐 아니라 권력을 생산한다. 이 소설의 주인공인 윈스턴은 매일매일 역사를 날조하는 일을 담당하는 진리부 소속 관리다. 그는 역사를 개조하기 위해 날마다 과거를 날조한다. 과거를 가리키는 이름으로 역사를 쓰는 것이 아니라 역사라는 이름으로 과거를 재창조한다. 그가 이런 일을 하는 이유는 그가 근무하는 진리부의 벽에 붙어 있는 구호처럼 "과거를 지배하는 자가 미래를 지배한다. 현재를 지배하는 자가 과거를 지배한다Who controls the past controls the future. Who controls the present controls the past"고 지도자인 빅브라더가 믿기 때문이다.

작명을 통해 한 사람의 운명을 바꾸고 개척할 수 있는 계기를 마련하듯이, 미래를 아직 오지 않은 현재로 기대하면서 과거를 지나간 현재로 기억하도록 만드는 이름이 역사다. 과거를 날조하여 역사를 이름 개명하듯 바꾸는 이유는 현재의 권력자가 미래 권력까지도 자기 것으로 만들 수 있는 근거를 마련하기 위해서다.

'터미네이터'로서 역사가

인간 삶의 시간은 일반적으로 과거, 현재, 미래로 구분된다. 과거는 지나간 시간이고 미래는 아직 오지 않은 시간이다. 그렇다면 현재만이 실재하는 시간인가? 현재는 과거로부터 나와서 미래로 흘러가는 시점으로만 존재하기 때문에 수학의 0처럼 있지만 없는 시간이다.

현재는 고정돼 있지 않고 계속해서 움직이는 시점이며 미래는 아직 정해지지 않은 미지의 세계인 데 반해, 과거는 이미 결정된 사실들의 집합이다. 그 과거 사실들 가운데 일부를 역사라는 이름으로 호명하는 이유는 우리가 과거의 부모로부터 태어나 미래의 자식을 생산하는 삶을 살기 때문이다. 만약 과거의 부모가 태어나지 않았다면 현재의 나는 물론, 미래의 자손도 이 세상에 존재할 수 없기 때문에, 과거는 현재와 미래가 성립하기 위한 전제 조건이 된다.

과거가 원인이 되어 현재와 미래가 생겨난다는 것을 잘 보여주는 영화가 「터미네이터」(제임스 캐머런 감독, 1984)다. 물리적 시간은 과거, 현재, 미래로 흐르지만, 영화는 미래에서 과거로 시간의 결을 거슬러 올라가서 이야기를 전개한다. 2029년 인간과 컴퓨터 사이에 권력투쟁이 벌어진다. 컴퓨터가 승리를 눈앞에 둔 상황에서 인간 저항군의 지도자 존 코너가 나타나 역전되기 시작한다. 컴퓨터가 최후의 결전에서 승리하기 위해서는 그가 태어나지 말았어야 한다. 그래서 「터미네이터」에서 컴퓨터 군단은 코너를 낳게 될 어머니 사라 코너를 살해할 목적으로 기계인간 '터미네이터'를 과거로 파견하고, 인간군은 그녀를 보호하기 위해 장차 코너의 아버지가 될 인물인 카일 리스를 보낸다. 이 영화에서 터미네이터는 과거를 바꾸는 미션 임파서블을 수행하고자 한다.

이 영화는 과거는 결정된 것이므로 바꿀 수 없다는 일반적인 상식을 뒤집는 발상의 전환을 한다. 과연 과거는 바꿀 수 없는 것인가? 조지 오웰의 소설 『1984』에서 빅브라더는 미래 권력을 위해 과거를 날마다 바꾼다. 이에 반해 이미 지나간 과거를 바꿀 수 없다고 믿는 역사가는 그 대신 그것을 부르는 이름을 바꿈으로써 그 스스로가 권력자가 아니라 그의 하수인 역할을 하곤 한다.

역사가가 권력의 하수인으로 전락하지 않으려면 어떻게 해야 할까? 역사가란 누구인가에 대해 발터 베냐민은 "만약 적이 승리하면, 심지어 죽은 사람조차도 적으로부터 안전하지 못할 것이라는 것을 투철하게 인식해야 하는 사람"[5]이라고 정의했다. 이 같은 문제의식을 가지고 역사의 이름을 짓는 역사가는 '누구를 위한 역사인가'를 끊임없이 성찰해야 한다.

누구를 위한 역사인가

역사교과서에는 누구의 이름이 실려 있는가? 이준익 감독의 영화 「황산벌」(2003)의 주인공은 계백과 김유신이다. 이 두 장군의 이름은 교과서에 나온다. 하지만 영화가 그 둘만의 이야기로 만들어졌다면 재미는 물론 의미가 별로 없었을 것이다. 이 영화의 진짜 주인공은 역사에 이름을 남기지 못한 민초들이다.

그 가운데 두 명의 인물이 중요하다. 한 명이 계백의 아내다. 역사책에는 계백 장군이 처자를 죽이고 황산벌로 출정했다고 기록돼 있다. 그는 무엇을 위해 질 수밖에 없는 싸움을 그토록 처절하게 했을까? 영화에서 계백은 말했다. "호랭이는 죽어서 거죽을 남기고, 사람은 죽어서 이름을 남긴다." 계백은 성공했다. 그의 이름이 역사책에 나오니까 말이다.

하지만 그에게 희생당한 계백의 아내는 어떠한가? 그녀가 누군지 우리는 전혀 아는 바가 없다. 영화에서 그녀는 칼을 든 계백에게 당당하게 말한다. "호랭이는 가죽 땜심 뒤지고, 사람은 이름

---

5   Walter Benjamin, "Über den Begriff der Geschichte," R. Tiedemann · H. Schweppenhäuser(ed.), *Gesammelte Schriften 1/2*, Franktfurt a. M., 1974, p. 695.

땜심 뒤지는 거여, 이 인간아!" 그녀 말이 맞다. 계백은 이름을 남기기 위해 죽었고, 그의 아내는 이름 때문에 죽었다. 하지만 정확히 말하면 그녀의 이름이 아니라 계백의 이름 때문에 죽은 것이다.

우리는 이 이야기를 통해 계백이 얼마나 훌륭한 장군인가를 가르친다. 하지만 그의 아내 입장에서 보면 계백은 결코 역사교과서에 이름이 오를 만한 위인이 아니다. 영화에서 그녀는 말한다. "밤낮 칼싸움하러 싸돌아 댕긴 인간이 말이여. 인제 와갖고 뭣이 어쩌고 어쩌? (……) 니가 뭣을 해준 게 있냐, 뭣을. 으잉? 전쟁을 하든가, 말든가, 아, 나라가 처망해버리든가 말든가, 아 그것이 뭣인데 니가 내 새끼들을 죽여분다 살려분다 그래야! 느그 애비애미가 살았으믄 느그 애비애미도 이라고 죽여불라냐잉?" 그녀가 피를 토하면서 외친 것은 역사라는 이름의 부조리함이다. 진정 무엇을 위한 역사인가?

영화에서 이 물음에 대한 답을 하는 인물이 두번째 민초인 '거시기'다. '거시기'란 이름 없는 무명씨다. 마지막 전투를 앞둔 상황에서 계백은 '거시기'를 목책 밖으로 내보내 살아남도록 한다. 처자까지 죽이고 온 그가 왜 보잘것없는 병사에게 그런 호의를 베풀었을까? 결전에 대비해 목책을 쌓고 있을 때 누군가가 말한다. "날씨 한 번 겁나게 더워불구만!" '거시기'가 대답한다. "아, 날이 더워야 나락이 여물지라!" 그들의 대화를 옆에서 들은 계백이 '거시기'에게 묻는다. "거시기, 자넨 뭣 허다 왔는가?" 거시기는 대답한다. "농사짓다 왔지라. 시방 나락이 거진 다 여물었을 것인디 울 엄니 혼자서 겁나게 고생하게 생겼네.” 그야말로 전쟁과 평화다. 이때 전쟁광 계백은 깨닫는다. “무엇을 위한 전쟁인가?” 그리고 죽음의 순간에 자기가 죽인 아내의 절규를 떠올린다.

무엇보다도 이 영화의 백미는 마지막 장면이다. 울면서 목책을 빠져나온 ‘거시기’는 마침내 고향으로 돌아와 “엄니”를 외치며 논 한가운데를 가로질러 달려간다. 그 둘이 기쁜 상봉을 하는 것으로 영화는 끝난다. 그 후 이 둘은 어떻게 살았을까? 아마 ‘거시기’는 고구려와 결전을 벌이는 평양성 전투로 다시 끌려갔을 것이다. 평양성 전투에서 그는 누구 편이었을까? 그가 누구 편에 있었다는 것이 무슨 의미가 있으며, 삼국통일이라는 민족사적 대의를 실현하는 과정에 참여했다는 것이 그의 인생의 행복과 무슨 관련이 있는가?

기존의 역사학은 이 물음들에 답을 하지 못한다. 아니 엄밀하게 말해 이 문제는 역사학자의 연구 대상이 아니다. 역사의 주인공은 인간이다. 하지만 역사에 이름을 남기기 위해 사는 사람들은 역사의 주인공이 아니라 꼭두각시다. 특히 계백의 아내와 ‘거시기’와 같은 민초는 역사의 희생자들이다. 따라서 문제는 역사에 이름을 남기지 못한 사람들의 목소리를 대변하는 역사 이야기를 어떻게 하느냐다. 이 같은 문제의식으로 과거를 호명하고자 할 때, 역사의 이름을 어떻게 부를 것인가?

3

밑바닥까지 호명하는
역사의 이름들

의미와 무의미의 변증법으로서 역사

역사란 과거를 부르는 이름이고, 그 이름이 함축하는 것은 의미다. 특정 과거를 지칭하기 위해 역사라는 이름이 붙여지는 것이 아니라, 역사로 호명됨으로써 그 과거는 의미를 가진다. 과거가 역사로 호명되는 과정은 의미와 무의미의 변증법으로 진행된다. 이 같은 변증법에 따라 독일의 사상가 테오도르 레싱Theodor Lessing은 역사를 "의미 있는 것을 무의미하게 만들고, 무의미한 것을 의미 있게 만드는 작업"이라고 정의했다.

의미와 무의미는 빛과 그림자의 관계를 갖는다. 빛과 그림자를 나누는 등불을 들고 있는 사람이 역사가다. 역사가는 그 등불로 과거의 다른 곳을 비춤으로써 새로운 역사 연구를 시작한다.

역사가는 이 같은 재조명 작업을 매번 처음부터 다시 하는 것이 아니라 이전 역사가가 조명했던 방식을 바꿔서 빛과 그림자의 조합을 재조정하는 것으로 수행한다. 해체와 재구성으로 계속 이어지는 이런 의미와 무의미의 변증법을 E. H. 카는 "현재와 과거의 끊임없는 대화"라고 표현했다.

기존의 역사를 해체하고자 하는 문제의식으로 제기하는 질문이 '역사, 누구를 위한 이름인가'이다. 독일의 극작가 베르톨트 브레히트Bertolt Brecht의 시 「책 읽는 어느 노동자의 질문Fragen eines lesenden Arbeiters」은 이 같은 해체를 위한 문제 제기의 전형을 보여준다.

> 성문이 일곱 개나 되는 테베를 건설한 것은 누구일까?
> 책 속에는 왕들의 이름만 나와 있네.
> 왕들이 제 손으로 돌덩이를 운반했을까?
> 또 바빌론은 몇 차례나 파괴되었다는데
> 누가 그토록 여러 번 그 도시를 건설했지? 건축 노동자들은
> 황금빛 찬란한 리마에서 어떤 집에 살았을까?
> 만리장성이 준공된 날 밤에 벽돌공들은
> 어디로 갔던 거지? 위대한 로마제국에는
> 개선문들이 정말 많다는데, 누가 그것들을 다 세웠지? 로마 황제들은
> 누구를 물리치고, 승리했던 거지? 많은 노래에서 칭송받는

비잔티움에는

궁전들과 궁전 안에 사는 사람들만 있었을까? 전설적인 도시 아틀란티스에서조차

바다가 그곳을 삼켜버리던 밤에

물에 빠져 죽어가는 사람들이 노예를 찾으며 살려달라고 울부짖었다고 하는데.

젊은 알렉산더가 인도를 정복했다.

그가 혼자서 해냈을까?

카이사르는 갈리아를 정벌했다.

그래도 취사병 한 명쯤은 데리고 있지 않았을까?

스페인의 펠리페 왕은 자신의 함대가 침몰하자

울었다. 그 이외에는 아무도 울지 않았을까?

프리드리히 2세는 7년전쟁에서 승리했다. 그 사람 이외에

승리한 사람은 또 누구지?

역사의 페이지마다 승리가 나온다.

그럼 승리의 축제는 누가 차렸을까?

10년마다 위대한 인물이 나타난다.

거기에 드는 돈은 누가 냈을까?

참 많은 이야기들

그만큼 많은 의문들.[6]

'악의 꽃'과 '아래로부터의 역사'

브레히트가 과거로부터 불러내고자 하는 인부, 석공, 일반 병사, 노예, 요리사, 선원 등은 역사에 이름을 남기지 못했다. 왜 그러지 못했을까? 그들의 행적에 대해 쓴 기록이 없기 때문이다. 역사의 주인공은 대체로 왕, 장군 등과 같은 위인들이다. 하지만 누가 그들을 위인으로 만들었는가? 한마디로 역사가의 조명이다.

오랫동안 역사가의 조명은 밑바닥에까지 이르지 못했다. 역사뿐 아니라 예술도 마찬가지다. 왕이나 장군 그리고 귀족과 귀족 부인 또는 교황 같은 고위 사제 들만이 아니라 농부와 하인이 회화의 인물로 등장한 것은 근대 이후의 일이다. 그 이유는 밑바닥 사람들의 삶이 아름답지 못해서가 아니라 그들 삶에서 아름다움을 발견할 줄 아는 심미안이 근대 이전의 화가들에게 없었기 때문이다.

밑바닥에서 아름다움을 추구한 가장 유명한 시인이 상징주의를 대표하는 프랑스의 샤를 피에르 보들레르Charles-Pierre Baudelaire다. 그는 창녀, 사기꾼, 동성애자와 같이 사회에서 버림받은 밑바닥 인생들을 사랑하는 시를 썼다. 예수도 신은 가장 낮은 곳에 임한다고 말씀하셨다. 그렇다면 밑바닥 인생을 사는 사람들

6　이승진, 「위대하지 못한 사람들의 '위대함'—브레히트의 「연대기」에 나타난 새로운 역사 서술」, 『열린정신 인문학연구』 제7집, 2006, 198쪽.

이 가장 숭고한 삶을 사는 셈이며, 그들이 구원받을 가능성이 가장 높다고 말할 수 있다. 예술적으로 가장 낮은 곳에 가장 높은 가치가 있다는 것을 상징적으로 표현한 말이 '악의 꽃'이다. 일상적 언어로 악과 꽃 사이에는 의미의 심연이 놓여 있다. 그 의미의 심연을 극복하기 위해서는 관점을 전환시키는 새로운 시각이 필요하다. 역사학에서 이 같은 관점의 전환을 요청하는 구호로 등장한 것이 '아래로부터의 역사'이며, 이 관점을 실현시키기 위해 나타난 새로운 역사 서술이 미시사다.

'아래로부터의 역사'가 등장한 배경에는 장 프랑수아 리오타르Jean-François Lyotard가 '거대 담론의 종말'이라고 특징지은 탈근대라 불리는 시대정신이 배후에 있었다. 우리의 현실과 세계가 불투명하고 불확실할수록 종래의 거대 담론에 대한 회의는 점점 깊어만 갔다. 이에 따라 작은 것들 또는 미시 세계에 대한 관심이 증대했다. 이를 반영해 역사 현실의 소우주를 발견함으로써 큰 것들 위주로 서술된 '위로부터의 역사'에 대한 대안을 모색하는 과정에서 미시사가 등장했다.

종래의 역사학은 연구 대상과 연구 관점이 비례한다고 믿었다. 물론 큰 시야로 봐야 넓게 볼 수 있으며, 높이 나는 새가 멀리 볼 수 있다. 하지만 미시사는 연구하는 대상이 작다고 그 연구의 성과물마저 작지는 않다고 주장한다. 중요한 것은 대상의 크고 작음이 아니라 작은 대상에서도 커다란 의미 연관성을 발견해낼 수 있는 시각이다.

새의 시각 vs. 벌레의 시각

흔히 세상을 보는 방식을 '새의 시각bird's eye view'과 '벌레의 시각worm's eye view'으로 나눈다. 전자가 높은 하늘에서 멀리 내려 다보는 방식이라면, 후자는 땅에서 기면서 가까이 자세하게 보는 태도를 지칭한다. 이 두 관점이 조화를 이룰 때 숲과 나무를 동시에 보는 가장 이상적인 관찰을 할 수 있다.

그런데 종래의 학문은 일반적으로 '새의 시각'을 지향했다. 이에 반해 방글라데시에 '가난한 사람들을 위한 은행'인 그라민 은행Grameen Bank을 설립하여 2006년 노벨평화상을 받은 인도의 무함마드 유누스Muhammad Yunus는 '벌레의 시각'으로의 인식의 전환을 주장했다. 이 같은 전환의 계기는 그의 개인적인 체험에서 비롯했다.

그는 대학 졸업 후 풀브라이트 장학생으로 미국 밴더빌트 대학에서 경제학 박사학위를 받고 고향 방글라데시로 돌아왔다. 귀국 후 치타공 대학 교수로 재직 중이던 그는 1974년 방글라데시에 닥친 최악의 기아를 목격하고 큰 충격에 빠진다. 그때의 충격과 깨달음을 그는 이렇게 말했다.

사람이 죽는 데에도 여러 방식이 있지만, 굶어서 죽는 것처럼 끔찍한 죽음은 존재하지 않는다. 사람이 굶어 죽는다는 것은 죽음이 매초 매초마다 조금씩 다가와, 결국은 삶과 죽음의 경계가 없어지는 것을 말한다. 어느 한순간 삶과 죽음은 서로 구분할 수 없는 지경에 이르러, 땅바닥에 서로 껴안은 채 웅크리고 있는 어머니와 자식이 우리와 같은 세상 사람들인지 아니면 이미 다른 세상으로 떠났는지 알 수 없게 된다. 죽음은 너무도 조용히 다가와, 과연 언제가 그때인지 알기가 힘들다.

이 모든 비극은 한 줌의 양식이 없어서 벌어진 일이다. 주위의 모든 사람들은 배가 고프면 먹을 것을 먹지만, 죽은 이 남자나 저 여자는 그러지 못하였다. 아이가 울지만, 결국 젖을 먹지 못한 채 잠이 들어버린다. 아마도 내일이면 아기는 울 힘조차 없을지 모른다.

나는 강단에서 학생들에게 모든 문제에 해답을 제공하는 경제학 이론을 가르치면서 보였던 그 열성을 기억한다. 나는 이론이 가진 아름다움이며 조화에 감탄하곤 했다. 그러고선 이 모든 이론에 환멸을 느끼지 않을 수 없었다. 길바닥에선 사람들이 굶어 죽고 있는데, 도대체 경제학 이론이 무슨 소용이란 말인가?

그때 이후로 내 눈에 경제학 교실은, 영화가 끝날 무렵엔 주인공이 승리한다는 것을 이미 알고서 안도의 한숨을 내쉬는 영화관처럼, 한가롭기 그지없는 장소로 비쳤다. 나는 처음부터 모든 경제학 문제는 우아한 해답이 기다리고 있다는 것을 알고 있었다. 하지만 강의실을 나서자마자 내 눈앞에는 가혹한 현실이 펼쳐지고 있었다. 거리의 주인공들은 잔혹하게 상처를 입고, 처참하게 짓밟히고 있었다. 일상의 생활은 점점 더 잔혹해져 갔고, 가난한 사람은 더욱 가난해져만 갔다. 그들은 굶주림으로 죽을 날만 기다리는

수밖에 없어 보였다.[7]

　도대체 누구를 위한 경제학인가? 한 국가의 부와 세계경제의 동향 분석과 전망이 기아선상에서 죽어가는 사람들에게 무슨 의미가 있는가? 이 같은 문제의식으로 그는 '새의 시각'으로 세상을 내려다보면 국가와 세계 전체의 부富 이면에 있는 가난한 사람들을 보지 못한다는 것을 깨닫고 '벌레의 시각'으로 빈곤 문제를 해결할 방안을 모색했다. 그는 '벌레의 시각'으로 사물을 가까운 거리에서 날카롭게 관찰하면서 도중에 어떤 장애물을 발견하면 벌레처럼 그 주위를 돌아가면서 묘안을 찾으려는 자세를 견지할 때, 겸손한 태도로 실제 문제들에 직면한 사람들을 위한 해결책을 마련할 수 있다고 보았다.

　마르크스는 「포이어바흐에 관한 테제들Thesen über Feuerbach」의 마지막 열한번째 테제에서 "철학자들은 세계를 단지 다양하게 해석해왔다. 하지만 중요한 것은 세계를 변화시키는 것이다"라고 썼다. 그런데 문제는 어떻게 변화시키느냐다. 근대는 과학, 진보, 혁명, 계급 또는 민족과 국가와 같은 거대 담론에 의거해서 세상을 바꾸고자 했다. 이 같은 근대의 기획의 세례를 받고 등장한 것이 사회사와 구조사다. 반면 미시사는 사회사와 구조사의 '새의 시각'에 의해 소홀히 취급돼왔던 민초들에 주목한다. 이 같은 시

7　무함마드 유누스·앨런 졸리스, 정재곤 옮김, 『가난한 사람들을 위한 은행가』, 세상 사람들의책, 2002, 23~24쪽.

대정신을 대변하는 말이 "작은 것이 아름답다"이다. 그렇다면 왜 작은 것이 세상을 변화시킬 수 있는 열쇠가 됨과 동시에 아름답다고 말하는가?

4강

미시사,
아래로부터
'몸짓들'을 불러내다

1

자세히 보면
아름답다

"작은 것이 아름답다"

"작은 것이 아름답다"를 가장 잘 보여주는 분야가 미술이다. 일반적으로 그림은 풍경화처럼 크고 넓은 풍광을 작은 화폭에 담아내며 새의 조망 방식을 취했다. 있는 그대로의 모습을 그려내고자 하는 정밀화라고 해도 확대해서 그리진 않았다. 이 같은 미술의 관점을 '벌레의 시각'으로 전환시킨 선구자가 페미니스트 화가 조지아 오키프Georgia O'Keeffe다. 그녀는 잘 보이지 않는 꽃 속을 확대하거나 죽은 동물의 탈색된 뼈에서 아름다움을 찾아내는 그림을 그렸다.

그녀는 꽃을 확대해 그린 이유에 대해 이렇게 말했다. "여전히 아무도 꽃을 보지 않는다. 너무 작아서 우리는 꽃을 볼 시간이

Georgia O'Keeffe, *Black Iris III*, 1926, Oil on canvas, 391.4×75.9cm, Alfred Stieglitz Collection, Metropolitan Museum of Art.

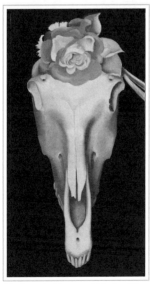

Georgia O'Keeffe, *Horse's Skull with White Rose*, 1931, Oil on canvas, 76.2×41cm, Private collection, Georgia O'Keeffe Museum.

없다. 〔……〕 그래서 나는 다짐했다. 내가 보는 것, 꽃이 내게 의미하는 것을 그리겠다고. 하지만 나는 크게 그릴 것이다. 그러면 사람들은 놀라서 그것을 바라보기 위해 시간을 낼 것이다."[1]

큰 것을 작게 화폭에 맞게 축소해서 그린 그림에 익숙해진 사람은 작은 것을 크게 확대하여 그린 그림은 리얼리티가 없다고 생각한다. 하지만 이는 편견이다. 망원경으로 본 것은 실재고 현미경으로 본 것은 허구인가? 오키프가 제기한 문제는 과연 본다는 것은 무엇을 의미하는가이다. 그녀는 보는 행위 자체가 아니라 본다는 것의 의미에 대한 문제를 제기할 목적으로, 아무도 꽃을 보지 않는다는 도발적인 언급을 했다. 그녀가 생각하는 본다는 것은 눈이 아니라 마음으로 보는 것을 의미한다. 앞서 무함마드 유누스가 '벌레의 시각'이라고 말한 것이 바로 마음으로 보는 것을 뜻한다. 마음의 현미경으로 볼 때 우리는 겉으로 드러난 사태와 사물의 외면을 넘어선 그 내면을 볼 수 있다.

"개체는 말로 표현할 수 없다"

역사학이란 원래 사건 그 자체가 아니라 그 사건이 일어나게 만든 내적 연관성을 밝히는 학문이다. 독일의 사상가 빌헬름 폰 훔볼트Wilhelm von Humboldt는 이러한 내적 연관성을 '이념'이라고 지칭했다. 내적 연관성으로서 이념이란 현상의 근저에 놓여 있

---

[1] 브리타 벵케, 강병직 옮김, 『조지아 오키프』, 마로니에북스, 2006, 31쪽.

는 내면적 형식이며, 유한한 것 속에 내재해 있는 무한성이다.[2] 따라서 모든 개체적 사건은 궁극적으로는 신에게까지 연결되는 보편성을 담지하고 있다는 것이 독일 역사주의의 개체사상이다. 이같은 개체사상의 진수를 표현한 것이 "모든 시대는 신에 직결된다"라는 랑케의 말이다. 모든 시대가 신에 귀속되어 있다면, 각 시대의 가치는 그로부터 파생되어 나온 결과가 아니라 그 존재 안에 내재해 있다고 보았다. 이 같은 개체적인 것의 보편적 가치를 읽어내는 것이 역사학의 가장 큰 매력이라고 랑케는 생각했다. 따라서 그는 신의 눈으로 보면 인류의 모든 세대가 동등하게 정당한 가치를 가진다는 것을 명심하고 '본래 그것이 어떠했는지'를 기술하는 것이 역사가의 임무라고 역설했다.[3]

역사의 첫번째 과학 모델을 정립한 랑케의 역사주의는 원래 헤겔의 절대정신과 같은 전체로 개체를 통합하는 역사철학에 반대해서 나왔다. 그는 인간사人間事를 아는 데에는 개별자를 인식하는 것과 추상을 인식하는 것의 두 가지 길이 있다고 말했다. 후자가 철학의 길이라면, 전자는 역사의 길이다. 이외에 다른 길은 없다는 것이다. 이 두 가지 인식 방식은 각각 그 독자성이 인정되어야 한다. 하지만 역사 전체를 단지 수많은 사실들의 집합으로 보

2   Wilhelm von Humboldt, "Über die Aufgabe des Geschichtsschtreibers," *Deutsche Geschichtsphilosophie*, hrsg. v. K. Rossmann, München, 1969, p. 211.

3   Leopold von Ranke, *Aus Werk und Nachlass*, Vol. II: *Über die Epochen der neueren Geschichte*, München, 1971, pp. 59~60.

고 하지만 역사 전체를 단지 수많은 사실들의 집합으로 보고 그에 대한 사유는 추상적인 사변에 맡기고서 역사가가 개체적 사실들을 기술하는 데에만 관심을 집중한다면 그것은 잘못이다. 철학자의 경우도 추상적인 보편에 입각해서 개체들 고유의 다양한 의미들을 통일적으로 파악하는 것 또한 오류다. 랑케가 이상적인 것으로 제안하는 역사의 인식 방식은 개별자에 대한 연구와 관찰로부터 일반적인 통찰, 곧 사건들이 객관적으로 갖고 있는 내적 연관성에 대한 인식에 도달하는 것이다. "개체는 이루 다 말로 표현할수 없다"는 말처럼, 개체의 의미는 무한하기 때문에 랑케는 모든 시대는 무한자인 신에 직결된다고 말했다.

"본래 그것이 어떠했는지"

랑케는 개체가 가진 의미의 무한성을 전제로 해서 "본래 그것이 어떠했는지"를 밝히는 것이 역사가의 임무라고 생각했다. 여기서 문제가 되는 말이 '본래'다. 랑케 이후 역사주의는 두 가지 상반된 방식으로 분화됐다. 첫째로 "본래 그것이 어떠했는가"가 실증사학의 모토가 됨으로써 내적 연관성과 연관된 '본래'의 원래 의미를 사장시켰다. 이로써 사료라는 실증적인 증거에 입각해서 과거의 사실이 어떠했는지를 기술하는 것이 과학적 역사의 본령인 것으로 신봉되었다. 그 결과 역사관 없는 역사 서술로 전락함으로써 '무엇을 위한 역사인가'라는 문제가 대두되었다.

두번째는 앞서 언급한 실증사학과 정반대로 '본래'의 의미를 거대 담론에 입각해서 과거의 개별적인 사실들을 전체론적인 역사로 통합하는 목적론적 역사주의로 나아갔다. 독일 역사주의는 '본래'라는 내적 연관성을 민족주의적으로 해석하여 역사가들을 독일 민족주의라는 국가 종교의 사제로 전락시켰다.

"작은 것은 아름답다"를 모토로 하는 미시사 같은 탈근대 역사 서술은 이 둘과의 대결 속에서 나타났다. 먼저 탈근대 역사 서술은 실증사학의 과학성에 내재해 있는 모순을 지적했다. 실증사학의 딜레마는 과학성을 보장하는 토대가 되는 실증성이 진리임을 어떻게 실증적으로 증명할 것이냐의 문제다. 실증사학이 진리의 보루로 삼는 사료의 진실성이 의심받는다면 실증사학의 과학성은 사상누각砂上樓閣에 불과하다. 물론 "사료 없이는 역사가 없다"는 말은 맞다. 하지만 사료가 반드시 과거의 진실을 담고 있다고 말할 수 있는가? 누가 사료를 남겼으며 대부분의 사료가 누구의 목소리를 대변하느냐를 고려할 때, 사료는 진실을 말할 뿐 아니라 은폐한다. 사료는 그 자체가 진실을 증언하는 것이 아니라 사실의 왜곡이라는 불순물이 들어 있는 과거의 흔적이다. 역사가는 그것을 단서로 해서 과거의 진실을 재구성하는 일을 하는 사람이다. 범죄자를 심문하는 형사처럼 역사가는 사료가 전하는 내용의 진실 여부를 면밀히 검토해야 한다.

실마리 찾기

사료라는 증인을 심문하여 과거의 진실을 재구성하는 미시사의 대표적 저술이 이탈리아의 역사가 카를로 긴츠부르그Carlo Ginzburg가 쓴 『치즈와 구더기』[4]이다. 긴츠부르그가 이 작품에서 발굴해낸 이야기는 1532년 이탈리아 프리울리Friuli 지역의 한 마을에서 태어나, 1599년 이단 재판으로 처형된 '메노키오'라는 한 방앗간지기의 생애다.

방앗간지기 메노키오는 신분은 낮았지만 마을에서는 중요한 인물이었다. 그는 읽고 쓸 줄 알았으며, 또한 마을의 면장까지 지냈다. 그러다가 1583년에 이단적인 생각을 유포한다는 성직자의 고발로 종교재판에 회부되어 심문을 받고 2년 동안 복역하다가, 보석금을 내고 특사로 풀려났다. 그가 다시 마을로 돌아왔을 때, 가족 중 아내와 큰아들은 이미 죽은 후였다. 그는 언제나 한곳에만 머물러 있어야 했으며, 종교재판을 받았다는 표식으로 십자가가 그려진 흰 참회복을 입고 지내야 했다. 그러나 이런 낙인에도 불구하고, 그는 이전처럼 마을 사람들과 잘 어울렸으며, 또한 마을의 많은 사람들은 그를 좋아하였다. 하지만 그는 1598년에 또다시 고발되어, 이단 재판을 받고 처형되었다.

'치즈와 구더기'라는 책 제목은 메노키오의 세계관과 종교관을 상징적으로 표현한 말이다. 메노키오는 이 세상과 인간이 신의 창조물이라는 기독교적 교리를 믿지 않았다. 그의 생각에 따르면,

---

4   C. Ginzburg, *Der Käse und die Würmer. Die Welt eines Müllers um 1600*, Frankfurt/ M., 1983; 카를로 긴츠부르그, 김정하·유제분 옮김, 『치즈와 구더기—16세기 한 방앗간 주인의 우주관』, 문학과지성사, 2001.

"태초에 모든 것은 땅, 공기, 물 그리고 불이 뒤섞여 있는 카오스였다. 이러한 카오스의 소용돌이로부터 물체가 생겨났다. 이것은 마치 우유에서 치즈가 만들어지고, 또 거기서 구더기들이 나타나는 것과 같다. 그리고 이러한 구더기들이 천사들이었다. 가장 신성한 천주님의 뜻에 따라 이것들이 신과 천사들로 바뀌었다."[5] 메노키오의 창조론은 로마 가톨릭 교리의 견지로 보면 이단이다. 하지만 이런 독창적인 생각이 가지는 중요한 의미는 그가 위로부터 주입된 믿음을 그대로 따르기보다 당시 그가 접할 수 있는 책들을 읽고 스스로 그런 생각을 해냈다는 점이다. 과연 이 같은 생각은 순전히 그의 머릿속에서 나온 것일까? 지배문화와 다른 민중문화에서 기원한 착상이라는 것이 긴츠부르그의 가설이다.

이 가설에 입각해 긴츠부르그는 16세기에 일어났던 민중문화와 지배문화 사이의 세계관의 충돌을 이단 재판 기록이라는 사료를 단서로 재구성해냈다. 16세기에 과연 독자적인 민중문화가 있었는지는 역사가들 사이에서 논란거리다. 왜냐면 민중문화에 관한 구체적 내용을 전해주는 사료가 거의 없기 때문이다. 현재까지 전하는 것은 메노키오의 경우처럼 이단 재판의 심판관에 의해 작성된 기록들뿐이다. 이것들은 기본적으로 심판관의 관점과 세계관을 반영한다. 그렇기 때문에 이 기록에는 지배 세력을 옹호하는 담론의 질서가 내재해 있다. 심판관이 던지는 질문에는 피고를

---

5   C. Ginzburg, *Der Käse und die Würmer. Die Welt eines Müllers um 1600*, p. 32.

잡아넣기 위한 올가미가 있다. 그것을 잘 알고 있는 피고는 살기 위해서 심판관이 원하는 대답만을 할 수밖에 없다. 이러한 질문과 대답의 미로 속에서 역사가는 과거의 진실을 구명해야 한다. 지배세력의 언어로 쓰여진 재판 기록은 그들의 진리만을 대변할 뿐이다. 그래서 사료가 말하는 것이 허위일 수도 있기 때문에 역사가는 기록자의 의도를 이해하는 것으로 사료 해석을 끝내서는 안 된다. 역사가는 사료의 담론 질서를 해체하여 역사적 진실의 연관관계를 밝힐 수 있는 실마리를 찾아내야 한다.

긴츠부르그가 제안하는 '실마리 찾기paradigma indiziario'의 방법은 일면 하찮은 것으로 보이는 것으로부터 전체의 구조적 연관성을 추론해내는 방식이다. 이는 셜록 홈스가 지문이나 담뱃재와 같은 사소한 단서를 통해 사건의 전말을 밝혀내고, 조반니 모렐리가 그림의 세부적인 부분을 치밀하게 관찰함으로써 예술품의 진위를 감식해내며, 또 프로이트가 일상적이고 무의식적으로 보이는 행동으로부터 숨겨진 본심을 읽어내는 것과 유사한 방법이다. 긴츠부르그가 이러한 우회적인 방법을 통해서 알아내고자 했던 것은 사료상의 진실이 아니라, 그 사료의 담론이 은폐하고 억압한 '민중문화'라는 또 다른 역사적 진실이다. 하층민은 자신을 대변할 수 있는 사료를 남기지 못했다. 그렇다고 해서 그들의 역사가 없는 것은 아니다. 메노키오를 심문한 심판관이 남긴 기록을 해체적으로 읽는 역사가는 정황증거에 의거해서 메노키오가 대변했던 민중문화의 실체를 상상해낼 수 있다. 다시 말해 미시사가는 심판관이 피고에게 던졌던 물음 안에 내재해 있는 의미 체계를 거꾸로 읽어냄으로써, 사료가 침묵하거나 은폐시켰던 역사적 사실들을 발견하는 것을 넘어서 '발명'하는 실험을 할 수 있다. 여기서 '발명'이란 역사학에서는 금기시해야 할 말이다. 이에 대해 긴츠부르그는 "역사 연구 작업과 그 이야기의 서술은 '사실적인 것'과 '발명된 것' 사이의 구분에 입각해서가 아니라, '가능성'을 통해 '현실성'을 계속해서 확충해나가는 방식으로 이뤄져야 한다"[6]고 말함으로써 역사학의 금기를 깨고자 했다.

이런 식으로 지배 질서를 대변하는 역사 서술들에 의해 층층이 은폐된 과거의 진실을 고고학적으로 발굴하여 역사 현실의 인식 지평을 넓히는 실험을 하는 미시사의 작은 역사 이야기는 아름다울 뿐 아니라 재미있다. 그런데 문제는 이 같은 역사의 일화를 이야기하는 것이 무슨 의미가 있느냐다. 이미 일어난 과거를 바꿀 수는 없다. 그럼에도 중요한 것은 과거에 실현 가능성이 있었던 '지나간 미래'다. 미시사는 '현실의 역사'를 넘어서 역사적 상상력을 발휘하여 '가능성의 역사'까지도 발굴해냄으로써, 지금 우리에게도 의미 있는 '지나간 미래'에 대해 이야기한다.

---

6   N. Z. Davis, *Die wahrhaftige Geschichte von der Martin Guerre. Mit einem Nachwort von Carlo Ginzburg*, Frankfurt/M., 1989, p. 190.

미시사,
사실들의 틈새를 보다

사실-허구-진실의 트라이앵글

역사에 이름 없는 사람들을 주인공으로 내세워 '지나간 미래'를 발굴하는 미시사의 이야기는 한 편의 소설처럼 재미있다. 그러다 보니 미시사는 근대 역사학이 이룩한 'history'와 'story' 사이의 구분을 해체한다는 비판에 직면한다. 토머스 칼라일Thomas Carlyle은 "실재는 정확히만 해석된다면 허구보다 위대하며, 그래서 결국은 역사가 진짜 시"[7]라는 말을 했다. 이 발언은 사실만이 진실이고, 허구는 거짓이라는 근대 사실주의 이분법을 대변한다.

하지만 앞서 지적했듯이 문제는 과거의 사실을 증언하는 사

---

[7] A. Fleishman, *The English Historical Novel*, Baltimore & London: The Johns Hopkins Press, 1971, p. xiv.

료의 대부분이 지배 세력의 언어로 쓰였다는 점이다. 그렇기 때문에 "승자는 역사를 기록하고, 패자는 소설을 쓴다"는 말이 생겨났다. 이 경우 역사는 사실을 통해서 허구를 주입하는 반면, 소설은 허구를 통해서 진실을 드러내고자 한다. 이 같은 역사와 소설의 구분은 극단적인 사례다. 일반적으로 역사와 소설은 그 나름의 방식으로 삶의 진실을 추구하는 것을 목표로 한다. 단지 그 같은 목적을 달성하는 수단이 사실이냐 허구냐가 역사와 소설의 장르 구분을 낳는다.

정리하면, 사실과 허구 그리고 진실은 서로가 모순 관계가 아니라 서로 연결된 하나의 트라이앵글을 이루고 있는 형상이다. 사실과 허구는 삼각형의 밑바닥에서 서로 대척점을 이룬다. 하지만 이 둘 모두는 똑같이 진실이라는 하나의 꼭짓점을 향한다. 그렇다면 중요한 것은 메시지를 전하는 방식이 사실이냐 허구냐가 아니라 둘 가운데 무엇이 좀더 진실에 가까이 갈 수 있느냐다. 발상의 전환을 해서 허구를 거짓이 아니라 상상력이라 생각하면, 진실에 이르는 두 가지 길로 이해할 수 있다. 사실이 눈에 보이는 현실이라면, 상상력은 보이지 않는 가능성이다. 진실을 추구하는 방식에서 전자가 역사의 길이라면, 후자는 문학과 예술이 추구하는 길이다.

'반사실'과 진실

사실에 대한 탐구만으로 진실에 이르기 어려운 이유는 사실은 개별적인 데 반해 진실은 보편적이기 때문이다. 우리가 현실에서 보는 원이나 개는 개체이지 보편은 아니다. 한 점에서 같은 거리에 있는 점들의 집합으로서 원은 관념적으로만 존재하는 허구다. 또 모든 종류의 개들의 집합으로서 개 일반은 현실에는 없다. 실제 현실로 존재하는 각각의 개들은 모두 다르다. 그렇게 때문에 개별적인 개들의 차이를 소거할 수 있을 때에만 개에 대한 보편적 관념을 가질 수 있다. 개에 대한 보편적 관념이라는 허구가 중요한 이유는 그것이 개별적인 개들에 대한 사유를 가능하게 만드는 개념을 형성하기 때문이다. 개념은 반反사실적이지만 진실이라는 달을 가리키는 손가락이다.

'반反사실'의 전형적인 예가 산타클로스다. 산타클로스는 현실에는 없는 허구다. 그런데도 사람들은 매년 크리스마스 때가 되면 산타클로스를 기다린다. 이 같은 모순을 잘 그려낸 영화가 「34번가의 기적」(레스 메이필드 감독, 1994)이다. 이 영화에서는 실제로 산타클로스가 실재하는지 여부를 가리는 재판이 벌어진다. 산타클로스의 실존을 옹호하는 변호사는 증인으로 그 존재를 부정하는 검사의 아내를 데려온다. 그는 검사의 아내에게 묻는다. 당신 남편은 아이들에게 산타클로스가 실제로 존재한다고 말하지 않았느냐고. 아버지인 검사뿐 아니라 미국 정부도 신의 존재를 인정했다. 미국 달러에 'In God we trust'(우리는 하나님을 믿는다)라는 문구가 새겨져 있는 것이 그 증거다. 영화 말미에 결국 진짜로 인정받은 산타클로스는 말한다. "내 존재를 믿음으로 받아들이지 못한다면 의심으로 가득 찬 인생을 살게 될 뿐이에요."

"세상은 이야기로 이뤄져 있다"

"자연과학자는 세계가 원자로 구성되어 있다고 생각하지만, 역사가는 이야기로 이뤄져 있다고 믿는다." 과학은 원자와 같은 입자를 통해 우주를 설명한다. 하지만 그런 식으로 사랑이란 무엇이고, 인생이란 무엇이며, 또 죽음이란 무엇인가와 같은 정말로 중요한 인간 삶의 의미에 대한 물음에 답을 할 수는 없다. 그것들에 대해 해명하려는 것이 신화와 같은 이야기다. 인간은 설명할 수 없는 것도 이야기는 할 수 있다. 사랑, 인생, 죽음이 무엇인지 설명은 못 해도 그것을 경험한 거의 모든 사람이 그것에 대한 자신의 생각을 이야기할 수는 있다.

모든 이야기는 만들어진 것이기 때문에 기본적으로 허구다. 이 같은 사실을 누구보다도 잘 알고 소설을 창작하는 데 이용한 사람이 움베르토 에코다. 그는 국내 한 신문과의 인터뷰에서 이렇게 말했다. "모두 다 위조고 날조야(웃음). 만약에 어찌 그리 정보가 많으냐고 물어본다면, 나는 빈틈empty space을 이용한다고 말하겠어요. 이 우주에는 행동과 행동 사이, 이것과 저것 사이에 많은 빈틈이 있고, 그 틈을 활용해야 해요. 당신이 1층에서 도착했다는 전화를 하고 엘리베이터를 타고 올라오기까지 3분이 걸렸어. 그동안 나는 어떤 생각을 했지. 일종의 사유 연습이오. 우리 인생은 비어 있는 시간들로 가득 차 있어. 우리 모두가 할 수 있어요. 화장실에 가 앉아 있으면 '빈틈'이 많을걸?"[8]

이야기는 에코가 말하는 빈틈을 채우는 것으로 창작된다. 빈틈이란 사실과 사실 사이의 틈새다. 과거의 사실을 전하는 사료와 사료 사이에는 더 많은 틈새가 있다. 의미는 단순히 사실을 해석하는 것을 넘어 그 틈새를 잇고 채우는 이야기를 어떻게 구성하느냐로 만들어진다. 미시사는 그 틈새를 현미경적 관찰로 확대하여 과거의 진실을 찾아내고자 하는 역사 서술이다.

사실과 사실 사이의 틈새에 있는 것은, 사실은 아니지만 진실일 수 있는 반反사실들이다. '반사실'이란 거짓이 아니라 사실의 이면, 또는 그것의 그림자다. 사실과 '반사실'의 관계는 양자물리학에서 말하는 물질과 '반물질'의 관계와 유사하다. 빅뱅으로 우주가 창조됐다면, 우주의 팽창 과정을 역으로 계산하여 우주의 질량을 추정하는 것이 가능하다고 한다. 그런데 현재 관측된 우주 물질은 4퍼센트에 불과하고, 그 나머지는 알 수 없는 암흑 에너지와 암흑 물질이다. 이 암흑 에너지와 암흑 물질을 알아내기 위해 물리학자들은 빅뱅 상황을 재연하는 실험을 한다. 빅뱅 직후 우주는 소립자들만의 세상이었다. 그 소립자의 성질을 연구한 결과 태초 우주에는 물질과 '반물질'이 똑같이 존재했다는 것이 밝혀졌다. 그런데 현재 우주에는 물질만이 존재하고 반물질은 사라졌다. 마찬가지로 역사가 일어났던 시점에는 '가능성의 역사'로서 '반反

---

8 어수웅, 「"거짓과 날조를 파헤치고 싶나… 진실을 먼저 공부하라"」, 『조선일보』, 2012. 7. 7.

역사'가 있었다. 미시사는 지금은 사라진 이 '반역사'를 복원하는 것을 목표로 삼는다.

조선의 메노키오, 불량선비 강이천

한국 사학자들 가운데 미시사를 통해 사라진 '반역사'를 상기하는 역사 서술을 하는 대표적인 역사가가 백승종이다. 서구에서 18세기는 '장기 중세'의 세계관이 마침내 저물고, '우주 만물'의 근대적 성좌가 나타난 시기다. 조선에서도 18세기는 구체제의 모순이 본격적으로 드러난 시기다. 조선은 기본적으로 토지 생산력으로 유지되는 농경 사회였다. 하지만 18세기에 이르러 농업 생산력의 증대로 '경영형 부농'이라 불리는 새로운 자산가들이 출현하고, 잉여 생산물을 기반으로 시장경제를 주도하는 부유한 상인층이 생겨났다. 이러한 새로운 계층의 등장으로 지배 집단인 양반, 지배 집단에 속하지 않는 평민, 그리고 노비와 같은 천민의 세 위계로 구성된 신분제 사회가 동요했다. 또한 양반으로 편입되지 못한 서얼들의 숫자가 많아지면서 이들이 사회 불만 세력을 형성하는 한편, 평민들 가운데서도 성리학적 지배 질서를 부정하는 지식인들이 생겨났다.

이 같은 반체제 지식인의 열망을 반영해서 나타난 예언서가 『정감록』이다. 『정감록』은 18세기 후반(영조 때) 함경도를 비롯한 북부 지방에서 출현하여 전국적으로 급속히 확산됐다. 『정감록』은 단순한 종교적 예언서가 아니라 조선왕조를 부정하는 혁명사상을 담고 있었으며, 실제로 혁명의 교과서로도 이용되었다. 백승종은 『정감록 역모 사건의 진실게임』(푸른역사, 2006)에서 평민 지식인 '문양해'가 정조 9년(1785년)에 일으킨 반란을 소설적 형식으로 재현했고, 『정조와 불량선비 강이천』(푸른역사, 2011)에서는 그로부터 12년 후 '강이천'이라는 양반 지식인이 역모를 모의하다가 발각된 사건을 미시사적으로 복원해냈다.

강이천 역모 사건의 특이점은 천주교라는 외래 종교를 조선 왕조의 멸망과 새 나라 건국을 도모할 수 있는 사회적 상상력을 충전하는 에너지로 활용했다는 점이다. 백승종이 정사正史인 『조선왕조실록』의 틈새를 치밀하게 읽음으로써 발굴해낸 '반역사'는, 정조와 강이천의 사회적 상상력의 충돌이 한국사의 근대로의 전환이라는 태풍을 일으키는 '나비효과'를 낳을 수 있는 가능성을 발굴한다.

『조선왕조실록』을 보면, 정조는 강이천 역모 사건의 전모를 파헤치기보다 사건을 축소하기에 급급했다. 왜 그랬을까? 정조가 두려워한 것은 제2, 제3의 강이천과 같은 반체제 지식인이 나오는 것이었다. 백승종은 정조를 조지 오웰의 『1984』에 나오는 빅브라더로 묘사했다. 정조는 조선을 사상의 감옥으로 만들고자 했고, 이를 위해 고문의 격식을 파괴하고 자기감정을 표현하는 소품과 같은 문체를 금지하는 문체반정의 조처를 취했다. 정조는 정학正學인 성리학을 바로 세움으로써 이단의 사학邪學을 박멸할 수 있다고 판단하고, 체제 수호를 위해 보수개혁을 단행했다. 붕당정치를 철폐하는 탕평책은 모든 권력을 왕에게 집중시키는 전제정치의 수단이었다. 정조는 보수개혁을 단행하는 과정에서 끊임없이 공론정치를 주장하는 신하들과 충돌했고, 이들과 권력투쟁을 벌이는 과정에서 말년에는 김조순과 같은 외척을 친위 세력으로 키워야 했다. 그 결과 그의 사후 '세도정치'라는 19세기 권력 구조가 마련됨으로써 조선이 자생적으로 근대화할 수 있는 맹아는 결국 싹트지 못하고 고사했다.

같은 시대를 살았지만 정조는 자기 시대를 위기로 인식했고, 강이천은 기회로 보았다. 사회적 상상력의 차이가 이 같은 인식의 차이를 낳았다. 사회적 상상력이라는 프레임으로 보면, 정조 시대는 조선의 르네상스가 아니라 '중세의 가을'이었다. 이것을 아는 후대에 태어난 우리는 묻는다. 18세기 조선은 어디로 갔어야 했는가? 강이천이 꿈꾼 이상 세계가 실현됐다면, 조선은 근대를 향한 내재적 발전의 길로 갔을까? 미시사의 용어로 '정상적 예외'인 강이천의 사회적 상상력은 한국사의 '지나간 미래'인가, 아니면 역사의 에피소드에 불과한 것인가? 이 물음은 결국 미시사가 새롭게 조망하는 '반역사'가, 4차 산업혁명을 통해 문명사적인 새로운 전기를 열고자 하는 오늘의 한국인에게 어떤 의미가 있는가의 문제와 맞닿아 있다.

3

"작은 것들이 중요하다"

보이지 않는 것이 중요하다

여기 나무가 한 그루 있다. 보이는 건 줄기와 가지 그리고 잎이다. 하지만 그것들이 나무의 전부는 아니다. 그 나무가 서 있을 수 있는 것은 땅속에 뿌리가 있기 때문이다. 보이지 않는 것이 중요하다. "사막이 아름다운 건 어딘가에 샘을 감추고 있기 때문"이라고 생텍쥐페리의 소설에서 '어린 왕자'는 말했다. "집이건 별이건 사막이건 그것을 아름답게 하는 건 눈에 보이지 않는 법"이라는 것이다.

줄기, 가지, 잎은 보이지만 뿌리는 보이지 않는다. 거대한 수목을 지탱하는 것은 땅속의 잔뿌리들이다. 나무가 무성하고 아름다울 수 있는 것은 땅속 보이지 않는 곳에 수많은 잔뿌리들이 있기 때문이다. 이 같은 잔뿌리들을 질 들뢰즈Gilles Deleuze와 펠릭스 가타리Felix Guattari는 리좀rhizome이라 지칭했다.[9] 리좀은 줄기가 뿌리와 비슷하게 땅속으로 뻗어나가는 땅속줄기 식물을 가리키는 식물학에서 빌려온 개념이다. 줄기와 가지는 위를 향해 수직적으로 뻗어나가는 형태로 성장하는 반면, 뿌리는 땅속줄기 식물처럼 수평적으로 자라면서 덩굴을 뻗는 방식으로 자기를 확장해나간다. 들뢰즈와 가타리는 전자와 후자를 근대의 '수목 모델'과 탈근대의 '리좀 모델'로 구분했다. 수목 모델이 등뼈처럼 통일적으로 구성된 위계질서에 입각해 이질적인 것을 허용하지 않는다면, 리좀 모델은 다양한 종류의 이질성과 결합해 새로운 것을 창출한다.

'위로부터의 역사' 시각으로 구성된 종래의 역사 서술이 수목 모델에 해당한다면, '아래로부터의 역사' 시각을 구현하고자 하는 미시사는 리좀 모델을 지향한다. 전자가 계급, 민족, 진보 등과 같은 거대 담론 코드에 의거해 의미와 무의미의 경계를 설정하고 역사를 '영토화territorialization'했다면, 후자는 그 같은 의미 작용의 구조를 해체할 수 있는 작은 역사 이야기들을 발굴해 '탈영토화deterritorialization'를 시도한다. 미시사의 작은 역사 이야기들은 거대 담론으로 '영토화'했던 대문자 역사를 파열시키는 탈주선lines of flight이다.

---

9   질 들뢰즈·펠릭스 가타리, 김재인 옮김, 『천 개의 고원─자본주의와 분열증 2』, 새물결, 2001.

그런데 과연 작은 역사 이야기들이 만들어내는 탈주선이 역사를 다양한 방식으로 해석하는 것을 넘어서 근본적으로 변화시켜 '재영토화reterritorialization'해나가는 통로가 될 수 있는가? 미시사가 꿈꾸는 역사를 잘 표현한 시가 도종환의 「담쟁이」다. 담쟁이는 땅속이 아니라 벽을 타고 여럿이 더불어 함께 기어오르는, 우리 눈에 보이는 리좀이다.

저것은 벽

어쩔 수 없는 벽이라고 우리가 느낄 때

그때

담쟁이는 말없이 그 벽을 오른다

물 한 방울 없고 씨앗 한 톨 살아남을 수 없는

저것은 절망의 벽이라고 말할 때

담쟁이는 서두르지 않고 앞으로 나아간다

한 뼘이라도 꼭 여럿이 함께 손을 잡고 올라간다

푸르게 절망을 다 덮을 때까지

바로 그 절망을 잡고 놓지 않는다

저것은 넘을 수 없는 벽이라고 고개를 떨구고 있을 때

담쟁이잎 하나는 담쟁이잎 수천 개를 이끌고

결국 그 벽을 넘는다.[10]

10　도종환, 공광규 외 엮음, 『밀물의 시간』, 실천문학사, 2014, 114쪽.

리좀, 역사 변혁의 잠재 에너지

'리좀,' 근성根性의 역사로서 미시사는 수직적 상하 관계가 아닌 수평적 연대를 통해 여럿이 함께할 때 역사를 바꿀 수 있다고 믿는다. 한국사에서 이 같은 역사의 주체는 민중이라 불린다. 민중은 나무의 뿌리처럼 보이지 않지만 역사의 근본이다. 역사를 바꾸는 잠재 에너지가 그들에게 있다. 문제는 단지 그들이 그 힘을 의식화하지 못하고 있다는 점이다. 하지만 결정적인 순간에 그들은 결집하여 운동을 한다. 김수영의 「풀」은, 지배의 대상으로 살다가 어느 날 지배 세력을 바꾸는 역사의 주체로 분연히 일어나는 민중이 어떤 존재인지 상징적으로 잘 묘사한 시다.

풀이 눕는다
비를 몰아오는 동풍에 나부껴
풀은 눕고
드디어 울었다
날이 흐려서 더 울다가
다시 누웠다

풀이 눕는다
바람보다도 더 빨리 눕는다
바람보다도 더 빨리 울고
바람보다 먼저 일어난다

날이 흐리고 풀이 눕는다

발목까지

발밑까지 눕는다

바람보다 늦게 누워도

바람보다 먼저 일어나고

바람보다 늦게 울어도

바람보다 먼저 웃는다

날이 흐리고 풀뿌리가 눕는다.[11]

작은 역사 이야기가 중요한 이유는 바람보다도 빨리 눕지만 바람보다도 먼저 일어나는 기층의 역사이기 때문이다. 계급이라는 코드로 역사를 영토화할 때 이런 기층의 역사가 주목하는 풀뿌리의 역사적 생명력은 보이지 않는다. 계급 대신 문화를 코드로 하여 리좀적인 연결을 읽어낸다면 풀뿌리 민중의 역사 변혁을 위한 잠재 에너지가 드러날 수 있다.

이런 문제의식으로 서구에서 1980년대 후반에 새롭게 등장한 역사 서술이 신문화사다. 신문화사는 문화로 보는 역사를 통해 계급, 민족과 같은 거대 담론이 식민화한 풀뿌리 민중의 역사적 영토를 해방시킨다. 이런 신문화사의 가장 큰 업적 가운데 하나가 프랑스혁명을 '아래로부터의 역사' 시각으로 재해석해낸 것이다.

11 김수영, 이영준 엮음, 『김수영 전집 1─시』, 민음사, 2018, 388쪽.

프랑스혁명사의 민중문화적 전환

일반적으로 프랑스혁명의 기원은 계몽사상으로 알려져 있다. 신문화사의 세례를 받은 지성사intellectual history는 이에 대해 사상의 역사가 아니라 '의미의 역사history of meaning'로 혁명사를 다시 쓰고자 했다. 사상의 역사가 위대한 사상가의 머릿속에서 세상을 바꾸는 아이디어가 나왔다는 것을 밝힌다면, '의미의 역사'는 같은 시대를 살았던 철학자뿐 아니라 농부 그리고 거리의 시민이 함께 가졌던 생각이 역사를 바꾼 원동력이었다는 것을 증명해내고자 한다. 신분과 계급 그리고 성별을 초월해 동시대 사람들이 일반적으로 공유하는 생각을 포괄하는 개념이 문화다. 인간의 거의 모든 행위는 문화 코드에 의거해서 상호주관적인 의미를 획득한다. 이러한 상호주관적인 의미 체계를 토대로 하여 '사회적인 것'이 구성된다. 예컨대 한국인의 정체성과 한국 사회의 의사소통 구조를 형성하는 코드는 궁극적으로 문화이기 때문에, 문화가 우리를 한국인으로 만드는 유전인자라고 말할 수 있다.

다니엘 모르네Daniel Mornet는 『프랑스혁명의 지적 기원』에서 계몽사상이 프랑스혁명을 일으킨 지적 배경이 되었다는 것으로 역사적 인과관계를 구성했다.[12] 이에 대해 프랑스의 대표적인 신문화사가 로제 샤르티에Roger Chartier는 모르네가 책에서 사용했던 똑같은 자료와 사례를 해체적으로 재구성함으로써 그와는

12　다니엘 모르네, 곽광수 외 옮김, 『프랑스혁명의 지적 기원―1715~1787』, 일원서각, 1995.

정반대의 테제를 제시했다.[13] 계몽사상이 프랑스혁명을 촉발했다는 종래의 역사적 인과관계의 구성은 프랑스혁명 옹호자들이 그들의 행위를 정당화할 목적으로 만들어낸 '기원의 망상'이라는 것이다. 푸코의 계보학에 의거해, 그는 역사적 연관 관계를 설명할 때 기원을 상정하는 것은 '망상'이라고 비판했다. 전체적으로 잡다하고 흩어진 사상과 사실의 덩어리를 하나의 사건의 질서로 구성하게 만드는 것이 '기원의 망상'이다. '기원의 망상'은 당대의 역사를 구성하는 수많은 사건들 중 미래에 일어나는 사건의 원형이라고 여겨지는 사건들만 역사적 인과관계의 설명 요소로 선별하는 오류를 범한다. 따라서 그는 단선적인 설명 방식으로 나아가게 하는 하나의 '기원' 대신에 불연속적인 것들을 조직적으로 이용할 수 있는 여지를 제공하는 여러 개의 '출발점'이 있다는 전제를 두고 프랑스혁명의 역사적 인과관계를 재구성하고자 했다.

프랑스혁명은 적어도 두 개의 출발점으로부터 시작했다. 혁명이 일어나기 전 절대왕권이 쇠락하는 앙시앵레짐 말기, 당시 전통적 지배 질서는 위아래로 이중의 침식이 일어나고 있었다. 먼저 위로부터는 볼테르, 돌바크와 같은 사상가들이 교회와 왕권을 지탱하던 정통 체계의 허위를 공개적으로 비판하는 글을 발표했다. 그리고 아래로부터는 왕의 어리석음을 고발하는 비방문과 왕비를 성적으로 모욕하는 추문이 민중 사이에 널리 유포되고 있었다. 국

13　로제 샤르티에, 백인호 옮김, 『프랑스혁명의 문화적 기원』, 일월서각, 1998.

왕은 더 이상 민중의 아버지가 아니었다.

문제는 프랑스혁명에 대한 역사를 쓸 때 이 두 출발점의 연관성을 어떻게 구성하느냐다. 고전적 해석에 의하면, 계몽사상의 확대가 혁명을 낳았다. 그러나 샤르티에는 민중의 표상 체계를 대변하는 진정서와 왕에 대한 비방문을 분석함으로써 앙시앵레짐 말기 20~30년 전에 이미 왕이 가진 신성성이 폐기되었다는 사실을 확인해냈다. 계몽사상가의 글이 확산되어 왕의 탈신성화를 이끈 것이 아니라, 오히려 반대로 민중의 표상 체계가 변했기 때문에 계몽사상가들의 책이 사회적 영향력을 발휘할 수 있었다는 것이다. 따라서 그가 결론으로 제시하는 테제는 "계몽사상이 프랑스혁명을 만든 것이 아니라, 프랑스혁명이 계몽사상을 만들어냈다"는 것이다.

'아래로부터의 역사'로 보는 한국사

프랑스혁명사의 '문화적 전환'이 한국사에 주는 의미는 무엇일까? 일반적으로 1919년 3·1운동을 일으킨 가장 중요한 요인으로 윌슨의 민족자결주의를 거론한다. 하지만 이 같은 '위로부터의 역사' 시각으로는 민족·민중운동을 설명하지 못한다. 3·1운동은 한국 근대사에서 최초로 신분 차이를 초월하여 우리 민족 전체가 하나가 되어 외세에 저항한 사건이다. 이 사건을 계기로 왕정이 아니라 민주공화국을 정체政體로 하는 대한민국 임시정부가 수립되었다. 한국사에서 최초로 왕 없는 정치체제, 곧 공화국에 대한 정치적 상상력이 나왔다. 비록 임시정부지만 공화국 이념을 구현하는 국가를 세우고자 했다는 것은 5,000년 우리 역사에서 일대 사건이 아닐 수 없다.

어떻게 이런 일이 일어날 수 있었을까? 기층에 면면히 흐르는 역사의 잠재 에너지가 있었기 때문이다. 18세기 조선왕조의 르네상스를 꿈꾸던 정조 시대에, 강이천은『정감록』에 의거한 새 왕조의 창건을 모의하다가 사라졌다. 하지만 그의 정치적 이상과 사회적 상상력은 동학운동에까지 이어졌다. 이렇게 중단 없이 이어지는 민중사의 계보는 우리 시대 1987년 6월항쟁과 2017년 촛불혁명으로 정점을 이뤘다.

대한민국은 세계에서 가장 성공한 경제성장을 이뤘을 뿐 아니라, 선거를 통해서 정권을 평화적으로 교체하고 시민혁명으로 민주주의를 지켜내는 역사의 드라마를 연출했다. 이 같은 한국 현대사의 기적을 설명하는 방식은 '위로부터의 역사' 시각으로는 한계가 있다. 한국의 역사학은 근대화와 민주화를 '아래로부터의 역사'로 풀어내는 작은 역사 이야기들을 좀더 많이 발굴해내야 한다는 과제를 안고 있다. 그럴 때 '민주화 이후의 민주주의'를 성취하는 진보를 넘어 그 같은 성취를 위해 희생당한 사람들을 구원하는 역사를 쓸 수 있다.

5강

'아래로부터의 역사'를
통한 구원

1

"악마와 천사는
디테일에 있다"

역사는 미로다

근대는 인간이 과학, 민족, 계급 그리고 진보와 같은 거대 담론이 지시하는 프로그램에 따라 역사를 만들 수 있다고 믿었던 시대다. 하지만 20세기에 일어난 두 번의 세계전쟁과 생태계 파괴는 이 같은 믿음의 상실을 초래했다. 이에 따라 인간 역사는 거대 담론이 만들어내는 고속도로를 달리는 것이 아니라 미로를 헤맨다는 것을 깨달았다. 이러한 현대인의 고뇌를 움베르토 에코는 『장미의 이름』에서 윌리엄 수도사의 입을 빌려 표현했다. 그는 불타는 도서관을 바라보며 합리성의 한계를 깨닫고 이렇게 말한다. "내 지혜라는 것은 어디로 갔느냐? 나는 가상의 질서만 좇으며 죽자고 그것만 고집했다. 우주에 질서가 없다는 것을 깨닫지 못한나…… 이것이 어리석은 것이다."[1]

미궁 속에서 길을 찾기 위해서는 미노타우로스처럼 아리아드네의 실이 필요하다. 미궁에 빠진 역사를 구할 실마리를 어떻게 구할 것인가? 종래의 역사 서술이 미로의 복잡함을 질서의 단순함으로 환원하는 거시사를 지향했다면, 미시사는 현미경으로 관찰하듯 '치밀한 묘사the thick description'를 하는 것으로 미로에서 길 찾기를 시도한다. 문화인류학자 클리퍼드 기어츠Clifford Geertz가 제안한 '치밀한 묘사'란, 사회과학적 개념이나 모델을 이용하여 객관적인 기술을 하는 것이 아니라 연구자가 연구 대상에 직접 접근하여 복잡하게 얽혀 있는 의미 연관들을 해독해내는 방법이다.[2]

'치밀한 묘사'는 복잡하고 잡다한 것을 단순한 공식으로 추상화하는 대신에 복잡한 것들의 중층적 의미들을 최대한 해석해내는 데 노력을 집중한다. 이를 위해서는 연구 대상을 텍스트들의 총화로 보고, 그 안에 상징적인 형태로 겹겹이 쌓여 있는 의미의 퇴적층을 발굴해내고자 한다. 인간 행위는 분석보다는 해석의 대상이며, 그렇기 때문에 역사학과 인류학 같은 인간과학이 '문화적 전환'을 해야만 하는 이유를 기어츠는 베버의 말을 빌려 다음과

1   움베르토 에코, 이윤기 옮김, 『장미의 이름』 하, 열린책들, 1996, 764쪽.

2   C. Geertz, *Dichte Beschreibung. Beiträge zum Verstehen kultureller Systeme*, Frankfurt/M., 1987, p. 37; 우리말 번역은 문옥표 옮김, 『문화의 해석』, 까치글방, 1998.

같이 표현했다. "인간은 그 자신이 짠 의미의 거미줄에 매달려 있는 동물이며, 여기서 나는 거미줄이 바로 문화에 해당한다고 생각한다. 그렇기 때문에 문화의 연구는 법칙을 추구하는 실험과학이 아니라 의미를 추구하는 해석과학이 돼야 한다. 결국 내가 전념하는 것은 해명, 곧 처음에는 수수께끼처럼 보이는 사회적 표현 형태들의 의미를 해석해내는 일이다."[3]

미로에서 헤매지 않고 해석의 길로 나가기 위해서는 먼저 의미의 거미줄이 짜인 방식, 곧 의미와 무의미를 구분하는 문화적 코드부터 해독해야 한다. 문화적 코드가 바로 의미 층위들의 복잡성의 실마리를 풀 수 있게 해주는 '아리아드네의 실'이다. 텍스트를 구성하는 담론 질서의 수수께끼를 풀 수 있는 열쇠인 '아리아드네의 실'은 텍스트 밖에 있는 것이 아니라 텍스트 안에 있다. 아니 엄밀하게 말해 모두가 볼 수 있는 곳에 있기 때문에 오히려 보지 못하고 있다고도 말할 수 있다.

"악마는 디테일에 있다"

페미니즘운동을 주도한 선구적인 책으로 케이트 밀릿Kate Millett의 『성性 정치학Sexual Politics』이 꼽힌다. 이 책은 헨리 밀러의 유명한 소설 『섹서스Sexus』의 남자 주인공 '밸'이 친구의 아내인 '아이다'와 정사를 벌이는 장면을 묘사하는 대목을 심층적으

3　C. Geertz, *Dichte Beschreibung. Beiträge zum Verstehen kultureller Systeme*, p. 9.

로 분석하는 것으로 시작한다.

　　다음에는 순전히 주관적인 묘사가 이어진다. 주인공은 이제 자화자찬을 그만두고, 자신이 창출해낸 결과에 스스로 도취되기 시작한다. 이제 흥분하는 사람은 아이다이기 때문이다. 비록 이것이 파블로프 조건반사 때문이기는 하지만 말이다. 아이다는 유명한 파블로프의 개처럼, 사실 "흥분한 창녀처럼" 주인공의 능숙한 조작에 반응한다. "헐떡거리면서 내 온몸을 물어뜯었고, 갈고리에 걸린 지렁이처럼 꿈틀거렸다." 하지만 주인공이 이처럼 자제하지 못하는 동물 같은 모습을 보인다는 증거는 독자에게 전혀 제시되지 않는다. 바로 그가 갈고리이며, 그녀가 지렁이이기 때문이다. 여기에 함축된 것은 연인다운 굴종과 애벌레 같은 연약함과는 반대되는, 냉혹한 침착함임이 분명하다. 아이다는 이중적인 의미에서(하지만 서로 다르지 않는 의미에서) '끌려든' 것이다. 〔……〕이제 권력관계는 명백하게 윤곽이 잡혔다. 주인공은 마지막 오만한 동작으로 자신의 승리를 단언하기만 하면 된다. "얼마 지나 나는 그녀를 일으켜 세워 앞으로 구부리게 했다. 그리고 그것을 뒤로 넣었다."
　　이 시점에서 독자가 느끼게 되는 것은 거의 초자연적이라 할 수 있는 힘이다. 물론 이때의 독자는 남성일 것이다. 그 단락은 성교의 흥분을 유발시키기 위하여 상황, 상세한 묘사, 문맥을 생생하고도 풍부한 상상력으로 사용하고 있을 뿐만 아니라, 연약하고

고분고분하며 우둔한 여성에 대한 남성의 지배력을 확인하고 있다. 때문에 이는 섹스라는 본질적 층위에서 성 정치학이 작동하는 사례가 된다.[4]

인간에게 가장 내밀한 것이 성행위다. 당사자인 두 사람만이 공유하는 사적 영역으로, 남에게 보여서도 말해서도 안 되는 금기가 섹스다. 케이트 밀릿은 이러한 인간 속살에 숨겨진 남성과 여성 사이의 오래된 권력관계를 드러냄으로써 '성 정치학'이라는 새로운 학문적 영역을 개척했다.

정치는 전근대에서 왕과 조정, 근대에서는 국가와 정부 기관처럼 권력을 직접 행사하는 하드웨어에 초점이 맞춰졌다. 이에 반해 '성 정치학'은 성행위와 같은 지극히 내밀한 영역에서 작동하는 권력의 메커니즘, 곧 남성과 여성이라는 성적 차이에서 비롯하는 특정 방식의 권력관계를 일상적으로 수용하게 만드는 권력의 소프트웨어를 드러내려 한다. 이 같은 문제의식을 가지고 우리 일상을 현미경적으로 관찰해보면, 우리의 일상적 삶의 세포들은 자연적인 것으로 내면화되어 있는 권력관계들의 네트워크로 구성돼 있다. 예컨대 교사와 학생, 의사와 환자, 형사와 피의자, 주인과 손님 등 모든 일상적 관계에 정치가 작동하고 있다. 이러한 연구를 통해 '아리아드네의 실'로 찾아낸 것이 "개인적인 것은 정치적이

4　케이트 밀릿, 김전유경 옮김, 『성性 정치학』, 이후, 2009, 36~38쪽.

다The personal is political"라는 '성 정치학'의 테제다.

권력관계는 비단 남성과 여성이라는 생물학적 성sex으로 결정되지 않는다. 한 여성의 위치는 친정과 시댁에서 다를 수 있다. 친정에 가면 딸로서 대접을 받지만, 시댁에 가면 며느리로서 일을 해야 한다. 이처럼 권력은 개인에게서 비롯된 것이 아니라 관계 속에서 결정된다. 그렇기 때문에 여성해방은 남성과의 권력투쟁을 통해서가 아니라, 사회적으로 형성된 성gender에 근거한 권력관계를 철폐할 때 이뤄질 수 있다.

정치란 기본적으로 권력의 소유를 둘러싼 투쟁이다. 전근대에서는 권력투쟁에 무력을 동원했다면, 문명화 과정을 통해 선거라는 평화적인 방식으로 권력투쟁을 전환시킨 것이 근대 민주주의의 발달사다. 선거에서 이긴 사람은 국가권력을 갖고 통치자가 된다. 따라서 국가의 통치자가 되기 위해서는 선거에서 이겨야 하고, 이 같은 절차가 투명하고 공정할 때 국민이 통치자를 선택하는 민주주의가 실현될 수 있다.

하지만 민주주의가 완성됐다고 해도 앞서 인용한 소설 장면에서 묘사된 남녀의 권력관계가 바뀔까? 왜 남녀 관계에서 남자는 지배하는 위치에 있어야 하고 여자는 순종적인 자세를 취해야만 하는가? 의사와 환자, 교사와 학생 사이에도 남녀와 마찬가지의 권력 메커니즘이 작동한다. 이 같은 권력 메커니즘에서 정치는 권력의 소유를 둘러싼 투쟁이 아니라 관계를 통해 선험적으로 결정된다. 그 권력관계는 대부분 공적인 형태가 아니라 개인들

사이의 접촉으로 일상생활에서 재생산된다. "개인적인 것은 정치적이다"의 구호는 몸에 각인되어 일상생활에서 미시적으로 작동하는 생체 권력으로부터의 해방을 주장한다. 인간이 가장 원초적인 욕망을 분출할 때 작용하는 권력이 가장 근원적이며 가장 악마적이다.

많은 노동운동가들과 사회운동가들이 밖에서는 노동해방과 인간해방을 부르짖으면서, 집 안으로 들어오면 가부장적으로 행동하곤 한다. 체제보다도 생활 세계에 깊이 각인된 모순을 극복해야 한다는 문제의식으로 탈근대에서 나타난 새로운 학문적 경향성이 문화연구다. 문화연구는 권력의 심장인 국가의 정치체제를 바꾸는 '하드웨어 혁명'이 아니라, 권력의 모세혈관인 일상생활에서 관철되는 권력관계의 모순을 의식화하여 지양하는 '소프트웨어 혁명'을 지향한다. 따라서 "악마는 디테일에 있다"는 마음가짐으로 일상적인 것들을 현미경적으로 관찰할 때 세상을 근본적으로 바꾸는 혁명을 일으킬 수 있다.

"신은 세세한 것에 있다"

근대가 아주 큰 것을 성취하기 위해 대대적인 행동을 요구하는 거대 담론의 시대였다면, 탈근대는 아주 작은 것에 대한 현미경적인 관찰을 통해 가장 근본적인 변화를 모색하는 '나노nano'의 시대다. 10억분의 1을 지칭하는 접두사인 나노는 그리스어로 본래 '난쟁이'를 의미한다. 거대 담론으로 세계를 변화시키고자 했던 거인의 시대가 근대라면, 작은 것이 아름다울뿐더러 중요하다는 것을 깨닫고 근대라는 거인의 어깨 위에 올라탄 난쟁이의 시대가 탈근대다. 탈근대에서 일상을 연구하는 역사가는 더 이상 거대 담론에 입각한 대혁명을 꿈꾸지 않는다. 그 대신 자기가 연구하는 시대를 살았던 인간들의 일상에 대한 치밀한 묘사를 통해 그 안에 잠재해 있던 역사의 변화 가능성을 발견하는 이른바 '작은 것으로부터의 혁명'을 모색한다.

토머스 홀트Thomas Holt는 1995년 미국 역사학회 회장 취임 연설에서 사회경제사 혹은 전체사회사 이후 역사학의 미시사적인 전환의 의미를 다음과 같이 설명했다. "인간 활동의 대부분은 일상의 실천으로 이뤄진다. 집단과 개인이 시간을 보내고 의미를 실현하는 곳은 일상이기 때문이다. 예를 들어 한 여인이 1파운드의 설탕을 살 때 거기에는 두 가지 측면이 함께 들어 있다. 그것은 단순한 행위인 것처럼 보이지만, 복잡한 사회적 관계들이 얽혀 있다. 그녀의 행위에는 제국주의 정치와 더불어 소비와 생산에서 인종차별의 노동관계들을 드러내고 작동시키는 전 지구적 구조가 내재해 있다. 이런 행위의 분석은 단순히 하나의 수준을 다른 하나의 수준으로 해소시키는 방식이 되어서는 안 되며, 그것들의 본질적인 상호작용을 인정하는 것으로부터 출발해야 한다. 권력은 단지 일상적 실천의 수준에서 작동되며, 이는 궁극적으로 그리고 근원적으로 일상적 행위의 수단들을 형성하는 관계들과 어법들 그리고 세계관을 재생산하는 것에 달려 있다. 간략히 말해서, 일상이란 정치, 경제, 이데올로기 같은 거대한 수준의 현상들이 실제로 작동하는 곳이다."[5]

작은 것들의 의미를 통찰할 수 있는 안목이 없었을 때 일상은 학문적으로 연구할 만한 대상이 아니었다. 하지만 지금 우리는 설탕 또는 우유나 바나나를 사는 것과 같은 일상적 행위 속에 전 지구적인 의미 연관이 이루어지고 있는 글로벌 시대를 살고 있다. 세계가 하나의 지구촌을 이루는 시대에 역설적이게도 우리는 작은 것 그리고 지방적인 것의 가치가 얼마나 소중한지 점점 더 실감한다. "생각은 지구적으로, 행동은 지방적으로Thinking Globally, Acting Locally"는 세계적인 슬로건이 되었다. 우리가 일상을 디테일하게 관찰하면, 그곳은 우리의 영혼을 저당 잡고 있는 악마가 있을 뿐 아니라 그 악마로부터 해방시키는 구원의 천사가 내재해 있는 곳이다. 일상이 지옥인가 천당인가의 차이는, 일상 속에 숨어 있는 권력관계의 모세혈관을 드러내는 의식화를 통한 실천을 할 수 있느냐에 달려 있다. 종래 역사가 없는 무의미한 영역으로 치부되며 버려진 일상에 대한 현미경적 관찰을 통해 일상에서 의미 있는 '역사들'을 발굴하는 미시사는 거대 담론이 종말을 고한 탈근대에 일상적 혁명을 꿈꾸는 역사 서술이다.

---

5   Thomas G. Holt, "Marking: Race, Race-making, and the writing of History," *American Historical Review*, February 1995, pp. 1~20. 인용은 p. 10.

2

'악의 일상화'로부터
구원을 위한 역사학

역사적 재난으로서 홀로코스트

20세기 역사에서 악마가 일상생활의 디테일에 있다는 것을 가장 잘 보여준 사건이 '홀로코스트'라 불리는 유대인 대학살이다. 제1차 세계대전에서 같이 조국을 위해 싸웠고 100년 이상 이웃사촌으로 함께 산 유대인들을 어느 날 갑자기 지구상에서 영원히 멸종시켜야 할 인종으로 무참하게 학살하는 데 거의 전 독일인들을 동참하게 만든 것은 무엇인가? 이 같은 역사학의 난제를 풀어준 역사 서술이 '일상사'다.

어떻게 해서 나치는 아우슈비츠의 길로 이르게 됐는가? 이에 대한 선구적이면서 가장 완벽한 연구는 라울 힐베르크Raul Hilberg에 의해 이뤄졌다. 1961년 미국에서 처음 출간된 그의 박사학위

논문을 토대로 개정을 거듭한 『홀로코스트, 유럽 유대인의 파괴』는 홀로코스트 연구의 기념비적 저작이다.[6] 그의 연구에 따르면, 처음부터 아우슈비츠가 있었던 건 아니다. 나치의 유대인 정책에 '총괄 기획masterplan'이나 '청사진' 같은 건 없었다. "1933년에는 어느 관리도 1938년에 취해질 조치를 예견할 수 없었고, 1938년에는 그 누구도 1942년 사태의 윤곽을 그려볼 수 없었다."[7] 그런데도 홀로코스트는 누군가가 운명의 태엽을 감아놓은 듯 자동인형처럼 앞으로 가속도가 붙어서 나아갔다. 힐베르크는 학살은 거의 예외 없이 누가 유대인인가에 대한 개념 정의와 게토 집중 그리고 학살의 단계로 진행되었으며, 매 단계마다 약탈이 뒤따랐다는 사실을 발견했다. 각 단계가 반복될수록 유대인에 대한 조치는 과격화됐고, 새로운 영역으로 확장됐다. 학살의 일상화는 반복적인 과정을 통해 전진하는 수레바퀴처럼 굴러가다가 마침내 유대인 절멸이라는 '최종 해결'에까지 이르게 된 셈이다.

이러한 학살의 메커니즘을 수행한 사람들이 대부분 평범한 사람들이었다는 점이 무엇보다도 충격적이다. 나치 독일이 특별한 임무를 수행할 사람을 따로 선발하여 훈련시키지 않고도 대학살을 실행할 수 있었던 메커니즘을 힐베르크는 '파괴기계'와 '파괴과정'이란 용어로 개념화했다. "'유대인이라는 문제가 있다'는 화두가 형성되자, 그 모든 차원의 '일상적인 일들everyday practices'

---

6 라울 힐베르크, 김학이 옮김, 『홀로코스트, 유럽 유대인의 파괴』 1·2, 개마고원, 2008.
7 같은 책, 103쪽.

이 가공할 만한 파괴기계로 돌변하더라는 것이다."[8]

대량 학살의 파괴기계를 추진하는 엔진에 해당하는 것이 관료제였다. 힐베르크는 관료제란 국가의 특정 영역에 뿌리내리고 그 세포들이 분화와 통합을 거듭하면서 진화한 끝에, 불가결하고 파괴 불가능한 체제로 발전하는 생물organism과 같은 것이라 했다. 이 관료제라는 학살기계를 작동시키는 톱니바퀴는 결국 관할권jurisdiction이었다. 관할권을 가진 관리들은 항상 전례前例를 따르되 필요하면 얼마든지 새로운 영역으로 뚫고 들어가는 멈출 수 없는 힘을 행사했고, 결국 그 힘의 하수인으로 전락함으로써 스스로 자각하지 못하는 사이에 천인공노할 대량 학살자가 되었다.

아우슈비츠를 가능하게 만든 것은 결국 두 가지, 기술의 발달과 관료제적 노동 분화였다. 이 둘 모두는 근대 국가와 근대 문명이 이룩한 업적에 속한다. 기술문명을 이용한 대량 학살 그리고 살인 과정의 노동 분화가 '악의 일상화'를 가능하게 만든 구조다. 근대 문명이 조건 지어놓은 이러한 '악의 일상화'를 나치의 국가 관료체계가 가장 잘 실현시켰다. 그렇다면 역사학자들이 풀어야 할 문제는 '왜 하필 당시 독일이었는가' 하는 점이다.

나치 독일이 '유대인'이라는 유럽사의 오래된 문제를 해결하겠다고 나선 순간, 거의 모든 독일인들이 악마에게 영혼을 저당 잡히는 '악의 일상화'의 비극이 예정되었다. '파괴기계'로 처리해

8　같은 책, 「역자 서문」, 9쪽.

야 할 유대인은 소수자 집단이지만 오랫동안 독일 사회의 일부분으로 포섭되어 전체 독일인들의 삶과 유기적 네트워크를 구성하고 있었다. 독일 사회에서 그들을 도려내기 위해서는 대다수 독일인이 직접적으로든 간접적으로든 연관될 수밖에 없었다는 점이 '파괴과정'에 거의 전 독일인들이 참여하는 구조를 형성했다.

그렇다면 무엇이 문명사회에서 전 국민을 국가권력의 하수인으로 관료제의 톱니바퀴로 전락시켜서, '악의 일상화'를 저지르는 인간형을 만들어냈는가? 이에 대해 나치에 대한 일상사적 연구는, 근대에 생겨난 어떤 특별한 조건이 이 같은 인간형을 만들어냈고 그들에 의해 역사적 재난으로서 홀로코스트가 발생했다는 사실을 밝혀냈다. 그 특별한 조건이란 베버가 말하는 '세계의 탈주술화Entzauberung der Welt'다.

세계의 탈주술화와 종교전쟁의 일상화

근대는 '세계의 탈주술화'가 일어난 시대다. '주술'이란 인간 삶의 문제를 초자연적인 능력에 의거해 해결하려는 방식을 지칭한다. 이 같은 삶의 방식에서 탈피하는 것으로부터 근대라는 새로운 시대가 열렸다. 근대에서 이 주술의 역할을 대신하는 것이 과학기술이다. 인간 삶에 관여하는 비밀스러우며 초월적인 힘이 없다고 믿을 때, 근대인은 모든 것을 과학의 연구 대상으로 삼을 수 있었고, 그것에 의해 설명할 수 없는 것은 비과학적인 것으로 앎의 영역에서 추방했다.

이 같은 합리화 과정의 부산물이 일상화다. 베버는 탈주술화를 통해 모든 숭고하고 궁극적인 가치들이 공공의 영역에서 추방됨으로써, "옛날의 많은 신들이 그 주술적 힘을 상실하고 비인격적 힘의 모습으로 무덤에서 기어 나와 우리 삶을 지배하려는 폭력을 행사하고 서로 간에 다시 영원한 투쟁을 벌이기 시작하는"[9] '가치의 다신교Polytheismus der Werte' 시대가 도래했다고 말했다. '가치의 다신교' 시대에는 모든 가치가 동등한 것이 아니라 만신萬神이 만신에 대해 투쟁을 벌이는 종교전쟁이 일상화되는 시대다. 따라서 에밀리오 젠틸레의 말대로, 근대란 완전하고 돌이킬 수 없는 탈주술화disenchantment의 시대가 아니라 역설적으로 새로운 유형의 세속적 종교성이 만들어질 수 있는 온상이 되었다.[10]

20세기 역사에서 종교전쟁의 일상화를 통해 일어난 전대미문의 재앙이 홀로코스트다. 미국의 지성사가 도미닉 라카프라Dominick LaCapra는 유대인을 절멸시키고자 했던 홀로코스트가 왜 일어났는가를 당시 독일인들에게 나치즘이 하나의 정치종교로서의 역할을 했다는 것으로 설명했다. 나치 시대 독일인들은 자신들의 삶의 위기와 불행의 책임을 전가할 희생양을 필요로 했고, 그 희생양으로 유대인을 민족의 제단에 바치고자 하는 광기로부

---

9 M. Weber, "Wissenschaft als Beruf," *Gesammelte Aufsätze zur Wissenschaftslehre*, Tübingen: Mohr, 1988, p. 605.

10 에밀리오 젠틸레, 「정치의 신성화」, 임지현·김용우 엮음, 『대중독재 2―정치종교와 헤게모니』, 책세상, 2005, 46쪽.

터 홀로코스트가 비롯되었다는 것이다. 신에게 제물을 바치는 행위는 극한 상황에 처한 인간이 불안에서 벗어나 자기 정화와 구원을 시도하려는 원초적 욕구로부터 기인한다. 독일 나치주의자들은 유대인이라는 타민족 전체를 희생양으로 삼은 홀로코스트라는 거대한 인종적 정화의례를 통해, 유대인에 의해 오염된 서구문명사를 청산하는 독일 민족의 역사적 사명을 완수한다는 명분으로 집단학살을 정당화했다.

1943년 포젠Posen에서 하인리히 힘러Heinrich Himmler가 친위대의 최고위층을 대상으로 행한 연설은 나치주의자들이 일종의 정치종교 의식을 행한다는 믿음으로 홀로코스트를 단행했다는 것을 입증하는 증거가 된다.

제군들 대다수는 시체가 100구, 500구, 1,000구씩 쌓여가는 것을 보면서 그것이 어떤 의미를 갖는지를 알 겁니다. 일부 심약했던 사람들을 제외한 대다수는 그것을 돌파해나가면서도 자신의 품위를 잃지 않고 스스로를 강하게 만들었습니다. 이것은 우리 역사에서 과거에 결코 기술되지 않았고 미래에도 기술되지 않을 영광의 한 페이지입니다.[11]

---

11 Lucy Dawidowicz, *A Holocaust Reader*, West Orange, N. J.: Behrman House, 1976, pp. 132~33.

아이히만과 '악의 일상화'

나치 체제의 '악의 일상화'를 상징적으로 보여준 인물이 아돌프 아이히만이다. 제2차 세계대전이 끝난 뒤 잠적했던 나치스 전범 아이히만은 전쟁이 끝난 뒤 15년이나 지난 1960년 체포되었고, 이듬해 예루살렘에서 세기의 재판이 열렸다. 이 재판이 끝난 뒤 미국의 유명한 교양지인 『뉴요커』에 저명한 정치사상가인 해나 아렌트가 재판 기록을 연재했다. 다섯 차례에 걸쳐 연재된 이 기사의 제목은 '전반적인 보고 — 예루살렘의 아이히만'이다.

아렌트는 다섯번째 글 마지막에 처형장에서의 아이히만의 모습을 기술했다. 교수대 앞에서 꼿꼿한 모습으로 죽음을 앞둔 아이히만은 다음과 같이 마지막 말을 했다. "잠시 후면, 여러분, 우리는 모두 다시 만날 것입니다. 이것이 모든 사람의 운명입니다. 독일 만세, 아르헨티나 만세, 오스트리아 만세. 나는 이들을 잊지 않을 것입니다." 이 말은 장례 연설에서 애용하는 상투어다. 원래 이 말은 죽는 자가 하는 말이 아니라 죽은 자를 보내는 살아 있는 자가 하는 상투적인 추도사다. 이에 대해 아렌트는 이렇게 평했다. "이는 마치 이 마지막 순간에 그가 인간의 연약함 속에서 이루어진 이 오랜 과정이 우리에게 가르쳐준 교훈을 요약하고 있는 듯했다. 두려운 교훈, 즉 말과 사고를 허용하지 않는 악의 평범성 banality of evil을."[12]

12 　해나 아렌트, 김선욱 옮김, 『예루살렘의 아이히만』, 한길사, 2006, 349쪽.

여기서 문제가 되는 표현이 '악의 평범성'이다. 아이히만은 죽음의 순간에서조차도 스스로 사고하는 능력을 보여주지 못하고 자기감정을 상투어로 대신했다. 아렌트는 '악의 평범성'이 이처럼 사고하는 능력의 상실로부터 기인한다고 분석했다. 아이히만은 '날개 달린 말들' 곧 인용구만으로도 세계를 설명할 수 있다고 주장했다. 사고의 구조를 형성하는 언어는 하이데거의 말대로 '존재의 집'이다. 아렌트는 그가 사용하는 상투어를 통로로 하여 그의 정신세계에 들어가고자 했다. 나치당에 가입한 이유를 묻는 질문에 아이히만은 언제나 '베르사유 조약'과 '실업'과 같은 나치스들의 상투어로 대답했다. 상투어는 사유의 불능화를 초래한다. 아이히만은 자신의 입장을 힘러의 구호들에 의거해 설명하곤 했다. "나의 명예는 나의 충성심이다.""이는 미래의 세대들이 다시는 싸울 필요가 없도록 하기 위한 전쟁이다." 유대인의 절멸은 "2000년 역사에 오직 한 번만 일어나는 사건이다." 제2차 세계대전은 "독일 민족에게 강요된 전쟁이다." 심지어 패전이 목전으로 다가왔을 때도 아이히만은 "나는 내 무덤에 웃으며 뛰어들 것이다. 500만 명의 유대인들의 죽음에 내 양심이 거리낀다는 사실이 나에게 대단한 만족감을 주기 때문에"[13]라는 힘러의 말을 앵무새처럼 되뇌었다.

아렌트는 『인간의 조건』과 『칸트 정치철학 강의』에서 인간을

---

13 김선욱, 「한나 아렌트에 있어서 말과 판단의 보편성 문제―『예루살렘의 아이히만』을 중심으로」, 『철학연구』 99, 2006, 59~78쪽.

'언어를 매개로 한 소통을 통하여 자연적 필연성 속에 함몰되지 않는 세계를 구성하는 존재'라고 정의했다. 나치 체제는 소통의 도구인 언어에 상투어를 대입시킴으로써 아이히만과 같은 '꼴통' 나치스를 양성했다. 인간은 말을 통해 세계에 의미를 부여하고 현실과 소통한다. 예컨대 군대에서는 군대에서만 통용되는 암호와 같은 말이 있다. 이 암호 같은 상투어를 모르는 신병은 바보가 될 수밖에 없다. 절대명령에 복종하는 용감한 군인이 되기 위해서는 독자적으로 사유할 수 있는 능력을 상실시켜야 한다. 그런 능력을 상실시키는 세뇌를 할 목적으로 군대는 정신교육을 하며, 내무반 생활을 통해 생체 권력을 각인시킨다. 나치 국가는 관료제로 짜인 하나의 병영국가였다. 아이히만은 자신이 국가의 충성스런 공무원이었을 뿐이라고 주장했다. 그는 국가가 부여한 임무를 성실히 수행했을 뿐이고, 만약 그가 이행하지 않았다면 다른 사람이 대신 그 임무를 수행했을 것이라고 항변했다.

아이히만의 예를 통해 아렌트는 나치스의 만행이 독일사의 특수성으로부터 기인한 것이 아니라 인간을 무사유한 존재로 만드는 근대 문명의 일반적 문제라는 점을 부각시켰다. 개인은 국가가 내리는 명령에 의해 그리고 관료제의 익명성에 기대, 한 인종이나 종족 전체를 살해하는 제노사이드genocide와 같은 대학살을 수행하는 파괴기계의 부품으로 전략할 수 있다. 만약 그렇다면 '악'이란 무엇인가라는 근본적인 문제가 제기된다. 이 문제에 대한 아렌트의 대답이 '악의 평범성'이다. 아렌트는 "이처럼 현실로부터 멀리 떨어져 있다는 것과 이러한 무사유가 인간 속에 아마도 존재하는 모든 악을 합친 것보다도 더 많은 대파멸을 가져올 수 있다는 것, 이것이 사실상 예루살렘에서 배울 수 있는 교훈"이라고 말했다.

'악의 평범성'은 '악의 일상화'를 초래한다. 이 문제를 인간이 극복하지 못한다면, 앞으로 인류는 또다시 그 같은 악마의 유혹에 빠질 수 있다는 것을 명심해야 한다. 그리고 이것이 남의 문제가 아니라 바로 한국사의 문제임을 우리는 알아야 한다.

내일을 위한 역사학 강의

3

역사의
'고도를 기다리며'

제주 4·3과 노근리 사건

우리는 어떻게 '악의 일상화'로부터 벗어날 수 있는가? 이 문제는 아우슈비츠 이후 역사가 남긴 숙제다. 이것은 독일인들뿐 아니라 한국인들에게도 해당한다. 예컨대 영화 「지슬」(오멸 감독, 2013)은 65년 동안 봉인된 시간을 열고, 그때 제주도에서 무슨 일이 일어났는지를 재현했다. '지슬'은 제주어로 땅의 열매인 '감자'를 지칭한다. 감자는 제주도 사람들에게 특별한 의미를 가진다. 그때 그들이 춥고 어두운 동굴 속에서 생존할 수 있었던 것은 감자 덕분이었다. 그 당시 지슬은 제주도 사람들에게는 생명줄이나 다름없었다.

'제주 4·3'이란, 1948년 4월 3일부터 1954년 9월 21일까지 남한만의 단독정부를 수립하기 위한 5·10 총선거를 막아내려 했던 제주 민중의 저항과 이에 대한 미군정 당시의 군인과 경찰, 극우 반공단체의 유혈 진압을 지칭한다. 1948년 11월 17일 제주도에 계엄령이 선포됐고, 이때부터 중산간 마을을 초토화시킨 대대적인 진압 작전이 전개되었다. 이것을 증언하는 미군 정보보고서에는 "9연대는 중산간 지대에 위치한 마을의 모든 주민들이 명백히 게릴라 부대에 도움과 편의를 제공하고 있다는 가정 아래 마을 주민에 대한 '대량학살계획program of mass slaughter'을 채택했다"고 적혀 있다. 미군정하의 당국은 제주 섬에 소개령을 내렸고, 해안선 5킬로미터 밖에 있는 모든 사람을 폭도로 간주하고 무조건 사살하라는 명령을 내렸다. 이에 따라 제주 4·3의 시발점이 된 1947년 3월 1일부터 7년 7개월간 이어진 학살로 약 3만 명이 넘는 주민들이 희생을 당했다. 학살당한 사람들은 대부분 공산주의가 뭔지 전혀 모르는 사람들이었다. 그런데도 '빨갱이'를 처단한다는 명분으로 공권력에 의해 악의 일상화가 자행되었다.

6·25전쟁 발발 직후 1950년 7월 26일부터 29일까지 충북 영동군 주곡·임계리 주민들이 미군에 의해 학살된 이른바 '노근리 사건'도 마찬가지다. 당시 주민들은 대전 전투에서 패퇴한 미군의 인도하에 국도를 따라 대구 방면으로 피란 중이었다. 그런데 갑자기 26일 낮 12시 일본에서 긴급 투입된 미군 1기병사단 7연대 2대대 H중대원들은 피란민들을 가로막고 모두 철교 위로 올라갈 것을 요구했다. 주민들은 영문도 모른 채 지시를 따랐다. 이때 미군

항공기가 나타나 피란민들에게 공중폭격을 가했고, 놀란 주민들은 노근리 쌍굴로 피했다. 하지만 미군 항공기는 계속해 기총소사를 가했으며, 지상에 있던 미군들도 29일까지 쌍굴 안에 주민들을 가둬놓고 기관총 등으로 무차별 사격을 가해 300여 명가량을 사살했다. 비밀 해제된 당시 미군 작전명령서에는 "그들(피란민들)을 적군으로 대하라"라는 문구가 있었다. 왜 그런 명령이 내려졌을까? 한국인 피란민 중 조선인민군이 섞여 있다는 의심이 그 같은 명령을 내리게 했다고 추측한다. 퇴각하는 미군의 안전을 위해 내려진 조처였다는 것이다.

대량 학살은 일반적으로 전쟁 중에 일어난다. 한국 현대사에서 6·25전쟁 동안 그런 비극이 많이 일어났다. 민족, 국가뿐 아니라 이념이 다르다는 이유로 학살은 자행되었다. 아직 전쟁이 완전히 종결되지 않은 분단 현실에서 동족상잔의 비극은 또 일어날 수 있다. 그런데 과연 우리는 이 같은 민족 분단이 안고 있는 시한폭탄의 뇌관을 제거하는 방향으로 역사교육을 하고 있는가?

'미래를 위한 기억 만들기'로서 역사교육

역사가 반면교사인 이유는 잘한 것뿐 아니라 잘못한 것으로부터도 배워야 하기 때문이다. 과거는 비록 사라진 실재지만, 그 기억은 우리의 정체성을 형성하는 유전자처럼 유전된다. 그래서 데이비드 로웬덜은 "과거의 특정한 흔적들은 궁극적으로 사라지겠지만, 집합적으로는 소멸되지 않는다. 기념되든 거부당하든 주목받든 무시당하든, 과거는 어디에나 존재하고 있다"[14]고 말했다.

제주 4·3이 대한민국의 역사로 기억돼야 한다는 것은 이념의 차이와 관계없이 공유하는 생각이다. 문제는 그것을 어떤 형태로 기억하느냐다. 이전에 논란이 됐던 뉴라이트 계열의 학자들이 집필했던 교학사 발행 한국사교과서는 그 사건을 대한민국의 정통성을 부정하는 반란으로 기술했다. 제주 4·3은 대한민국 정부 수립을 반대하는 남로당의 지령에 의한 시위가 발단이 되어 일어난 사건이다. 이런 역사적 사실을 부정하지 않을 때, 제주 4·3이라는 과거의 '몸짓들'이 역사의 어떤 '이름'으로 불릴 수 있는가에 대해서 사회 통합에 기여하는 방향으로 생산적인 역사 논쟁이 벌어질 수 있다. 2018년 70주년을 기념하여 대한민국역사박물관이 "제주 4·3 이젠 우리의 역사"라는 특별 전시를 개최한 것은 이 논쟁에 대한 답이 아니라 물음을 공론의 장에 제기했다는 점에서 의미가 있다. 여기서 '우리'는 누구인가? 국가로는 '대한민국'을 지칭하지만, '우리의 역사'는 한국사를 가리킨다. 분단 시대 한국사를 '대한민국의 역사'로만 한정하는 것은 미흡할 뿐더러 시기상조다. 역사를 국가의 역사로 축소하면 인간의 역사는 설 자리가 없다.

모든 역사는 정치적이기 때문에 정치가 역사를 지배하는 것에 대해 경계하지 않으면, 역사의 정치화라는 악순환에서 벗어날

---

14   데이비드 로웬덜, 김종원·한명숙 옮김, 『과거는 낯선 나라다』, 개마고원, 2006, 11쪽.

수 없다. 제주 4·3을 정치화된 역사 담론 투쟁에서 해방시킬 수 있는 길은 그것을 '우리의 역사'의 맥락뿐 아니라 인류 보편사의 한 장으로 위치 지우려는 노력이 필요하다. 인권과 평화의 관점에서 그 사건을 보는 것이 그런 식의 역사화를 할 수 있는 대안이다.

역사란 과거에 대한 기억이다. 하지만 기억은 과거를 본래 일어난 그대로 복제하는 것이 아니라 선택적으로 재조합한다. 인간이 이런 선택적 재조합을 하는 이유는 과거가 아닌 미래를 살기 때문이다.『미래중독자』의 저자 다니엘 S. 밀로는 인간과 동물을 구별 짓는 인간다움의 징표는, 아직 존재하지 않는 미래를 위해 이미 존재하는 현재를 희생하는 유일한 동물이라는 점을 들었다.[15] 인간에게 기억이란 과거를 방부 처리하는 것이 아니라 '과거의 미래'를 만들어내는 행위라는 것을 뇌과학자 한나 모니어와 철학자 마르틴 게스만도 공동 연구를 통해 밝혀냈다.[16] 결국 인간이 역사를 쓰는 목적은 과거 사건들의 선택적인 재조합을 통해 '미래를 위한 기억'을 만들어내기 위함이다. 이런 맥락에서 제주 4·3의 역사화는 우리의 미래를 위한 기억 만들기를 어떻게 할 것인지를 화두로 해서 이뤄져야 한다.

유대인들은 아우슈비츠가 이스라엘이라는 국가를 건설하기

---

15 다니엘 S. 밀로, 양영란 옮김,『미래중독자―멸종 직전의 인류가 떠올린 가장 위험하고 위대한 발명, 내일』, 추수밭, 2017.

16 한나 모니어·마르틴 게스만, 전대호 옮김,『기억은 미래를 향한다―뇌과학과 철학으로 보는 기억에 대한 새로운 이야기』, 문예출판사, 2017.

위해 치러야 할 홀로코스트였다는 기억 만들기를 통해 학생들에게 국가 정체성을 고취하는 역사교육을 하고 있다. 그런 식으로 불행했던 과거의 상흔을 치유한다. 오늘의 대한민국이 눈부신 성장을 이루기까지 수많은 사람들이 희생을 당했다. 그들의 희생을 어떤 역사로 기억할 것인가를 둘러싸고 지금처럼 이념적인 전선으로 갈라져 역사 전쟁을 벌이는 방식으로는 절대로 사회 통합을 이룩할 수 없다. 진정한 의미의 사회 통합을 이루기 위해서는 사회 구성원들 간의 갈등과 반목이 아니라 소통과 화합이 필요하며, 이를 위해서는 먼저 과거 그들과의 역사적 화해가 선행돼야 한다.

제주 4·3은 민족 분단이 낳은 역사의 재난이었다. 그 재난은 이미 오래전에 일어난 과거의 사건이지만, 지금까지 우리의 트라우마trauma로 남아 있다. 역사교육은 무엇보다도 이 같은 정신적 외상을 치유하는 것을 목적으로 해야 한다. 결과적으로 볼 때, 남한만의 단독정부를 수립하게 된 5·10 총선거는 제주 4·3이라는 희생을 대가로 해서 치러졌다. 제주에서 학살당한 그들은 국가의 제단에 바쳐진 희생양들이었다. 제주 4·3은 대한민국 정부가 수립하는 과정에서 희생 제의로 바쳐진 한국 현대사의 '홀로코스트'라고 말할 수 있다. 그래서 분단국가가 낳은 역사적 트라우마를 치유한다는 문제의식을 가지고 제주 4·3을 역사화하려는 노력이 필요하다. 기억은 단순히 과거를 보전하는 것이 아니라 미래를 위해 과거를 재사용하려는 의지 작용이다. 제주 4·3을 이념적 갈등과 역사 전쟁을 일으키는 뇌관으로 볼 것이 아니라, 민족 화해와 한반도 통일이라는 '미래를 위한 기억 만들기'를 하는 역사교육의 기회로 활용해야 한다.

인간사에 불행과 행복이 있듯이, 역사에도 비극과 희극이 있다. 오늘 우리의 행복은 과거 그들의 불행 위에서 이룩된 것이며, 이것을 기억하는 것이 역사다. 따라서 세종로에 건립된 대한민국역사박물관은 대한민국의 빛과 그림자를 동시에 기억하는 장소가 돼야 한다. 대한민국의 빛나는 성공을 보여주는 전시 공간뿐 아니라 그러한 성공의 그림자로 가려진 제주 4·3과 광주 5·18 그리고 민주화와 노동운동으로 희생당한 사람들을 기리는 전시관이 함께 마련돼야 한다. 그렇게 할 때 대한민국역사박물관은 비로소 '대한민국'이라는 남한 단독정부를 수립하는 과정에서 생겨난 과거의 상흔을 치유하고, 대한민국의 성공을 기념하는 역사적 장소가 될 수 있다.

역사 국정교과서를 둘러싸고 한바탕 내전을 치렀던 한국의 역사교육 현실에서, 대한민국의 빛과 그림자를 동시에 기억해야 한다고 말하는 것은, 역사의 '고도를 기다리며'처럼 지난한 시시포스Sisyphos의 노동일 수 있다. 하지만 그 희망을 포기하면 우리는 분단 시대에 '악의 일상화'라는 역사의 재난을 또다시 맞이할 수 있다.

우리가 과거 사례를 통해 역사의 교훈을 얻고자 하는 목적은 결국 미래를 위해서다. E. H. 카는 네이미어의 말을 인용해 미래가 과거 해석의 열쇠가 된다는 의미에서 "역사가들은 '과거는 상상하고 미래는 기억한다'"[17]고 말했다. 미래를 지배할 목적으로 과거를 기억하는 것이 아니라 미래에 대한 합의를 이끌어내기 위해 과거와의 대화를 하는 역사적 상상력을 배양하는 것으로 역사교육의 목표를 수정하는 것이 한국 현대사의 해석을 둘러싸고 보수와 진보가 역사 전쟁을 벌이는 악순환의 고리를 끊을 수 있는 솔로몬의 지혜가 될 수 있다. 앞서 언급했듯 카는 역사의 객관성 문제를 푸는 열쇠는 미래와의 관계 설정에 달려 있다고 했다. "과거가 미래를 밝혀주고 미래가 과거를 밝혀주는 것, 바로 이렇게 하는 것이야말로 역사의 정당화인 동시에 역사의 설명이다."[18]

현재의 우리에게 중요한 것은 아픈 과거가 아니라 밝은 미래다. 인간을 행동하게 만드는 것은 과거의 원인 때문이라기보다는 미래의 목표를 위해서라는 사실을 명심하고 한국인이 함께 공유할 수 있는 미래를 위한 기억 만들기로서 역사교육을 해야 한다. 또한 역사학자들은 21세기 문명사적 전환에 부합하는 한국사 서술의 새로운 모델을 개발해야 할 것이다.

---

17   E. H. 카, 『역사란 무엇인가』, 168쪽.
18   같은 책, 169쪽.

제3부

내일의 역사학

—

글로벌 한국사와
인공지능 시대 역사학

6강

글로벌 시대,
한국 역사학이
나아갈 방향

1

식민사학 극복을 위한
3분과 체제 해체

어떤 역사를 연구하고 쓰느냐는 역사의 3간間이라 불리는 인간·시간·공간 3요소의 조합을 어떻게 하느냐로 결정된다. 역사란 특정 인간·시간·공간을 중심으로 과거 사건들을 계열화하는 것으로 만들어지는 서사다. 계열화란 서로 관련되는 계통이나 조직을 구성해내는 일이며, 이를 어떻게 하느냐에 따라 과거라는 사라진 세계는 역사라는 지식으로 체계화된다.

한국 역사학에서 역사라는 지식 체계의 계열화는 한국사·동양사·서양사의 3분과 체제에 입각해서 이뤄진다. 이 3분과 체제는 역사의 3간 가운데 공간을 축으로 한국·동양·서양이라는 상상의 지리를 상수로 하여 구성된 것이다. 문제는 한국사를 정의하는 '한국이란 무엇인가'는 말할 것도 없고, 동양과 서양의 구분이

너무나 자의적이라는 점이다. 예컨대 아프리카 대륙은 동양인가 서양인가? 세계를 동양과 서양으로 나누는 이분법은 기본적으로 유럽이 비유럽을 인식의 대상으로 삼을 뿐 아니라 지배하는 헤게모니를 재생산하는 오리엔탈리즘에 근거한다. 국사·동양사·서양사의 3분과 체제를 이식시킨 것은 일제 식민 지배 권력이다. 따라서 식민사학으로부터 진정으로 탈피하기 위해서는 이 3분과 체제를 해체하는 역사 지식의 고고학을 통해 한국 역사학 체계를 재구성하려는 노력을 해야 한다.

에드워드 사이드는 비유럽인들이 유럽중심주의 매트릭스에 사로잡혀서 유럽인들에게 식민 지배를 받는 것을 당연한 것으로 수용하도록 세뇌하는 담론을 오리엔탈리즘으로 규정했다.[1] 오리엔탈리즘이 상정하는 '오리엔트'는 현실이 아닌 관념, 곧 심상 지리다. 19세기 말 일본 개화기의 사상가 후쿠자와 유키치는 일본이 대륙 문명의 프레임에 갇혀 있는 조선이나 청과는 다르게 서구의 해양문명권에 편입해야 한다는 '탈아입구脫亞入歐'를 주창했다. 일본이 지리적으로는 아시아에 위치해 있지만 문명의 단계로는 서구에 진입해 있다고 여겼을 때, '탈아입구론'은 서구 제국주의에 대항하는 변증법적 전환을 함으로써 대동아주의와 대동아공영권 같은 일본 제국주의 공간 담론이 생겨났다.

일본 제국주의는 아시아에 있는 일본이 아시아를 지배하

[1] 에드워드 W. 사이드, 박홍규 옮김, 『오리엔탈리즘』, 교보문고, 2007.

는 위치에 설 수 있다는 것을 정당화할 목적으로 '일본의 오리엔트Japan's orient'로서 '동양'이라는 심상 지리를 발명했다. "오리엔트가 근대 서양 역사의 출발점이기 때문에, 일본은 스스로의 과거를 찾아서 '동양'으로 눈을 돌렸으며, 그렇게 해서 서양과 비교하고 경쟁하는 데서 아시아를 공동의 장이자 중심으로 만들었다. 이런 방식으로, 일본인들은 서양과 아시아를 그들 나름의 근대적이고 동양적인 일본 국가를 만들기 위한 타자(들)로 사용"[2]해, 서구 제국주의를 모방하면서 대항하는 일본식 오리엔탈리즘을 만들어 냈다. 이 과정에서 '동양사학'이라는 중국사와 구분되는 새로운 역사학 분야가 탄생했고, 이것을 매개로 일본의 근대 역사학은 국사·동양사·서양사라는 유럽 역사학에는 없는 역사학의 3분과 체제를 정립했다.

국사·동양사·서양사로 역사학의 분과를 나눴을 때 문제는 일제 식민 지배 체제에서 조선사의 위상이었다. 정치적으로는 국사인 일본사에 포섭됐지만, 역사적으로는 문명화의 대상으로서 동양사로 자리매김됐다. 식민지 조선의 관학을 대표하는 경성제국대학 사학과는 서양사 과목 대신 조선사 과목을 개설함으로써 국사·동양사·조선사의 3분과 체제로 편성됐다. 일제는 식민지 조선인들에게는 세계사적 시야를 열어주지 않을 목적으로 서양사 과목을 개설하지 않았다. 반면에 사학과에 입학한 일본인들 다수

---

2   스테판 다나카, 박영재·함동주 옮김, 『일본 동양학의 구조』, 문학과지성사, 2004, 40쪽.

는 조선사를 전공과목으로 선택함으로써 식민사관 개발자의 역할을 수행했다.[3]

해방 후 한국 역사학에서 국사는 자연스럽게 일본사에서 한국사로 바뀌었다. 독립국가 수립 이후 한국 역사학의 최대 과제는 식민사관에서 탈피하여 체계적인 한국 역사학을 정립하는 것이었다. 하지만 일본식 오리엔탈리즘의 소산인 국사 · 동양사 · 서양사의 3분과 체제는 청산되지 않고 오히려 한국 역사학의 문법으로 자리 잡으면서 강화됐다.[4]

문제는 이 같은 분류가 권력으로 작동해, 3분과를 횡단하거나 통합하는 역사를 쓰는 것이 과학적 역사 연구로 인정받지 못하는 학문 풍토를 조성했다는 점이다. 3분과 체제가 과학적 역사 연구의 형식과 내용을 규제하는 권력이 됨으로써, 해당 분야의 소수 역사학자들끼리만 소통하는 전공 논문을 양산하는 길드로 한국 역사학의 학문 공동체가 형성됐다.

일제 식민사학은 청산의 대상이었지만, 그것을 정당화하는 역사학 패러다임이었던 실증사학은 한국 근대 역사학을 정립하는 토대가 되었다. 실증사학이 역사의 과학적 패러다임을 주도하는

---

3 박광현, 「식민지 조선에서 동양사학은 어떻게 형성되었는가?」, 비판과 연대를 위한 동아시아 역사포럼 기획, 도면회 · 윤해동 엮음, 『역사학의 세기—20세기 한국과 일본의 역사학』, 휴머니스트, 2009, 215~46쪽.

4 신주백, 「사학과의 3분과 체제와 역사학」, 신주백 엮음, 『한국 근현대 인문학의 제도화—1910~1959』, 혜안, 2014, 252~94쪽.

한국 역사학의 생태계에서 역사학자들은 오직 전문 논문을 생산하는 데만 전념했다. 그 결과 역사학자들은 대중과 소통하는 역사책을 쓰지 못할 뿐 아니라, 사회와 국가의 중요한 현안 문제를 풀수 있는 역사적 지혜를 제공하는 데 거의 기여하지 못함으로써 역사학의 위기를 자초했다. 약간의 논리의 비약을 무릅쓰고 말하면, 하나의 역사를 한국사·동양사·서양사라는 각기 다른 3개의 역사로 나눠서 단절시킨 것이 한국 역사학의 사회적 소통 능력 결핍과 현실 문제 해결 능력의 결여를 낳은 구조적 원인으로 볼 수 있다.

2

탈식민주의와
'유럽의 지방화'

일제 식민 지배하에서 역사가들은 국가가 몸이라면 역사는 정신이라고 생각하고, 정신만 잃지 않으면 국가를 다시 세울 수 있다고 믿었다. 1945년 해방을 맞이하고 분단된 채로 독립국가가 수립되었다. 하지만 식민사관이라는 유령은 아직도 한국 역사학 주위를 떠돌고 있다. 국가라는 몸은 회복했지만, 정신은 아직도 속국 상태에 머물러 있는 셈이다.

식민지 해방 이후에도 정신적 독립을 하지 못하는 원인과 이유를 해명하는 이론이 문화 제국주의고, 그로부터 벗어날 수 있는 길을 모색하는 사상이 탈식민주의다. 탈식민주의는 계몽과 해방을 위한 기획으로서 근대가 식민주의를 내포한다는 '불편한 진실'을 폭로한다. 식민주의와 근대화는 모순이 아니라 동전의 양면처

럼 관철되었기 때문에, 근대화를 역사의 목표로 설정하는 한 식민
통치가 종식된 이후에도 정신적인 독립을 성취하지 못한다는 것
이다. 이 같은 내면화된 식민주의로부터 자기해방을 추구하는 탈
식민주의는, 근대는 식민주의를 내재한다는 사실에 근거하여 "식
민지는 근대의 실험실"이라는 테제를 제시했다. 이에 따르면, '식
민지 근대'는 예외적 근대거나 특수한 근대가 아니라 근대의 일반
적 현상이다.[5]

　'식민지 근대'는 식민주의 이후의 식민화를 문제 삼을 수 있
게 해주는 개념이다. 일제가 각인시켜놓은 역사학 3분과 체제를
여전히 유지하고 있는 한국 역사학이 전형적인 '식민지 근대'라고
말할 수 있다. '식민지 근대'에 대한 성찰을 하지 않고 식민사관
을 청산한다는 것은 불가능한 일이다. 일본이 제2차 세계대전에
서 패망함으로써 일본 근대의 실험은 실패한 것으로 판명됐다. 그
런데도 오늘날까지 한국 역사학이 식민사관의 망령에서 벗어나지
못하는 이유는 일제 식민주의의 기원인 유럽중심주의가 근대의
헤게모니로 여전히 담론 권력을 행사하고 있기 때문이다.

　결국 문제는 일제 식민주의의 원류인 유럽중심주의다. 유럽
중심주의는 유럽인들이라는 특정인들을 중심으로 시간과 공간을
조합해서 인류 역사를 기술하는 메타서사다. 이에 따르면, "모든
비유럽 역사는 유럽 근대에 직결된다." 유럽중심주의는 유럽인들

5　윤해동, 『탈식민주의 상상의 역사학으로』, 푸른역사, 2014.

이 처음 성취한 근대가 전 세계로 확장되는 과정으로 인간·시간·공간이라는 3간의 행렬 조합을 구성하는 역사의 매트릭스다. 이것은 유럽인들이 총과 칼로 비유럽인들을 지배하지 않고도, 비유럽인들이 그 역사의 매트릭스 안에 존재하면서 문명화된 규율에 복종하는 생체 권력을 생산한다.

유럽중심주의 해체를 목표로 해서 나타난 대항의 역사 담론이 탈식민주의다. 탈식민주의는 먼저 근대 역사학의 정체성 자체를 의심하는 물음을 제기한다. "유럽중심주의 이후에 역사학은 있는가?"[6]

세계의 지역을 나누고 시대를 구분하고 사회변동을 설명하는 거의 모든 개념은 유럽 근대 역사학이 만든 것들이다. 역사학이라는 분과 학문 자체가 유럽중심주의라는 기의를 내포하고 있는 '근대의 기호'를 대변한다. 그렇다면 유럽중심주의 바깥에서 역사를 연구하고 서술한다는 것이 애초부터 불가능하다는 딜레마에 봉착한다.

이 같은 딜레마로부터 탈식민주의는 유럽인들이 만든 근대성이 글로벌화된 현실을 부정하지 않는다는 전제하에서 대안을 모색한다. 인도의 서발턴 역구자들 가운데 대표 주자인 디페시 차크라바르티Dipesh Chakrabarty는 "비서구 민족의 정치적 근대성 경험을 끝까지 사유하도록 돕는 데 있어서 유럽의 사유는 필요불가

---

6   Arif Dirlik, "Is There History after Eurocentrism?: Globalism, Postcolonialism, and the Disavowal of History," *Cultural Critique*, No. 42, 1999, pp. 1~34.

결하면서 동시에 부적합"하다는 것을 인정했다.[7] 그렇다면 탈식민주의는 현실적으로는 긍정할 수밖에 없지만 당위적으로는 부정해야만 하는 모순을 지양하는 어떤 방안을 제시할 수 있는가?

　모든 사상의 뿌리는 그것이 발생한 장소다. 유럽 근대의 보편사상도 유럽이라는 장소에서 탄생했다. 유럽중심주의는 유럽이라는 한 지역을 세계 전체와 동일시함으로써 특수한 것이 보편의 장소를 찬탈했기 때문에 문제가 된다. 이 같은 오류를 수정할 목적으로 차크라바르티가 제시한 방법이 '유럽을 지방화하기'다. "유럽을 '지방화'한다는 것은, 유럽의 관념들이 보편적이지만 또한 동시에 그 어떤 보편적 타당성도 주장할 수 없을 만큼 매우 특수한 지적·역사적 전통들에서 나왔다는 것, 바로 이것이 어찌 된 일이며 어떤 의미인지를 알아내는 것이었다. 그것은 사상이 장소와 어떻게 관계를 맺었는가에 대해 질문하는 것이었다."[8]

　'유럽의 지방화'란 유럽의 장소성을 부각시켜서 유럽중심주의를 해체하는 전략이다. 모든 장소는 안과 밖의 경계로 존재한다. 중심으로부터 작용하는 구심력과 원심력의 작용과 반작용이 평형을 이루기 위해 끊임없이 운동하는 가운데 이 같은 경계가 형성된다. 이 운동을 다르게 표현하면, 경계란 밖으로 향하고자 하는 안쪽 사람들이 직면하는 한계다. 아리스토텔레스가 한계를 "아

7　디페시 차크라바르티, 김택현·안준범 옮김, 『유럽을 지방화하기—포스트식민 사상과 역사적 차이』, 그린비, 2014, 70쪽.

8　같은 책, 17쪽.

무엇도 찾을 수 없는 바깥의 첫번째 것인 동시에 모든 것을 찾을 수 있는 안쪽의 첫번째 것"이라고 정의했듯이,[9] 한계는 밖을 차단하는 벽이 아니라 바깥의 외부로 통하는 문이 될 수 있다.

인류 역사는 한 지역의 특수한 문명과 문화가 경계를 넘어 소통하고 교류하여 네트워크를 확장하는 진화를 이루고, 이렇게 형성된 '휴먼 웹'이 전 지구적 차원으로 확대되는 것을 통해서 오늘날의 글로벌 시대에 이르렀다. 글로벌 시대를 맞이하여 이전에는 안과 밖의 경계로 자국사와 세계사로 나눠진 역사를, 문명의 교류와 융합으로 전개되는 통합된 하나의 역사로 서술하기 위해 등장한 것이 글로벌 히스토리다. 이에 따르면, 유럽 근대가 세계를 만든 것이 아니라 세계가 유럽 근대를 만들었다. 예컨대 유럽 근대를 연 르네상스와 과학혁명이 이슬람 과학의 영향을 받아 탄생했듯이, 유럽 근대 문명은 유럽 자체의 내재적 발전이 아니라 안과 밖의 상호작용으로 변형되고 창조된 성과물이다.

종래 유럽중심주의적으로 재현된 세계사는 유럽과 북아메리카의 면적을 인도나 아프리카에 비해 더 크게 그리는 메르카토르 도법처럼 유럽의 역사적 역할을 과장했다. 이 오류를 교정하는 방법으로 마셜 호지슨은 지구상에서 가장 문명화되고 역사 변화의 밀도가 컸던 '아프로 - 유라시아'를 하나의 역사복합체로 인식하는 '오이쿠메네oikoumene' 개념을 제안했다. 그리스어로 '오이

---

9   라나지트 구하, 이광수 옮김, 『역사 없는 사람들—헤겔 역사철학 비판』, 삼천리, 2011, 23쪽 재인용.

쿠메네'는 '사람이 사는 세상'을 지칭한다. 이 개념에 입각한 역사지리학에 따르면, 유럽은 대략 BCE 1000년부터 CE 1800년까지 세계사의 중심이 아니라 변방에 있었다. 케네스 포메란츠Kenneth Pomeranz가 말하는 '대분기The Great Divergence'는 산업혁명 이후에나 일어났다.[10] 하지만 호지슨은 "영국에서 산업혁명이 처음 일어났다고 해서 유럽의 역사를 영국사로 환원시킬 수 없는 것처럼, 산업혁명이 처음으로 확산된 지역이 유럽이라고 해서 세계사를 유럽사로 환원시킬 수는 없다"[11]고 말했다.

　유럽이라는 특정 지역을 중심으로 하는 세계사가 아닌 '인류'라는 최고의 상위 개념에 기반을 둔 새로운 세계사로 인류 역사가 재구성되어야 한다는 것이 21세기 역사학의 화두다. 유럽이라는 특수한 지역에서 나온 근대성이 이제는 세계 모든 사람의 삶을 규정하는 조건이 된 글로벌 시대에 인류 역사는 글로벌 히스토리 관점으로 서술되어야 한다. 이처럼 한편으로는 세계화 과정으로 성립된 지구촌 사회의 역사로서 글로벌 히스토리를 추구하면서도, 다른 한편으로는 유럽중심주의로부터 벗어나야 한다는 현상적 모순을 본질적으로 지양하는 방법론으로 제시된 것이 '유럽을 지방화하기'다.

10　Kenneth Pomeranz, *The Great Divergence: China, Europe, and the Making of the Modern World Economy*, Princeton: Princeton University Press, 2000.

11　마셜 호지슨, 이은정 옮김, 『마셜 호지슨의 세계사론―유럽, 이슬람, 세계사 다시보기』, 사계절, 2006, 24쪽.

차크라바르티는 "유럽을 지방화하는 것은 어떻게 보편주의적 사상이 항상 그리고 이미 특수한 역사들에 의해 수정되었는지를, 우리가 그 같은 과거들을 충분히 발굴할 수 있든 아니든, 알아보려는 것"이라고 했다.[12] 다시 말해 '유럽의 지방화'란 유럽 근대가 전 지구화된 현실을 인정하고, 유럽 근대의 보편주의 사상이 지배의 대상이 되었던 비유럽에 의해 그리고 비유럽을 위해 어떻게 다시 쇄신될 수 있는지 탐구하는 것을 목표로 한다.[13]

---

12 디페시 차크라바르티, 『유럽을 지방화하기』, 19쪽.
13 같은 책, 70쪽.

3

유럽중심주의 해체와
역사의 '공간적 전회'

'아프리카 가설Out of Africa theory'에 따르면, 호모 사피엔스 Homo Sapiens라고 명명되는 현생 인류의 조상은 아프리카에서 탄생했다. 아프리카에서 처음 발생한 인류는 작은 집단을 이루며 한정된 범위 내에서 생활했다.

인류는 수렵과 채취 활동을 하면서 이주하는 본성을 지닌 '호모 미그란스Homo Migrans'다.[14] 미미하게 출발했지만 인류 집단은 지구온난화가 시작되면서 전 지구로 퍼져나갔다. 마침내 약 1만 2,000년 전 인류의 조상이 남극을 제외한 남북 아메리카와 오스트레일리아에 이르기까지 모든 대륙으로 이주함으로써 최초의 월드

---

14 황혜성, 「왜 호모 미그란스Homo Migrans인가?―이주사의 최근 연구동향과 그 의미」, 『역사학보』 212집, 2011, 11~33쪽.

와이드 웹이 생겨났다.[15]

인류 역사에서 불가사의한 일은 이주하는 동물인 인류가 콜럼버스의 항해로 다시 연결되기 이전까지 구대륙과 신대륙으로 불리는 두 세계의 소통이 단절돼 있었다는 사실이다. 앨프리드 W. 크로스비가 말하는 '콜럼버스 교환'을 통해 두 대륙의 사람과 물자뿐 아니라 동식물과 세균의 교류가 일어남으로써 근대의 글로벌화가 시작됐다.[16] 지구상의 이주할 수 있는 모든 곳까지 진출한 인류가 오랫동안 정주하는 삶의 방식으로 문명을 건설하다가 대항해 시대를 기점으로 '모험과 교류의 문명사'[17]로 복귀했다.

첫번째 의문은 본래 이주하는 동물이었던 인류가 왜 장소적 삶을 영위하는 형태로 생활 방식을 바꾸었는가 하는 점이다. 유발 하라리는 이 같은 전환을 이끈 이유를 인지혁명과 농업혁명이라는 두 가지 결정적 계기로 설명한다.[18] 첫번째 인지혁명은 유전자의 돌연변이로 호모 사피엔스의 뇌에서 배선이 바뀜으로써 인간이 '언어 안의 존재'로 진화했기 때문에 일어났다. 인간 이외에 다른 동물도 의사소통 수단으로 언어를 갖고 있지만, 인간만이 언

---

15 존 맥닐·윌리엄 맥닐, 유정희·김우영 옮김, 『휴먼 웹―세계화의 세계사』, 이산, 2007.

16 앨프리드 W. 크로스비, 김기윤 옮김, 『콜럼버스가 바꾼 세계―신대륙 발견 이후 세계를 변화시킨 흥미로운 교환의 역사』, 지식의숲, 2006.

17 주경철, 『모험과 교류의 문명사』, 산처럼, 2015.

18 유발 하라리, 조현욱 옮김, 『사피엔스―유인원에서 사이보그까지, 인간 역사의 대담하고 위대한 질문』, 김영사, 2015.

어라는 열쇠로 가상현실의 문을 열고 상상의 세계를 구축했다. 하라리는 인간은 언어를 통해 보이지 않는 대상은 물론 세계와도 소통을 추구하기 때문에 인지혁명이 일어났다고 주장한다. 인간은 언어를 통해 "저기 사자가 있다"는 메시지를 전달하는 것을 넘어 "사자는 우리 종족의 수호신이다"와 같은 허구적 서사를 만들어내는 존재다. 허구적 서사는 단순한 거짓말이 아니라 전설, 신화, 신, 종교, 가치관 등 무형의 문화적 자산들을 만들어냈다. 이것들은 공동체의 집단 정체성을 형성하는 코드가 되었고, 이로써 인간은 아리스토텔레스가 말하는 '폴리스적 동물'이 될 수 있었다.

두번째로 호모 사피엔스가 약 7만 년 전 출현한 이래로 지속해온 수렵·채집 생활을 청산할 수 있었던 것은 농업혁명 덕분이었다. 오늘날 인류가 섭취하는 칼로리의 90퍼센트 이상을 제공하는 세계 4대 식량 작물인 밀, 쌀, 옥수수, 감자가 농업혁명이 일어난 BCE 9500~BCE 3500년 사이에 작물로 재배되고, 이때부터 염소, 말 등이 가축으로 길러지기 시작했다. 농경사회로의 전환과 함께 도시가 형성됐다. 인류의 모든 문명은 도시에서 이뤄졌다. "인류라는 종의 입장에서 우리는 자연이 주는 것에 완전히 만족한 적이 없다. 우리는 환경을 스스로 만들어 살아가는 유인원이자 도시를 건설하는 존재, 즉 '호모 우르바누스Homo Urbanus'이다."[19]

문명의 교류와 융합은 도시와 도시를 연결하는 소통으로 이

---

19   P. D. 스미스, 엄성수 옮김, 『도시의 탄생』, 옥당, 2015, 13쪽.

뤄졌다. 이 같은 문명 형성의 문법을 상징하는 표상이 실크로드다. 처음부터 동양과 서양이 있어서 실크로드가 생긴 것이 아니었다. 먼저 유라시아 대륙의 여러 도시 문명을 소통하고 융합하는 여러 교역로가 개척되었고, 독일의 지리학자 페르디난트 리히트호펜Fefdinand Richthofen이 1877년에 쓴 책에서 이를 실크로드라고 명명함으로써 동서교역로로 인식됐다. 엄밀하게 말해 실크로드는 길이 아니라, 디지털 시대의 용어로 번역하면 도시와 도시라는 노드node가 링크link를 이룸으로써 형성된 네트워크다.[20] 세계 문명 교류사의 첫 페이지가 실크로드로 시작됐다는 것은 의미심장한 일이다. 실크로드를 통해서 비단과 유리 같은 물품뿐 아니라 음악과 미술 및 복식의 교류, 또 불교와 기독교 및 이슬람교가 중국에 전파되었다. 석굴암의 불상은 한반도도 이러한 문명 교류의 한 지점이었음을 보여준다. 실크로드가 상징하는 문명의 소통 방식은 일방적인 전파가 아닌 쌍방향적인 교류다. 이 같은 방식으로 융합적인 신문명이 만들어졌다는 역사적 사실에 착안하여 프랑스의 문명비평가 자크 아탈리Jacques Attali는 실크로드에서 21세기 디지털 시대 '노마드Nomad' 문명의 원형을 찾았다.[21]

---

20   김호동은 "실크로드는 단순히 교역의 '루트'가 아니라 여러 지역의 문명들이 만나는 역사적 현장, 즉 '면面'들의 연속이고, 또한 그것을 무대로 삼던 국제 상인들의 활동의 '장場'이었으며, 동시에 북방의 유목 세계와 긴밀한 연관 관계 속에서 전개·발전되었던 메커니즘"이었다고 말한다(『몽골 제국과 세계사의 탄생』, 돌베개, 2010, 26쪽).

21   자크 아탈리, 이효숙 옮김, 『호모 노마드 유목하는 인간』, 웅진지식하우스, 2005.

실크로드를 실크로드로 만든 것은, 무엇보다 역사상 처음으로 유라시아 대륙을 가로질러 통합했던 몽골 제국이다. 몽골 제국의 내부를 유럽에 알린 사람이 마르코 폴로다. 마르코 폴로에게 중국은 꿈의 세계였다. 유럽과 중국의 관계사의 시작에 그가 쓴 『동방견문록』이 있다. 이 책의 원제목은 'Divisament dou Monde,' 곧 '세계의 서술'이다. 폴로는 유럽 외의 모든 나머지 '세계'에 대한 이야기를 하려는 의도로 그 제목을 붙였다.[22] 그의 시대에는 오늘날과 같은 의미의 서양과 동양의 구분이 없었다. 오히려 그 같은 구분을 만들어내는 데 결정적 역할을 한 것이 그의 책이다. 폴로가 그 책을 씀으로써 유럽인들이 다른 세계에 대한 환상을 가졌고, 그 세계를 추구하려는 노력 속에서 '서양'이라는 자기 정체성이 만들어졌다. 그에 대한 피드백으로 일본인들이 그의 책을 '동방견문록'으로 번역했다는 사실은 '오리엔탈리즘'의 역설이 아닐 수 없다.

폴로의 책을 읽고 역사를 바꾼 가장 유명한 독자가 크리스토퍼 콜럼버스다. 초판은 1485년에 간행됐기 때문에 콜럼버스는 항해를 떠나기 전에 책의 내용에 대해 알고 있었다. 그의 시대에 '인도India'는 동방을 지칭하는 다른 이름이었고, 폴로는 몽골의 '그란 칸Gran Can'이 인도를 지배한다고 썼다. 콜럼버스가 페르디난드 2세와 이사벨 1세 두 왕이 몽골의 '그란 칸'에게 보내는

---

22   마르코 폴로, 김호동 역주, 『마르코 폴로의 동방견문록』, 사계절, 2000, 20~21쪽.

친서를 휴대하고 출발했다는 사실로부터 항해의 최종 목적지가 그곳이었음을 알 수 있다.[23] 항해를 마치고 귀환한 콜럼버스는 아시아에 다녀왔다고 확신했다. 그는 그의 항해로 유럽에서 아시아로 가는 서쪽 문이 열렸다고 생각했다. 폴로의 책이 만든 선입견 때문에 아메리카 대륙에 살고 있던 원주민들은 '인디오'로 불리게 됐다. 신대륙을 발견discover하도록 이끈 나침판의 역할을 했던 폴로의 책은 태고 이래의 원주민 역사를 은폐cover하는 덮개로도 사용됐다.[24]

이 같은 모순이 동서양 문명사의 비극의 시작이다. 마르코 폴로에게 동양은 신비와 동경의 땅이었지만, 그의 영향으로 동양으로 가고자 했던 콜럼버스에게는 정복과 지배의 대상이었다. 세계의 변방으로 있던 유럽은 1492년 콜럼버스 항해를 기점으로 대서양에 진출함으로써, 지중해라는 알을 깨고 세계의 중심으로 도약하는 전기를 마련했다. 유럽이 지중해라는 알을 깨고 나올 수 있도록 밖에서 어미 새의 부리 역할을 한 것이 폴로의 책이 만든 칸의 제국에 대한 환상이었다. 1502년에야 비로소 베스푸치의 항해를 통해 콜럼버스의 오류가 수정되어 아메리카로 불리게 됐지만, 이 같은 유럽인에 의한 '신대륙'으로의 재발견이 유럽화의 출발점이 되었다. 동양과 서양의 문명이 교류하고 융합하는 실크로드 문

---

23 라스카사스, 박광순 옮김, 『콜럼버스 항해록』, 범우사, 2000, 44~46쪽.
24 엔리케 두셀, 박병규 옮김, 『1492년, 타자의 은폐—'근대성 신화'의 기원을 찾아서』, 그린비, 2011, 41쪽.

　　　　　　　　　　　　　　　　내일을 위한 역사학 강의

명 문법에서 서양이 비서양의 문명을 말살하고 식민화하는 제국주의 문명 문법으로 바뀐 시대가 바로 근대다.

탈식민주의는 제국주의 문명 문법을 해체할 목적으로 유럽 중심주의가 은폐하고 지운 타자의 역사를 발굴하는 지식의 고고학을 수행한다. 그것은 근대 유럽이 비유럽이라는 타자를 발견한 것이 아니라, 오히려 반대로 비유럽이라는 부정적 타자를 거울로 해서 근대 유럽이라는 동일자가 발명된 것이라고 주장한다. 유럽 중심주의가 이 같은 발견과 발명 그리고 은폐의 변증법을 역사적으로 정당화할 수 있었던 것은, 구대륙과 신대륙, 유럽과 비유럽의 공간적 차이를 발전 단계로 치환하여 시간 순서로 위계화하는 역사주의를 통해서였다.

역사주의의 기원으로 언급되는 것이 헤겔의 역사철학이다. 헤겔은 세계사를 절대정신이 시간 속에서 구현되는 과정이라고 파악하고, 시간성을 의식하지 못하고 자연 상태에서 벗어나지 못한 비유럽은 역사를 갖지 못한다고 말했다. 그는 역사란 오직 국가가 있는 장소에서만 만들어지는 서사라고 봄으로써 "국가가 없으면 역사도 없다"고 선언했다. 이로써 역사의식을 각성하고 국민국가를 형성한 유럽이 비유럽을 지배하여 문명화해야 한다는 명분으로 식민주의를 정당화했다. 하지만 이 같은 문명화는 발터 베냐민의 말대로 '동질적이고 비어 있는 시간a homogeneous, empty time'으로, 비유럽이라는 장소에 내재해 있는 역사를 말살하는 비극뿐 아니라 유럽 문명에 대해서도 역사를 진보의 대기실로 만듦

으로써 파시즘의 파국을 초래했다.[25]

인간과 세계에 대한 모든 지식을 시간화하는 역사주의는 공간을 인식론적 범주에서 배제했다. 유럽과 비유럽의 공간적 차이를 문명화의 시간표로 환원했던 역사주의를 해체하여, 공간을 다시 역사의 기본 인식 범주로 복원시킨다는 문제의식으로 새롭게 등장한 담론이 '공간적 전회spatial turn'다. 이 용어를 학문적 담론의 장에 도입한 미국의 인문지리학자 에드워드 W. 소자는 『포스트모던 지리학』의 「역사, 지리, 근대성」이라는 장에서 "서구 마르크스주의의 공간적 전회 해부"라는 소제목으로 이 개념에 대해 설명했다.[26] 그는 토머스 쿤의 패러다임 전환과 같은 과학사의 신기원을 연다는 의미로 '전회'라는 표현을 쓴 것은 아니라고 했다. 단지 역사주의가 관철시킨 '공간의 시간화'가 야기한 공간의 망각을 교정하는 방법으로 '본원적 전회master turn'를 시도한 것이라 밝혔다.[27] '공간적 전회'는 코페르니쿠스적 전환이 관점의 중심 이동을 말하는 것처럼 시간으로부터 공간으로 인식론적 전환을 추구한다.

소자가 말했듯이, "지난 150년 동안 우리는 세계를 공간과 관계된 안경을 쓰고 보기보다는 역사의 안경을 쓰고 보는 데 훨씬

---

25 Walter Benjamin, "Theses on the Philosophy of History," *Illuminations*, Hannah Arendt(ed.), Harry Zohn(trans.), New York: Schocken Books, 1968, pp. 261~62.

26 Edward W. Soja, *Postmodern Geographies: The Reassertion of Space in Critical Social Theory*, W. W. Norton & Company, 2011.

27 외르크 되링 · 트리스탄 틸만 엮음, 이기숙 옮김, 『공간적 전회』, 심산, 2015, 9쪽.

익숙해 있었다."[28] 하지만 20세기 말에 나타난 현실사회주의 종말과 함께 역사의 종말이 대두되면서 공간과 관련된 사유가 지리학을 위시하여 건축학, 지역학, 사회학과 미술사에서 부상했다. 근대가 시대정신으로 세상을 바꾸고자 했다면, 그 같은 근대의 기획이 몰락하는 탈근대에서 미네르바의 부엉이로 하여금 날개를 펴게 만든 것은 소자가 만든 용어인 '공간정신'이다. '공간'이란 빈 컨테이너가 아니라 사회적으로 생산된 공간이다. 인간들이 삶을 영위하는 모든 터전에는 '공간정신'이라는 소프트웨어가 장치install 돼 있다. 공간의 차이로 발현되는 문화는, '공간정신'이라는 윈도우 프로그램에 바람처럼 불어오는 '시대정신'이라는 소프트웨어가 깔리는 것으로 변형된다. 이 '공간정신'이 내재해 있는 곳을 가리키는 말이 '장소place'다.

문화와 문명의 소통과 교류는 장소의 고유성을 전제로 한 번역으로 이뤄진다. 민주주의, 자유와 평등, 인권 같은 근대 유럽의 보편사상이 원본이라면, 비유럽의 근대화는 그것을 번역하려는 노력으로 실현됐다. 그런데 유럽중심주의가 내포하는 문제점은 비유럽이라는 장소에 고유하게 내재된 '공간정신'의 특이성과 차이를 말살했다는 사실이다. 공간은 외부의 어떤 것으로 채워져도 상관이 없는 균질적인 빈 곳이지만, 장소는 사람들의 삶의 무늬로

---

28 에드워드 W. 소자, 「"시대정신"에서 "공간정신"으로―공간적 전회에 대한 새로운 왜곡들」, 외르크 되링·트리스탄 틸먼 엮음, 이기숙 옮김, 『공간적 전회』, 심산, 2015, 280쪽.

수놓아진 의미의 세계다. 인류 역사는 '추상적인 공간'을 시간 속에서 거기 살았던 인간들의 노력과 경험이 축적된 '구체적인 장소'로 변형시키는 방향으로 전개됐다.

　장소란 집단 정체성의 산실이다. 번역은 원본을 구체적인 장소라는 콘텍스트에 입각해 미셀 드 세르토의 표현대로 개념을 재사용하는 '창조적 소비'를 하려는 노력으로 이뤄져야 한다. 사카이 나오키는 번역을 '통약 불가능성'을 전제로 해서 차이를 만들어내는 실천이라고 정의했다.[29] 공간적 등가성을 산출하기 위해서가 아니라 장소에 내재된 '공간정신'의 차이를 토대로 의미화 작업을 시도하는 것이 번역이다.

　우리는 추상적 인간이 아니라 한국인으로 태어났다. 특정 인간 집단이 공동체적 삶을 영위해온 역사 공간은 문화와 전통으로 채워진 장소다. 하이데거가 인간은 '세계 내 존재'라고 말한 것처럼, 우리에게 한국이라는 장소는 존재의 고향이다. 한국이라는 '공간정신'의 차이에 의거한 근대의 번역이 아니라 일제에 의해 '식민지 근대'로 이식됨으로써, 한국인들은 존재의 고향을 상실한 실향민이 되었다. 그 결과로 나타난 것이 가치관의 아노미anomie 현상이다. 이는 가치관이 붕괴되고 목적의식이나 이상이 상실됨에 따라 사회나 개인에게 나타나는 불안정 상태를 의미한다. 에밀 뒤르켐Émile Durkheim은 이로부터 발생하는 가장 큰 사회문제가

29　사카이 나오키, 후지이 다케시 옮김, 『번역과 주체』, 이산, 2005, 30쪽.

자살이라 했다. 가장 빠른 경제성장을 이룩한 한국이 세계에서 가장 높은 자살률을 보이는 근본 이유는 존재의 고향을 상실했기 때문이라 말할 수 있다.

근대화는 되돌리거나 거부할 수 없는 보편사적 기획이다. 문제는 유럽이란 장소에서 발생한 근대의 번역을 한국이라는 장소성에 의거해서 의미화하는 작업을 하지 못했다는 점이다. 해방 이후에도 국사·동양사·서양사라는 식민사관의 분류 체계를 답습하고 있는 한국의 역사학이 이 같은 오역의 한 부분을 담당했다. 따라서 '식민지 근대'의 번역으로부터 탈피하기 위해서는, 무엇보다 먼저 유럽중심주의적 역사의 시간표에 의거해서 말살된 삶의 장소를 복원하는 역사의 '공간적 전회'를 해야 한다. 앙리 르페브르는 "각각의 사회는 저마다의 공간을 생산한다"[30]고 말했다. 여기서 생산된 공간이란 거기에 살았던 사람들의 삶의 의미들이 함축된 '공간정신'의 산실로서 장소를 뜻한다.

---

30 앙리 르페브르, 양영란 옮김, 『공간의 생산』, 에코리브르, 2011, 77쪽.

4

한국 역사학의 문명사적 재구성

역사란 3간이라 불리는 인간·시간·공간으로 구성된 3차방 정식이다. 종래의 한국사는 민족을 상수로 하는 민족사로 서사를 구성했다. 이에 비해 한국사의 '공간적 전회'란, 민족이라는 인간 대신에 안과 밖의 경계로 문명을 소통하고 교류했던 삶의 장소에 입각해서 역사를 재구성하는 방식이다. 한국사의 공간을 결정하는 것은 무엇보다도 대륙과 바다가 맞닿아 있는 한반도라는 지정학적 위치다. 본래 한국인들의 삶의 장소가 한반도였는가에 대한 논란이 없는 것은 아니지만, 중국이라는 대륙 문명과의 투쟁과 교류 그리고 사대 관계를 통해 한반도가 한국인들의 삶의 장소로 정착되었다는 것은 부인할 수 없는 역사적 사실이다.

한국인들의 삶의 장소인 한반도는, 페르낭 브로델이 말하는

'움직이지 않는 역사'로서 한국사의 운명을 결정하는 장기지속의 구조다. 한국사의 시발점은 고조선이다. 고조선의 발원지는 한반도가 아니다. 단군조선에서 기자조선으로의 이행, 그리고 한 무제 때 고조선이 멸망하고 한사군이 설치된 이후 한국사는 중국사와의 경계 속에서 전개됐다. 김용섭은 이것을 한국사의 '제1차 문명 전환'이라고 불렀다. 이는 "알타이어계 북방 민족의 고조선 문명이 중국의 천하 체제에 들어가고 중국 문명 유교 사상을 수용하며, 그것을 보편적 가치로 인정하고 그 속에 살게 되는 과정이었다."[31]

삼국시대에 편찬됐다고 전하는 왕조사로서 국사, 그리고 이것의 종합판인 김부식의 『삼국사기』는 기본적으로 사대주의에 입각해 있으면서도 중국사와 구별되는 고려사의 정체성을 정립하려는 시도였다. 중국 문명과의 교류 및 소통을 통해 안과 밖의 경계선상에 위치해 있던 고려의 문명사적 정체성이 중대 위기를 맞은 시점에 집필된 것이 일연의 『삼국유사』다. 일연은 고려가 몽골의 천하 질서에 포섭된 상황에서 김부식에 의해 망각된 고조선과 단군신화를 재조명함으로써 고려의 문명적 정체성을 재정립하고자 했다. 그는 우리가 단군의 자손임을 일깨우고 단군조선에서 기자조선으로의 이행을 문명 전환과 융합의 계기로 해석하고, 몽골 제국의 속국이 된 고려의 정체성을 삼국시대로부터 한반도 문명으로 번역하여 전유專有한 불교 신앙을 토대로 보전할 길을 제시하

31 김용섭, 『동아시아 역사 속의 한국 문명의 전환─충격, 대응, 통합의 문명으로』, 지식산업사, 2008, 103쪽.

고자 했다.

근대 이전 한국 문명은 유목 민족들과의 투쟁과 융합을 통해 성립한 대륙 문명인 중국 문명과 소통하고 교류하며 형성됐다. 이 같은 대륙 문명 헤게모니에 대한 해양 문명의 도전으로 일어난 것이 '임진왜란'이다. 하지만 이 전쟁을 임진년(1592년)에 왜인들이 일으킨 난동으로 규정하는 이 명칭은 중화 질서를 거역하는 반역자라는 가치판단이 개입되어 있어 대륙과 해양의 문명의 충돌이라는 역사적 맥락을 은폐한다.[32] 대륙 문명 중심으로 설정된 중국의 천하 질서에서 한반도는 변방에 위치한다. 유목 세력인 몽골 제국으로부터 중국을 회복한 명은 정화의 원정을 정점으로 하여 해양을 봉쇄함으로써, 바다는 길이 아니라 장벽의 의미를 띠게 된다.

1592년 일본의 조선 원정은 장벽을 넘어온 침략으로 이해되었기에 '국가적 규모의 왜구'가 조선의 전 국토를 노략질한 '난'으로 인식됐다. 하지만 이는 콜럼버스의 항해 이래로 전개된 유럽 해양 세력의 비유럽 대륙 진출의 연쇄반응이 낳은 '나비효과'였다. 그 연쇄반응의 일환으로 임진왜란이 발발했음을 조선은 몰랐다. 이 맥락에서 볼 때, 임진왜란은 한반도의 지정학적 위치를 '변경'에서 '요충지'로 바꾸는, 문명사적으로 전근대와 근대를 나누는 시대 구분을 하는 사건이었다.[33] '지나간 미래'로서 이 같은 문

---

32   김기봉, 「1592년 전쟁을 어떻게 부를 것인가―문명사적 관점에서의 성찰」, 『한국 사학사학보』 25집, 2012, 61~86쪽.

33   김시덕, 『동아시아, 해양과 대륙이 맞서다』, 메디치, 2015.

명사적인 의미를 조선왕조가 깨닫지 못했다는 것이 근대로의 이행에 지각함으로써 맞이해야 했던 한국사의 비극이다.

명나라의 원조 덕분에 조선왕조가 망하지는 않았지만, 명에서 청으로 천하 질서가 바뀌는 대륙 문명의 판도 변화 속에서 조선의 문명적 정체성은 중대한 위기를 맞이했다. 이후 조선왕조는 멸망한 명나라를 대신해 중화 문명을 계승·발전시킨다는 명분으로 존망의 위기를 왕조의 정통성을 옹호하고 정체성을 보존하는 기회로 활용했다. 이러한 보수화의 결과는 문명사적 정체를 초래했다.

대륙 문명권에 안주했던 조선이 해양 문명을 향해 문호를 개방하는 문명사적 전환점이 된 것이 1876년 개항이다. 이후 청일전쟁에서 일본이 승리를 거두며 중국 천하 질서가 붕괴했을 때, 조선왕조는 이 위기를 대한제국으로 탈바꿈하는 기회로 활용했지만 문명사적인 전환을 하는 데에는 실패함으로써 일제 식민지로 병합됐다. 이 같은 비극적인 과정을 통해 김용섭이 '한민족의 제2차 문명 전환'이라고 지칭한 대륙 문명에서 해양 문명으로의 문명사적 전환이 일어났다.

앞서 언급했듯이, 정치적으로는 한반도가 일본 제국의 일부로 편입됐지만 역사적으로는 일본사와 동양사의 경계선상에 조선사가 위치하게 되었다. 이에 대항해서 신채호 같은 민족주의 역사가들은 역사를 "아我와 비아非我의 투쟁"으로 정의하고, 민족을 상수로 해서 우리 역사의 정체성을 확립하고자 했다. 해방과 함께 민족주의 사학은 일제 식민사학을 철폐할 수 있는 한국사 패러다임으로 정립됐다. 하지만 이는 국사를 '아의 역사'로 설정하고 동양사와 서양사를 '비아의 역사'로 나누는 방식으로 일제가 심어놓은 3분과 체제를 답습했다.

이에 비해 역사교육은 국사 밖의 '비아의 역사'를 세계사로 분류했다가 2007년 개정 교육과정을 통해 '동아시아사'를 처음으로 고등학교 역사과 선택과목의 하나로 채택했다. 동아시아사는 한국사의 안과 밖 경계의 역사로 한국사의 '우물 안 개구리' 시각을 문명사로 확대하는 발판이 될 수 있다.[34] 하지만 동아시아사가 기본적으로 일본 및 중국과의 역사 분쟁을 해결하려는 자국사적 의도를 충족시킬 목적으로 만들어졌다는 점에서 민족사를 넘어서는 동아시아 문명사가 될 수 없는 원초적 한계를 갖고 있다. 이 한계에서 벗어나려면 1차적으로 트랜스내셔널 역사 공간으로서 동아시아란 무엇인지부터 해명해야 한다.

하지만 현행 고등학교 동아시아사 교과서는 역사 공간으로서 동아시아사란 무엇인지에 대해 파악하는 것을 목표로 삼기보다는, 동아시아라는 상상의 지리적 공간을 선험적으로 전제하고 서사를 전개한다. 동아시아사의 어려움은 민족과는 다르게 자신을 동아시아인으로 인식하는 사람이 거의 없다는 점이다. 과연 동아시아인 없는 동아시아사가 어떻게 성립할 수 있는가? 그 가능성은 역사 3

---

34 김기봉, 「한국 역사학의 재구성을 위한 방법으로서 동아시아사」, 『동북아역사논총』 40호, 2013, 11~33쪽.

간 가운데 인간보다는 공간을 범주로 할 때 찾을 수 있다. 하나의 역사 공간으로서 동아시아는 문명권을 단위로 한 지역 세계를 지칭한다. 이렇게 해서 성립한 동아시아사는 역사 인식의 문명사적 전환을 전제로 한다.

민족을 역사의 상수로 하는 민족주의 사관의 3차방정식은 안과 밖의 경계를 인종이라는 벽으로 차단해서 한국사를 아놀드 토인비가 말하는 '도전과 응전'의 문명사적 공식으로 쓸 수 없게 만든다. 민족이라는 감옥에서 벗어나 문명사적 공식으로 한국사의 3차방정식을 재구성하는 데 실마리가 되는 질문이 '역사 3간 가운데 가장 변하지 않은 구조가 되는 요소가 무엇인가'다. 그것은 한국 민족이라기보다는 한반도라는 역사 공간이다. 따라서 한국사를 공간 축에 입각해서 정의한다면, 한국인들의 문명사적 장소가 한반도로 확정되는 과정의 역사라고 말할 수 있다.

동아시아 역사를 살펴보면 수많은 역사 공동체가 번성하다 사라졌다. 오늘날은 중국, 일본, 베트남, 몽골, 한국 이 다섯만이 국가로 존속해 자국사를 갖고 있다. 한때 중국 대륙을 호령했던 흉노, 말갈, 만주족은 역사의 뒤안길로 사라졌다. 영국의 역사가 에드워드 기번Edward Gibbon은 "로마가 왜 망했는가?"보다는 "어떻게 그토록 오랫동안 제국을 유지했는지?"를 밝히기 위해 『로마제국 쇠망사』를 썼다. 역사에서는 강한 나라가 살아남는 게 아니라 살아남은 나라가 위대하다.

한국인이 온갖 역경 속에서도 이른바 5,000년의 역사를 이어온 요인은 뭘까? 전근대 한국사의 생존 전략은 조공 – 책봉 체제에 입각한 사대事大로 말해진다. 그 사대의 첫 단추가 고구려, 백제, 신라 삼국 가운데 가장 후진적이었던 신라가 당 세력을 끌어들여 일통삼한一統三韓의 통일을 이룩한 것이다. 이러한 사대의 생존 전략은 조선 시대 임진왜란으로까지 이어지는 장기지속의 구조다. 한국사의 근대로의 이행은 이러한 중화주의적인 장기지속의 구조가 종말을 고하고, 서구 근대 문명으로 방향 전환을 하는 것으로 일어났다.

한국사의 장기지속의 구조를 드러내는 것은 자주독립국가의 역사로서는 부끄러운 것이지만, 한반도의 지정학적 위치가 운명 지은 역사적 조건이다. 마르크스의 말대로 인간은 역사를 만들 수 있지만 자유롭게 만드는 것이 아니라 주어진 조건에 구속되어 새 역사를 창조한다. 한국사는 한반도에 살았던 사람들이 보편 문명과의 연결을 통해 한국인의 문화적 DNA를 진화시켰던 과정이라 말할 수 있다. 고대로부터 오늘날까지 이 문명사적 진화를 계속 이어오고 있다는 점이 한국사의 위대함이다.

문제는 분단 시대에 한국인의 문화적 DNA를 진화시킬 수 있는 생태계가 남북으로 갈려져 완전히 단절돼 있다는 점이다. 남한은 미국이 주도하는 해양 문명권에 귀속해 있는 반면, 북한은 주체 국가임을 내세우지만 실질적으로 처음에는 소련, 나중에는 중국이라는 대륙 문명의 영향권에 속해 있다. 동유럽에서 현실사회주의가 몰락한 이후에도 한반도에서는 여전히 냉전 체제가 계속되고 있다. 그 결과 한국 현대사는 한반도 전체의 역사가 아니라 대한민국사로 서술된다. 한국사의 역사적 공간이 남한으로 축소되고, 분단에 의해 대륙 문명과 단절되며 남한을 반도가 아닌 섬으로 전락시켰다.

미국과 중국이 세계의 패권을 다투는 G2 시대에 한반도의 지정학적 위치는 북한 핵문제를 통해 지구상에서 가장 위험한 요충지로 부각된다. 한반도가 제3차 세계대전의 화약고가 되는 일은 절대로 일어나서는 안 된다. 냉전 시대에 일어난 6·25전쟁이 그랬던 것처럼, 신냉전 시대에 한반도가 강대국 간 패권 투쟁의 희생양이 되는 불행한 사태가 또 발생한다면 한반도 문명의 생태계는 복구되기 어려운 파괴를 당할 것이다. 하지만 이 위기를 잘 극복하고 남북한이 평화 체제를 구축하거나 통일을 이뤄서 대륙과 해양의 두 문명이 다시 교류할 수 있는 장소로 떠오른다면 한반도는 인류 문명사의 단전丹田이 될 수 있다. 김용섭은 '한민족의 제1차 문명 전환'은 중국 대륙 문명으로의 포섭을 통해, '한민족의 제2차 문명 전환'은 서구 해양 문명으로 중심 이동을 통해 이루어졌다고 썼다. 그다음 '한민족의 제3차 문명 전환'은 남북통일을 통해 한반도가 대륙과 해양의 두 문명이 접합하여 융합하는 장소로 도약하는 방향으로 이뤄져야 한다.

오늘날 인류는 시간적으로는 글로벌 시대, 공간적으로는 다문화 사회에 살고 있다. 세계화라는 통일성과, 다문화라는 복잡성의 조화가 21세기 세계사의 화두다. 오늘날 한국은 세계에서 유래를 찾을 수 없을 정도로 고령화가 빠르게 진행되는 반면, 출산율은 OECD 회원국들 가운데 가장 낮다. 한국은 생산가능 인구(15~64세)의 비율이 급속도로 줄어드는 '인구 절벽Demographic Cliff' 현상이 가장 빠르게 나타나는 국가다. 데이비드 콜먼David Coleman 옥스퍼드 대학 인구문제연구소 교수는 우리나라의 저출산 문제를 '코리아 신드롬'이라고 부르면서, '한국인이 지구촌에서 사라지는 최초의 국가가 될 것'이라고 예언했다. 그렇다면 한국이라는 국가가 소멸할 때, 한국사는 존재할 것인가?

고령 사회가 되면 노동인구가 부족해진다. 이 문제를 해결하기 위해서는 한국이 이민 국가가 되는 수밖에 없다. 이미 동남아시아를 비롯해 많은 아시아인들이 한국에 들어왔고, 이들 가운데 많은 사람들이 한국인이 되거나 한국인을 낳을 것이다. 우리가 아무리 원치 않아도 한국이 이민 국가로 변모하는 것은 시간문제다. 실제로 한국이 이민 국가가 된다면, 한국사란 과연 무엇인가? 더 이상 민족을 상수로 하는 '국사'가 아니라 한국이라는 장소를 근간으로 한 문명사로 재구성하는 것 이외에 어떤 다른 대안이 있을 수 있는가?

문명사적인 전환을 위해서는 무엇보다 먼저 '국사' 패러다임에서 벗어나야 한다.[35] 역사를 보는 눈이 '국사'라는 우물 안 개구리 관점에 갇혀 있다는 것이 한국 사회에서 역사교과서를 둘러싼

---

35   이영훈, 「민족사에서 문명사로의 전환을 위하여」, 임지현 · 이성시 엮음, 『국사의 신화를 넘어서』, 휴머니스트, 2004, 35~99쪽.

내전이 격화되는 본질적 이유다. 한국의 역사학은, 근대사는 민족을 코드로 하여 친일과 반일로 바라보는 일제강점기의 유산을 청산하지 못하고, 현대사는 좌와 우, 진보와 보수라는 이념의 잣대로 재단하는 냉전 시대의 관성에서 벗어나지 못하고 있다. 민족과 이념 이 두 굴레로부터 모두 탈피하여 세계사적인 시각으로 우리 역사를 보는 방법이 문명사 패러다임이다.

자크 르 고프는 "문명은 무엇보다도 시간과 공간을 어떻게 다스리느냐에 의해 정의된다"[36]고 말했다. 21세기에 인류는 글로벌 시대라는 시간과, 다문화 사회라는 공간을 다스릴 수 있는 문명의 새로운 문법을 만들어내야만 하는 과제를 안고 있다. 지난 반세기 동안 역사 변화의 속도가 가장 빠르고 가장 큰 문명의 진보가 일어난 장소가 바로 한국이다. 이 같은 장소성에 부합하는 한국사 패러다임의 문명사적 전환을 이뤄야 한다.

한국은 오랫동안 문명의 송신자라기보다는 수신자의 위치에 있었다. 하지만 지난 반세기 동안 비약적인 성장을 통해 '추격형'에서 '선도형'으로 모델을 바꿔야 선진국으로 도약할 수 있는 단계에 도달했다. 이제는 문명의 모방이 아니라 창조를 해야 한다. 스티브 잡스는 "창조란 다름이 아니라 사물들을 연결 짓는 것이다Creativity is just connecting things"라고 했다.

대륙과 해양의 두 문명이 난류와 한류처럼 만나는 한반도는

---

36 자크 르 고프·장-모리스 드 몽트르미, 최애리 옮김, 『중세를 찾아서』, 해나무, 2005, 183쪽.

더 이상 세계사의 가장자리가 아니라 문명의 어장으로 부상할 수 있는 문명사적 장소에 위치해 있다. 분단이 극복되어 통일 시대가 열릴 때, 그 같은 문명사적 도약의 기회는 마침내 도래할 것이다. 이때를 준비하기 위해서 오늘의 한국 역사학은 대륙과 해양 문명의 허브로서 한반도의 '공간정신'을 발굴하여 이야기할 수 있는 한국사의 '공간적 전회'를 해야 한다. 그러기 위해서는 무엇보다도 먼저 식민사관의 유산인 역사학 3분과 체제부터 해체해야 한다. 그다음 문명의 교류와 융합을 주제로 자국사와 세계사를 통합하여 재구성하는 횡단적 역사traversal history로서 '글로벌 한국사' 모델을 개발해야 한다.

7강

역사학과 사극의
엇갈린 운명

1

과거 실재와
이야기로서 역사

과거가 실재라면, 역사는 그 실재에 대한 언어적 구성물, 곧 이야기다. 이야기되지 않은 과거는 존재하지 않는 것이 되기 때문에, 역사는 일어났던 과거의 사실에 대해서만 이야기해야 학문으로서 존립의 근거를 가질 수 있다. 그런데 여기서 문제는 일어난 사실이란 무엇인가다. 실제로 인간은 언어로 표상된 것만을 사실로 인식한다. 이런 '언어적 전환linguistic turn'의 선구자가 20세기를 대표하는 철학자 루트비히 비트겐슈타인이다. 비트겐슈타인은 생전에 아주 짧은 명제들만으로 구성된 『논리철학논고』라는 단 한 권의 책만을 출간했다. 그 책의 첫번째 문장이 "1. 세계는 일어난 모든 것이다The world is everything that is the case"라는 명제다. "일어난 모든 것"이란 사실을 의미한다. 첫번째 명제를 설명하는 다음 문장이 "1.1 세계는 사실들의 총합이지, 사물들의 총합이 아니다The world is the totality of facts, not of things"라는 것이다.[1]

"사실들의 총합"이란 이야기다. 사실과 사실 사이에는 틈새가 있을 수밖에 없다. 그 틈새들을 어떤 식으로든 메울 때 이야기가 성립하며, 그 이야기는 사실과 사실 사이의 틈새를 어떻게 연결하느냐에 따라 달라진다. 그런데 그 틈새를 메워서 연결하는 것은 무엇인가? 사실이 아닌 상상력이다. 그렇기 때문에 사실들의 집합으로서 역사 이야기는 결국 허구라는 주장이 제기된다.

비트겐슈타인의 『논리철학논고』는 사실에 대한 이야기, 곧 사실과 언어의 일치를 통해 세계에 대한 인식의 가능성을 정립하려는 시도다. 비트겐슈타인이 말하는 사실과 언어는 역사학의 경우 과거와 역사에 해당한다. 사실과 언어가 일치해야 하듯이, 역사란 있었던 그대로의 과거를 이야기해야 한다고 주장하는 역사학 패러다임이 실증사학이다. 하지만 문제는 사실과 사실 사이의 틈새를 메우고 연결하지 않고서는 이야기를 구성할 수 없다는 점이다.

역사 서술이란 사실과 사실 사이의 틈새를 보완해서 사건들의 인과관계로 연결된 하나의 서사를 구성하는 작업이다. 모든 역사 서술은 시작과 끝이라는 1과 2 사이의 이야기로 성립한다. 1과 2라는 역사 이야기의 시작과 끝은 바꿀 수 없는 과거에 결정된 사

[1] Ludwig Wittgenstein, *Tractatus Logico-Philosophicus*, C. K. Ogden(trans.), London Kegan Paul, Trench, Trubner & Co., Ltd., New York: Harcourt, Brace & Company, Inc., 1922, p. 25.

실이다. 그런데 1과 2 사이에 무한대의 소수점 숫자들이 존재하듯이 그 두 사실 사이에는 수없이 많은 틈새들이 존재한다. 이로부터 유한한 역사적 사실을 가지고 무한한 역사적 상상력을 발휘할 수 있는 조건이 성립한다. 이 조건을 활용하는 태도에 따라 역사 서사의 구성 방식은 둘로 나뉜다. 먼저 역사학은 1과 2 사이의 틈새를 메울 수 있는 접착제의 용도로만 역사적 상상력을 사용해야 한다고 주장한다. 이에 반해 사극은 그 틈새 사이에 존재하는 무한대의 소수점 숫자에 관심을 갖고 역사적 상상력을 최대한 발휘하여, 1로 시작해서 2의 결말에 이르는 과정에 재미있는 일화들을 가급적 많이 만들어내 삽입하고자 애쓴다. 심지어 이야기에 필요한 인물들까지도 창작한다. 정리하면 역사학자는 역사적 사실을 재현할 목적으로 상상력을 보조 수단으로 사용하는 반면, 사극 제작자는 드라마적 상상력을 펼칠 수 있는 소재로 역사적 사실을 활용한다.

이처럼 역사학과 사극은 서로 다른 장르다. 전자가 과학의 한 분야라면, 후자는 드라마의 일종이다. 그런데 문제는 생산자의 관점이 아닌 소비자 대중의 생각이다. 대중은 사극을 드라마가 아닌 역사로 본다는 점이 문제다. 이 문제 때문에 역사가들은 사극이 대중을 대상으로 역사교육을 하는 이로움보다는 역사를 왜곡하는 해로움이 더 크다는 비판을 한다. 다시 말해 가짜뉴스가 진실을 보는 눈을 가려서 대중의 판단력을 흐리듯이, 사극의 허구가 역사적 사실을 대체함으로써 대중의 역사의식을 오염시킨다는 것이다.

2

역사학과 사극의 관계
다시 보기

옥스퍼드 사전은 2016년을 대표하는 단어로 사실이나 진실
보다 감정에 호소하는 것이 사회에서 더 잘 통하는 현상을 뜻하는
'포스트 트루스post-truth'(탈진실)를 선정했다.[2] 원래 '포스트 트
루스'란 말은 1992년 니카라과 반군을 지원한 당시 레이건 정부
의 부도덕함을 비판할 목적으로 만들어진 신조어였다. 그런데 이
단어가 2016년 영국 브렉시트 투표와 도널드 트럼프가 미국 공화
당 후보로 지명된 이후에 급격하게 확산되어 그해를 대표하는 단
어로 선정되는 '영광'을 안았다.

역사학의 위기에 비해 사극이 전성시대를 구가하는 것은 어

---

2 문정우, 「우리는 '포스트 트루스' 시대에 살고 있다」, 『시사IN』, 2016. 10. 5.

제 오늘의 일은 아니지만, '포스트 트루스' 현상과 관련이 없지는 않다. '포스트 트루스'가 진실을 대체하는 것은 분명 비정상이고 사회병리 현상을 반영한다. 마찬가지로 대중이 역사학자들이 탐구해서 밝혀낸 진짜 역사보다 사극이 만들어낸 가짜 역사에 열광하는 것 또한 사회병리 현상이라고 우려한다.

하지만 생각의 범위를 한번 넓혀보자. 가짜 뉴스는 어느 시대에나 있었다. 『삼국유사』에 나오는, 백제 무왕이 왕이 되기 전 신라의 선화공주와 결혼할 목적으로 「서동요」를 유포시켰다는 설화가 그 대표적인 사례다. 진실이 밝혀짐과 동시에 거짓이 드러나므로, 거짓은 진실이 반대가 아니라 그림자라고도 말한다. 하지만 빛이 어둠을 몰아내듯 진실이 거짓을 이긴다는 생각은 종교와 문화의 차이를 넘어 거의 모든 인류가 공유하는 믿음이었다. '탈진실'이란 신조어의 대두는 이런 믿음 자체가 흔들리고 있다는 것을 방증한다. 접두사 '탈脫'은 사실과 허구, 진실과 거짓 사이 빗장을 푸는 효과를 발휘한다. '탈진실' 시대는, 사실이 아닌 것은 거짓이기에 무엇이 사실인지를 밝혀내면 거짓이 어둠처럼 물러가는 시대가 끝났음을 의미한다. 거짓이 진실을 가리고 승리하지 못하도록 경계하고 자기 계몽을 해야 하는데 현실은 그런 방향으로 나아가지 않는다. 따라서 계몽의 기획을 더 강력하게 추진해야 한다고 주장하기에 앞서 생각해봐야만 하는 문제가 왜 사람들이 거짓을 진실보다 더 믿고 싶어 하는가이다.

2016년 미국 대선에서 거의 모든 언론과 여론조사는 힐러리

클린턴의 당선이 확실하다고 예측했다. 하지만 막상 뚜껑을 열어 보니 정반대의 결과가 나왔다. 여론조사 결과와는 달리 인공지능 '모그IA'는 이미 선거 열흘 전에 트럼프의 당선을 예측했다. 왜 여론조사는 못 맞추는 것을 인공지능은 해낸 것일까? 여론조사는 트럼프와 클린턴 가운데 누굴 선택할 건지를 물었다. 이에 비해 '모그IA'는 인터넷 검색엔진과 SNS에서 수집한 데이터 2,000만 건에 나타난 후보 관여도를 분석했다. 전자가 의도된 생각을 파악 해낸다면, 후자는 '내숭 여론'뿐 아니라 집단 무의식에 대한 정보 도 알아낸다. 이 같은 차이가 역사학과 사극에서도 나타난다. 역 사학자가 쓴 대중서는 역사의식을 대상으로 하지만, 사극은 대중 의 역사 감정에 호소한다. 역사 지식을 생산하는 역사학이 과학이 라면, 역사 콘텐츠를 감정적으로 소비하는 사극은 문화다. 과학은 이성적이지만, 문화는 감성적이다.[3]

'포스트 트루스'는 분명 사실은 아니지만 불편한 진실이다. 2016년 미국 대선에서 트럼프 후보에게 투표했던 사람들을 가리 켜 '앵그리 화이트'라고 한다. 그들은 왜 막말과 거짓말을 일삼는 트럼프에게 투표했을까? 여기에는 불편한 진실이 숨어 있다. 인간 은 계몽의 기획이 상정한 것처럼 이성적이지 않은, 불합리하고 부

---

3   역사의식을 다루는 역사학과 역사 감정을 재현하는 역사문화의 차이에 대해서 는 김기봉, 『히스토리아, 쿠오바디스—탈근대, 역사학은 어디로 가는가』, 서해문 집, 2016; 박상욱, 「대중적 역사 현상의 이론적 메커니즘—외른 뤼젠의 역사문화 Geschichtskultur 이론을 중심으로」, 『서양사론』 128, 2016, 9~37쪽.

조리한 존재다. '포스트 트루스'라는 불편한 진실에 담겨 있는 것은 인간의 꿈과 욕망이다. 인간이 그것들의 노예가 되는 이유는 인간의 뇌에 진화의 흔적으로 아직도 파충류 뇌의 속성이 남아 있기 때문이다. 그렇다면 인간에게 꿈과 욕망이 있다는 것이 아주 나쁜 것인가? 꿈과 욕망이 없는 인간은 둘 가운데 하나다. 번뇌에서 해탈한 부처든지, 아니면 '헬조선'에 사는 사람들이다.

유발 하라리는 유약한 유인원에 불과한 인류 종이 만물의 영장으로 등극할 수 있었던 결정적 이유는 실제로 존재하는 현실 세계뿐 아니라 상상의 가상 세계라는 두 세계에 살기 때문이라고 했다. 개체로서 인류는 연약하지만 어떤 동물보다 가장 큰 협력 공동체를 구성한 것이 위대한 문명을 건설할 수 있었던 요인이다. 이기적 개체는 이타적 개체를 이긴다. 하지만 이기적 집단은 이타적 집단을 이길 수 없다. 개체로서 인류는 어떤 동물보다 이기적이지만, 그들이 모여 국가와 민족과 같은 이타적 정치 공동체를 형성하면 그 상상의 공동체를 위해 자기를 희생한다. 이런 기적이 일어나는 이유는, 인간이 신화, 종교, 역사와 같은 허구 서사를 통해 자기 정체성과 존재 의미를 규정하는 '폴리스적 동물'이기 때문이다.

라인하르트 코젤렉은 근대 역사 개념의 특징을 '경험공간 Erfahrungsraum'과 '기대지평Erwartungshorizont'의 두 범주로 구성되는 '지나간 미래Vergangene Zukunft'라고 표현했다.[4] 인간이 과거

---

4   라인하르트 코젤렉, 한철 옮김, 『지나간 미래』, 문학동네, 1998, 349~74쪽.

에 있었던 일들을 역사로 이야기하는 이유는 이루고 싶은 미래의 꿈을 갖고 살기 때문이다. 역사는 한 집단이 보유하는 과거의 경험이면서 공유하는 미래의 꿈을 함축하는 '지나간 미래'에 대한 이야기다.

인간은 현실과 꿈, 현실 세계와 가상 세계의 두 세계에 산다. 역사학이 현실의 역사를 탐구하여 이야기하려는 속성을 띤다면, 사극은 현실의 역사가 되지 못한 과거를 상상으로 실현하는 꿈꾸는 역사다. 이처럼 역사학과 사극의 관계를 '진짜 역사 vs. 가짜 역사'가 아니라, 인간 삶에서 동전의 양면과 같은 현실과 꿈의 상보적 관계로 보는 방식을 제안한다.

3

진화하는
사극 생태계

현실과 꿈의 두 세계를 어떻게 접합하면서 사느냐에 따라 인간은 세 종류의 현실을 산다. 첫번째, 꿈이란 현실의 그림자이기 때문에 실제현실reality만을 진정한 삶의 현장이라고 믿으며 사는 방식이다. 두번째, 꿈이라는 목표를 세우고 현실을 사는 사람은 증강현실augmented reality을 산다. 세번째, 현실에서 벗어나 꿈속의 가상현실virtual reality에서 존재 의미를 느끼며 사는 사람들이 있다.

역사학이 탐구 대상으로 삼는 것은 과거의 실제현실이다. 과거에 살았던 사람들의 꿈의 세계는 역사적 사실로 인정받지 못한다. 일연이 김부식의 『삼국사기』에 대항해서 『삼국유사』를 쓴 이유는 역사로서 기록될 가치가 없다고 배제된 꿈의 세계를 이야기하기 위해서다. 『삼국사기』의 '사'와 『삼국유사』의 '사'는 한자가 다르다. 전자는 '史'지만, 후자는 '事'다. 재미있는 것은 이 두 가지 의미가 서구에서 '역사'라는 말의 어원이라는 점이다. 영어로 'history'는 그리스어로 탐구·조사 보고서를 지칭하는 'historia'에서 유래했다. 이에 반해 독일어로 '역사'를 가리키는 단어인 'Geschichte'는 '일어나다'는 뜻을 가진 동사 'geschehen'에서 파생한 명사로 '사건'을 지칭한다.

우리가 잘 알듯이 『삼국사기』와 『삼국유사』의 중요한 차이는 김부식은 단군신화를 역사가 아니라서 기록하지 않았지만, 일연은 그것이 당시 고려인들에게 의미 있는 중요한 이야기였기 때문에 기록했다는 점이다. 『삼국사기』와 『삼국유사』의 이러한 차이가 우리 시대에 재연된 것이 역사학과 사극의 문법이다. 이들은 서로 다른 방식으로 역사 이야기를 구성한다.

『삼국사기』의 문법을 충실히 따르는 것이 이른바 정통사극이다. 이에 반해 『삼국유사』처럼 현실과 꿈이 결합해 있는 증강현실을 재현하려는 것이 팩션사극이다.[5] 앞서 인간의 존재 방식에 따라 삶의 세계는 실제현실 – 증강현실 – 가상현실로 구분될 수 있다고 했다. 이 구분에 따라 사극도 정통사극 – 팩션사극 – 픽션사극의 세 장르로 분화해나가는 경향성이 생겨났다. 이런 경향성을 역사

5　팩션영화의 역사학적 의미 및 사실과 상상력의 접합의 문법에 대해서는 김기덕, 「영상역사학—역사학의 확장과 책무」, 『역사학보』 200, 2008, 99~130쪽.; 「팩션영화의 유형과 '대중적 몰입'의 문제」, 『역사문화연구』 34, 2009, 455~494쪽.

가들은 사극이 막장에 이르렀다고 비판한다. 하지만 그것을 디지털 시대에 우리 삶의 공간이 가상 세계로 확장되고 존재 방식이 변화하는 것과 부응해서 나타난 현상으로 파악하면, 사극이 그런 식으로 진화해나가고 있다고 볼 수 있다. 이 같은 인식의 전환은 사극을 둘러싼 역사 왜곡 논쟁의 질곡에서 벗어나, 역사 인식 지평을 넓히는 꿈꾸는 역사로까지 확장할 수 있는 가능성을 열어준다.

1) 정통사극

정통사극이란 현실 역사에 입각한 사극이다. 정통사극은 역사라는 원본을 드라마 형식으로 보여주려는 목표를 가진다. 영어로 'historical drama'인 사극은 역사라는 남자가 드라마라는 여인을 만나 생산한 자식으로 비유할 수 있다. 정통사극은 전형적인 가부장적 사극이다. 정통사극은 역사라는 엄한 아버지 말씀에 순종해서 만든 사극이다. 그런데 문제는 아버지인 역사가 아니라 어머니인 드라마의 족보에 올라 있다는 점이다. 역사가들은 사극을 역사의 '사생아'로 취급한다. 사극은 역사학의 관점으로는 불륜이지만, 드라마의 입장에서는 로맨스다.

우리 시대 역사학은 위기지만, 사극은 전성시대를 구가한다. 사생아인 사극이 적자인 역사학보다 더 잘나가는 이유는 무엇일까? '포스트 트루스' 현상으로만 볼 수 없는, 적어도 두 가지 중요한 이유가 있다. 하나는 고전적 견해에서 유래한 것이고, 다른 하나는 우리 시대의 특징과 연관돼 있다.

첫째, 사극은 재미와 유용성이라는 두 마리 토끼를 잡게 해준다. 역사학은 과거 사실을 탐구하는 과학인 데 반해, 사극은 과거 인물의 성격과 행동을 재현하는 인간 드라마다. 대중이 열광하는 것은 역사학을 통해 얻는 과거에 대한 지식보다 인간 드라마다. 좀더 심층적인 물음을 제기하면, 과학으로서 역사와 인간 드라마로서 사극 가운데 무엇이 더 인간 삶의 진실을 이야기하는가이다.

아주 오래전에 이 문제를 제기하고 답을 한 철학자가 아리스토텔레스다. 그는 『시학』에서 시가 역사보다도 더 진실하다는 것을 다음과 같이 논증했다.

> 시인의 임무는 실제로 일어난 일을 이야기하는 데 있는 것이 아니라 일어날 수 있는 일, 즉 개연성 또는 필연성의 법칙에 따라 가능한 일을 이야기하는 데 있다는 사실이다. 역사가와 시인의 차이점은 운문을 쓰느냐 아니면 산문을 쓰느냐에 있는 것이 아니라 (헤로도토스의 작품은 운문으로 고쳐 쓸 수도 있을 것이다. 그러나 운율이 있든 없든 그것은 역시 일종의 역사임에는 변함이 없을 것이다), 한 사람은 실제로 일어난 일을 이야기하고, 다른 사람은 일어날 수 있는 일을 이야기한다는 점에 있다. 따라서 시는 역사보다 더 철학적이고 중요하다. 왜냐하면 시는 보편적인 것을 말하는 경향이 더 강하고, 역사는 개별적인 것을 말하기 때문이다.[6]

6　아리스토텔레스, 천병희 옮김, 『시학』, 문예출판사, 2006, 62~63쪽.

역사학과 사극이 모방하는 대상이 다르다는 점도 둘 가운데 어떤 것이 인간 삶의 진실을 더 잘 이야기할 수 있는 장르인가를 결정하는 중요한 요인이 된다. 역사학은 일어난 사실을 모방하지만, 사극은 과거 인물의 성격과 행동을 재현한다.[7] 똑같은 사건은 또 일어나지 않지만, 인간의 성격과 행동은 동일한 사건을 일으키는 성향을 가진다. 따라서 인간 드라마로서 사극이 역사학보다 더 재미있고 교훈적이라는 논리다.

둘째, 오늘날 사극 전성시대는 구텐베르크 시대에서 디지털 시대로 바뀌는 문명사적 전환과 관련이 있다. 디지털 시대에는 지식보다는 상상력이 더 중요하다. 교육은 기성세대의 지식과 경험을 미래 세대에게 전수하려는 목적을 가진다. 지금의 10대가 기성세대가 되는 2040년에 이르러 현재 지식 가운데 80~90퍼센트가 쓸모없어진다면 무엇을 가르칠 것인가?

하버드 대학 최초의 여성 총장인 드류 파우스트는 취임사에서 새겨들을 만한 발언을 했다. 지금 대학을 졸업하는 이들은 적어도 여섯 번 직업을 바꿀 것이기 때문에 첫번째 직업을 선택하는 데 중점을 둔 현재의 대학 교육은 바뀌어야 한다고 말이다. 평생 직업이 더 이상 존재할 수 없다면, 대학 교육은 여섯 번이나 직업을 바꿀 수 있는 융통성과 창의력을 배양하는 것에 중점을 둬야 한다. 이러한 패러다임의 전환을 위해 가장 중요한 것으로

7　김기봉, 「역사극의 개념과 범주에 대한 신역사주의적 해석—1970~80년대 "한국적" 역사극의 탄생과 연관하여」, 『드라마연구』 34, 2011, 1~20쪽.

인문학을 꼽았다.[8]

디지털 시대에는 다윈이 『종의 기원』에서 썼듯이, "가장 강한 종이 살아남는 것이 아니라 가장 변화를 잘하는 종이 살아남는다." 변화가 미덕이 된 시대에는 모범과 원본이란 걸 따르고 복제해야 하는 게 아니라 부수고 새로운 걸 창조해야 도태당하지 않고 살아남을 수 있다. 이처럼 역사 지식이 아니라 역사적 상상력이 중요해진 시대에 사극이 역사학보다 각광을 받는 것은 당연하다.

2) 팩션사극

실제현실에 가상 이미지가 덧붙여진 증강현실의 사극이 팩션사극이다. 정통사극이 역사 지식 전달이라는 목적을 위해 드라마라는 장르를 수단으로 사용하는 역사 드라마라면, 팩션사극은 드라마라는 장르의 목적을 위해 역사 지식을 수단으로 이용하는 '드라마 역사'다. '드라마 역사'로서 팩션사극은 역사가 아니라 드라마로서의 정체성을 가진다.[9] 팩션사극이 역사적 사실을 무시하고 각색한 허구를 밝혀내는 것은 꼭 필요한 일이지만, 그렇기 때문에 나쁜 사극이라고 비판하는 것은 장르의 착오다. 한때 논란이 된 영화 「덕혜옹주」(허진호 감독, 2016)가 그런 경우다.

---

[8]   파리드 자카리아, 강주헌 옮김, 『하버드 학생들은 더 이상 인문학을 공부하지 않는다』, 사회평론, 2015, 96쪽.

[9]   김기봉, 『역사들이 속삭인다 — 팩션 열풍과 스토리텔링의 역사』, 프로네시스, 2009.

오프닝에 "영화 「덕혜옹주」는 대한제국의 마지막 황녀 덕혜옹주의 삶을 극화한 순수 창작물이며 일부 내용은 사실과 다를 수 있습니다"라는 자막을 넣은 것은 「덕혜옹주」를 팩션사극으로 봐달라는 주문이다. 덕혜옹주가 일본 노역장에서 일하는 조선인들 앞에서 한국말로 연설하고 조선인들을 위한 한글학교를 세웠다는 것은 역사적 사실이 아니다. 또한 영친왕은 상해 임시정부로 망명을 시도하지 않았다.[10] 그런 영화적 허구를 창작한 탓에 「덕혜옹주」는 애국심을 상업적으로 이용한 '국뽕' 영화로 비판을 받았다. 이런 비판은 무엇이 역사적 사실인지를 알고 영화를 보라는 역사교육의 측면에서는 유용하다. 하지만 역사학의 문법으로 드라마의 좋고 나쁨을 판단하는 것은 경계해야 한다. 역사적 사실의 테두리에 갇혀 자기 검열하면서 사극을 만드는 것은 꿈을 현실로 가두는 것이기 때문이다.[11]

역사의 내용을 드라마라는 허구로 그려내는 사극은 태생적으로 왜곡이냐 창작이냐의 이중 잣대로 평가받을 운명이다. 사극이 원죄로부터 구원을 받기 위해서는 역사학과 사극 사이의 황금 분할이 필요하다. 역사학이 과거에 일어났던 '현실의 역사'를 탐

---

10 영화적 각색을 지적하는 비판으로는 황진미, 「'덕혜옹주' 누가 이렇게 황당한 왕실 미화에 공감하는가」 (http://m.media.daum.net/m/entertain/newsview/20160816 132206449).

11 '드라마 역사'의 관점에서 팩션사극의 역사적 상상력을 옹호하는 글로는 전찬일, 「'덕혜옹주'와 역사」 (http://news.chosun.com/site/data/html_dir/2016/09/03/ 2016090300402.html).

구하는 과학이라면, 사극은 '지나간 미래'에 대한 욕망으로 '꿈꾸는 역사'다. 이렇게 각각의 고유 영역을 분담하는 것을 전제로 소통한다면 생산적인 대화가 열릴 수 있다. '지나간 미래'란 현재가 되지 못한 과거의 가능성에 대한 기억을 미래로 추구하는 것을 뜻한다. 예컨대 「덕혜옹주」는 대한제국의 '지나간 미래'에 대한 기억을 만들어낼 목적으로 덕혜옹주와 영친왕에 대한 역사적 사실을 왜곡했다. 왜곡으로 만들어진 역사의 거울은 '현실 역사'의 관점에서는 위험천만하지만, '꿈꾸는 역사'의 관점으로 보면 의미가 있다.

사극은 '현실 역사'의 사막에서 '지나간 미래'라는 오아시스를 찾기 위해 "현재와 과거의 꿈의 대화"를 시도한다. 유발 하라리는 호모 사피엔스가 만물의 영장이 된 결정적 요인이 현실 너머의 가상 세계를 구현하는 허구 서사를 만드는 능력 덕분이라 했다. 현실 없는 꿈은 공허하지만, 꿈 없는 현실은 무의미하다. 사극의 역사 왜곡 논쟁을 '현실 역사'와 '꿈꾸는 역사'의 대화로 푼다면 양쪽 모두에게 시너지 효과가 될 수 있다. 실제로 사극이 역사학으로부터 소재를 제공받는 것 이상으로 역사학은 사극의 인기 덕을 많이 본다. 학생은 물론 대중은 역사학자의 책과 논문보다는 사극을 통해 더 많은 역사 정보를 얻을뿐더러 재미도 얻는다. 영화 「암살」(최동훈 감독, 2015)에서 역사교과서에는 나오지 않는 '김원봉'이라는 잊힌 인물이 나오고, 여성 독립투사를 주인공으로 등장시킨 것은 공식적 역사교육이 빠뜨린 항일독립 운동사를 보

완하는 효과를 낳았다.[12]

3) 픽션 · 퓨전사극

실제 현실을 벗어난 가상현실의 역사가 픽션사극이다. 가장 유명한 픽션사극은 MBC 드라마 「해를 품은 달」이 아닐까 한다. 이 드라마에 등장하는 '이훤'(김수현 분) 같은 왕은 실제 역사에는 없는 가상의 인물이다. 그는 세종, 중종, 숙종의 퓨전으로, 우리 시대 대중이 꿈꾸는 지도자이면서 애인의 이상형이다. 사극 제작을 위해 역사는 과거 사실들을 골동품처럼 모아놓은 창고가 아니라 인물들의 도서관으로 이용된다. 역사라는 인물 도서관에 가서 여러 유형의 인물을 찾아내고 조합하여 우리 시대에 필요한 이훤과 같은 새로운 캐릭터를 만들어내는 것이 픽션사극이다.

픽션사극과 유사하면서 다른 변형이 퓨전사극이다. 퓨전사극은 드라마가 역사를 무시하는 시대착오 사극이라는 특징을 가진다. 신윤복을 남장 여자로 설정하고 김홍도를 스승으로 만나게 하여 그와 사랑을 나눈 것으로 이야기를 창작한 SBS 드라마 「바람의 화원」이 바로 그런 퓨전사극에 해당한다. 이와 비슷한 것이 인기리에 방영된 KBS 드라마 「구르미 그린 달빛」이다. 「구르미 그린 달빛」은 효명세자라는 역사적 인물을 재현한 것이 아니라 그 인물을 각색해서 우리 시대 아이돌 스타와 같은 이미지를 만들어

---

12   정덕현, 「어쩌다 역사를 「무한도전」과 「암살」로」(http://magazine2.movie.daum. net/movie/25116).

냈다. 이렇듯 퓨전사극은 우리 시대 대중의 욕망과 바람을 충족하는 아바타를 만들어낼 목적으로 역사를 인물의 도서관으로 이용한다.

정통사극 – 팩션사극 – 픽션·퓨전사극에 이르는 사극의 계보는 다음과 같이 정리될 수 있다. 첫번째, 정통사극은 드라마가 역사에 복무하는 사극이다. 두번째, 팩션사극은 드라마가 역사를 이용하는 사극이다. 세번째, 픽션·퓨전사극은 드라마가 역사를 갖고 노는 사극이다. 역사학의 관점으로 보면 정통사극 – 팩션사극 – 픽션·퓨전사극으로의 변화는 사극이 막장으로 치닫는 '사극의 종말'이다. 하지만 드라마의 시각으로 보면 이는 '사극 생태계의 진화'다.

4

'꿈꾸는 역사'로서
사극

종래의 사극 논쟁은 역사학이 주도권을 갖고 역사학을 위한 사극의 이로움과 해로움에 초점을 맞춰서 이뤄졌다. 역사적 사실 그대로를 영상으로 잘 구현하면 좋은 사극이고, 각색하면 나쁜 사극인가? 대중은 이런 평가 기준으로 사극을 보는 게 아니라 인간 드라마로서 사극에 재미와 흥미를 느낀다. 대다수 역사가들은 사극을 역사의 사생아로 취급한다. 하지만 엄연히 드라마의 족보에 올라 있는 사극을 유사類似 역사가 아니라 '드라마 역사'로 볼 때 둘 사이의 평행선이 만날 수 있는 지점이 생겨난다.

역사학은 위기지만 사극은 계속해서 전성시대를 맞이하는 상황은 무엇보다 사극을 역사학이 아니라 드라마로 보는 관점의 전환을 요청한다. 역사학은 과학의 한 분야로 정립되면서 스토리텔링을 점점 더 많이 상실해나갔다. 이에 반해 사극은 인간 드라마를 연출할 목적으로 재미있고 유익한 이야기를 계속해서 많이 생산하는 방향으로 진화해나갔다. 이것이 오늘날 역사학과 사극의 입지를 갈라놓았다.

21세기 디지털 기술문명은 '포스트휴먼' 시대라는, 인류 역사상 유례없는 새로운 시대의 개막을 예고한다. 알파고와 이세돌 9단의 바둑 대결을 통해 실감했듯이, 앞으로 인류는 인공지능과 경쟁하면서 공존을 모색하는 시대를 살아야 한다. 이세돌 9단의 기억과 판단력은, 기보를 통해 거의 모든 바둑의 역사를 학습한 알파고의 지능을 따라갈 수 없다. 이세돌 한 사람과 수많은 컴퓨터와 연결된 알파고가 바둑 대결을 벌인 것처럼 인공지능도 네트워크 연결을 통한 집단학습과 집단지성이 가능하다. 지능의 영역에서는 이미 인간의 연산력을 능가했지만, 아직 공감 능력은 갖추지 못했다. 컴퓨터는 지능적 연결은 가능하지만, 정서적 공감은 불가능하다.

인간을 비롯한 몇몇 동물은 상대방의 생각이나 행동을 마치 자신의 것인 양 이해하는 불가사의한 능력이 있다. 인간이 위대한 것은 남의 고통을 보면 같이 아파하고 도와주고자 하는 자비심과 역지사지易地思之할 수 있는 이해력이 있다는 것이다. 이것이 어떻게 가능한지에 대한 해명이 1996년 이탈리아의 자코모 리촐라티 팀이 '거울신경세포mirror neurons'라는 새로운 뉴런의 발견을 통해 이뤄졌다. 과학 전문기자들은 이를 '공감 뉴런empathy neurons'

이라 명명했다. "가장 놀라운 사실은 '거울신경세포로 우리는 다른 사람의 마음을 이해하지만, 이는 개념적 추리를 통해서가 아니라 직접적인 시뮬레이션을 통해서이다. 생각이 아니라 느낌으로 이해하는 것이다'라고 리촐라티는 말했다."[13] 거울신경세포는 상호 연결을 통해 공진회로를 형성해 정서적 공명을 일으키고, 그럼으로써 인간은 타인과 정서적 공동체를 이루며 사는 존재가 되었다는 것이다.

역사학이 역사의식을 각성시키고 역사이성을 계발하는 기능을 한다면, 사극은 집단 무의식을 드러내고 역사 감정을 표현한다. 모든 역사 공동체에게는 일상적으로 잠재돼 있는 역사 감정과 집단 무의식이 있다. 반일 감정과 민족 감정, 그리고 2002년 한일 월드컵 때 발현된 '붉은악마Red Devils'가 그런 것이다. 그것들은 역사학으로 설명하기 어려운 원초적 역사 에너지라고 말할 수 있다. 이런 역사 에너지의 발현과 소통하면서 교감을 하는 채널이 사극이다.

인간에게 이성보다는 감정, 지식보다는 상상력이 중요한 인공지능 시대를 맞이하여 역사학과 사극의 새로운 관계 설정에 대해 생각해볼 필요가 있다. 역사학이 지식에서 상상력으로 중심 이동을 시도할 때 많은 시사점을 얻을 수 있는 것이 사극이다. 역사학이 현실의 역사를 탐구하는 과학이라면, 사극은 '꿈꾸는 역사'

13　제러미 리프킨, 이경남 옮김, 『공감의 시대』, 민음사, 2010, 102쪽.

를 재현하는 드라마다. 이 두 장르의 분화는 기본적으로 인간이 현실과 꿈의 두 세계를 살기 때문에 생겨났다.

꿈은 어디까지나 현실의 그림자로 생겨난다. 하지만 꿈은 현실을 넘어서 새로운 현실을 창조하는 혼돈의 시공간이다. 현실과 꿈 사이에서 갈등하면서 번뇌하는 인간은 둘 가운데 무엇에 중점을 두고 사느냐에 따라 두 종류의 삶을 산다. 현실의 불만족과 불충분함을 꿈으로 보상하는 것은 증강현실의 삶을 사는 것이고, 현실의 한계에서 벗어나 꿈을 좇는 삶을 살면 가상현실의 세계에 사는 셈이다. 역사학은 과거 현실에 미래 기획을 덧붙인 증강현실을 '지나간 미래'로 발굴하는 학문이다. 이에 비해 현실의 역사를 소재로 하여 상상의 역사를 이야기하는 사극은 역사의 가상현실을 시뮬레이션 하는 드라마다.

인간이 사는 것은 과거가 아닌 미래다. 물론 과거 없는 미래는 없지만, 과거처럼 미래를 살 수 없다는 것이 현재 인류가 직면한 최대 문제다. 과거는 신도 바꿀 수 없는 결정된 것이지만, 아직 오지 않은 미래는 생각이고 상상이다. 역사적 사실이란 현재를 살면서 미래를 전망하는 사람들에게 답이 아니라 인식의 지평을 넓혀주는 참고 자료일 뿐이다. 가능성으로서 미래를 전망할 수 있는 참고 자료로 유용한 것이, '지나간 미래'를 '꿈꾸는 역사'로 재현하는 사극이다.

인공지능 시대에 증강현실과 가상현실 두 가지가 모두 화두가 되고 있다. 이 둘은 화이부동和而不同의 관계로 모두 인간 삶의 장소다. 역사학자들은 사극의 '꿈꾸는 역사'를 역사로 인정하지 않는 경향이 있다. 하지만 지식보다도 상상력이 더 중요한 시대에 둘 사이의 불화는 해소되어야 한다. 둘은 어느 하나가 다른 하나를 배척하거나 지양하는 모순 관계가 아니라 각각 증강현실과 가상현실을 구현하는 역사 이야기로 그 역할을 분담하면서 상보적 관계로 진화해나간다면 시너지 효과를 얻을 수 있다. 요컨대 인공지능 시대에 역사학은 과거의 패턴에 의해 부과되는 운명에서 벗어날 수 있는 '마이너리티 리포트'를 작성하는 역할을 할 때, "시간 속의 인간에 관한 학문"[14]으로 계속 존재할 만한 가치와 의미를 가질 수 있다.

---

14 마르크 블로크, 정남기 옮김, 『역사를 위한 변명—역사가의 사명』, 한길사, 1979, 59~60쪽.

내일을 위한 역사학 강의

8강

인공지능 시대,
역사(학)의 미래를
묻다

1

빅데이터와 인공지능의
문명사적 도전

과거 인류의 삶을 기록한 역사는 인간만이 갖고 있다. 인간은 지나온 과거는 알 수 있지만, 다가오는 미래는 모르기 때문에 역사라는 서사를 발명했다. 미래에 대한 무지에서 비롯된 불안감과 기대가 인간을 고인故人들의 발자국을 보존하고 이어가면서 미래를 향해 나가는 삶을 사는 '역사적 존재'로 만들었다.

인간을 위해 역사는 기록을 통한 기억 만들기와 사례로부터 배우는 교훈이라는 두 가지 기능을 한다. 기억하기 위해 과거를 탐구하여 역사를 쓴 서양 최초의 역사가로 불리는 사람이 헤로도토스다. 그는 『역사Historiai』의 첫 문장에서 서술의 목적을 명확히 밝혔다. "할리카르네소스의 헤로도토스는 그의 탐구 결과를 다음과 같이 밝힌다. 이는 인간들이 이룬 일들이 시간이 흐르면서 잊히지 않도록 하고, 또 헬라스인들과 이방인異邦人들이 보여준 위대하고 놀라운 행적들과 특히 그들이 서로 전쟁을 벌인 원인이 세상에 널리 알려지도록 하려는 것이다(Herodotos, I, 1)."[1]

다음으로 교훈을 얻을 목적으로 또 다른 『역사Historiai』를 쓴 그리스의 역사가는 투키디데스다. 그는 자신의 역사 서술 동기를 다음과 같이 밝혔다. "인간성으로 말미암아kata to anthropinon 반복되거나 유사할 것이 틀림없는 미래에 대한 해석을 위하여 과거에 대한 정확한 지식을 얻고자 하는 연구자들에게 본인의 『역사』가 유용한 것으로 판단된다면 그것으로 만족할 것이다. 『역사』는 한순간의 박수갈채를 얻기 위해 써진 글이 아니라 영원한 유산으로 쓰였다(Thucydides, I, 22, 4)."[2]

똑같은 사건이 일어나지는 않지만, 인간성은 같다는 것이 역사의 반복을 낳는 구조이기 때문에 인간은 과거 사례로부터 교훈을 얻을 수 있다는 것이다. 전통 시대 중국인들은 "일은 같지 않지만 이치는 동일하다事不同而理同"는 논리로 역사의 유용함을 설명했다. 그들은 역사의 동인이 되는 동일한 이치를 천도天道라고 지칭했다. 역사 그 자체가 정의롭지 못한데도 천도가 과연 있다고 말할 수 있는가라는 문제의식으로 『사기』를 쓴 동아시아 역사의 아버지가 사마천이다. 그는 『사기』의 집필 목적을 "하늘과 인간의

---

[1] 헤로도토스, 김봉철 옮김, 『역사』, 도서출판 길, 2016, 59쪽.

[2] 오홍식, 「그리스인의 역사 서술」, 김진경 외, 『서양고대사강의』, 한울, 1996, 198쪽 재인용.

관계를 연구해서, 고금의 변화를 통달해, 일가─家를 이루기 위함"
이라고 밝혔다.[3] 전통 시대 동아시아인들은 역사를 정치의 거울
〔鑑〕로 여겼고, 전근대 서구인들은 "역사는 생의 스승이다historia
magistra vitae"라고 믿었다.

역사란 기록하는 것을 넘어서 만드는 것이라는 믿음과 함
께 밝아온 시대가 근대다. 근대에 "역사는 생의 스승이다"는 담론
은 권위를 상실한다. 근대 이전에 역사라는 단어는 단수로는 그
자체의 의미를 가질 수 없었기에, 주로 과거에 대한 이야기들을
지칭하는 복수로 사용됐다. 헤로도토스와 투키디데스가 썼던 책
제목도 복수인 'Historiai'다. 독일의 역사가 라인하르트 코젤렉
은 개념사 연구를 통해 대략 프랑스혁명을 기점으로 집합단수명
사Kollektivsingular로서 근대 거대 담론 역사 개념이 탄생했다는 것
을 밝혀냈다.[4] 공간적으로 전 세계 인류의 삶과 시간적으로 과거,
현재, 미래를 포괄하는 '대문자 역사the History' 개념은, 역사가 과
거의 사건이거나 그에 대한 기록을 넘어 계획하여 만드는 미래라
는 생각을 갖게 하여 생의 스승이었던 역사의 지위를 박탈했다.
이로써 인간이 역사를 탐구하는 가장 중요한 목적이 역사(역사 서
술)로써 역사(과거)를 극복하여 새 역사(미래)를 창조하는 것이
되었다.

근대에 거대 담론 역사가 탄생한 이후에도 기억을 위한 기록

---

3   『漢書』卷62,「司馬遷傳」, "凡百三十編 亦欲以究天人之際, 通古今之變, 成一家之言."
4   라인하르트 코젤렉, 한철 옮김, 『지나간 미래』, 문학동네, 1998.

과 과거 사례로부터 배우는 지혜라는 역사의 두 가지 기능은 여전히 유효했다. 이때 역사는 단순히 어떻게 행동할 것인가의 지침을 주는 생의 스승이라기보다는 과오를 범하지 않게 하는 반면교사反面教師의 의미가 더 강조됐다. 반면교사라는 말을 처음 한 사람은 마오쩌둥이다. 그는 문화혁명 당시 "잘못하고 있는 사람도 잘하기 위해서는 필요한 교사"라는 뜻으로 이 말을 했다. 문화혁명과 마오쩌둥의 과오 자체가 오늘날 중국의 반면교사라는 게 역사의 아이러니다. 톨스토이가 『안나 카레니나』에 썼듯이 "행복한 가정은 모두 엇비슷하고, 불행한 가정은 불행한 이유가 제각기 다르다"는 것이 행복한 이야기보다는 불행한 이야기를 통해 더 많은 교훈을 얻을 수 있는 이유다. 하지만 근대에서 역사는 문학이나 도덕이 아니라 과학의 정체성을 추구했다. 거대 담론 역사가 시효 만료된 탈근대에서 역사는 다시 과학에서 서사로 회귀하는 경향성을 보였다.

여기서 다루려는 문제는 빅데이터와 인공지능 시대 역사의 정체성과 기능이다. 사료라는 데이터가 없다면, 역사 연구는 불가능하기 때문에 역사학은 기본적으로 데이터 과학이다. 역사학의 데이터는 주로 문자 텍스트다. 따라서 구텐베르크 시대에서 디지털 시대로의 전환은 역사학의 위기를 초래했다. 디지털 정보량이 아날로그 정보량을 초월한 2002년은 디지털 시대 원년이라고 말할 수 있다. 디지털 데이터의 양은 2년마다 약 두 배씩 기하급수적으로 증가한다. 그 결과로 양의 증가가 질적 전환을 가져오는 빅데이터가 탄생했다.

빅데이터의 출현은 인간의 생각, 삶 그리고 일의 측면에서 혁명적 변화를 일으켰다.[5] 빅데이터 시대의 특이성은 인류 역사상 초유로 사람들이 기억을 위해 기록하는 것이 아니라 기록된 것을 지울 수 있는 방도를 찾는다는 사실이다.[6] 그렇다면 기억에서 망각으로 관심의 초점이 바뀌는 시대에 역사학이 존재해야만 하는 이유는 무엇인가? 역사시대와 선사시대를 나누는 기준은 문자 기록이었다. 하지만 문자가 아닌 데이터가 문명의 총아가 된 시대에 역사학은 과거의 학문으로 전락한다. 구텐베르크 은하계의 종말과 함께 역사학은 빅데이터 출현 이전 시대라는 의미에서 '선사先史시대'에 대한 학문, 곧 기껏해야 현재의 고고학의 위치로 밀려날 처지에 직면해 있다. 따라서 오늘의 역사학이 도태당하지 않고 존속하기 위해서는 문자 기록에만 빠져 있지 말고 빅데이터를 활용하는 방안을 모색해야 한다. 하지만 딜레마는 문자 기록을 통한 기억이라는 역사의 근본을 포기한 이후에도 하나의 데이터 과학으로서 역사학의 정체성이 보전될 수 있느냐다.

사례로부터 배우는 교훈이라는 역사의 두번째 기능은 인공지능 시대에 더 심각하게 훼손된다. 미래학자 레이 커즈와일

---

5 빅토르 마이어 쇤버거·케네스 쿠키어, 이지연 옮김, 『빅데이터가 만드는 세상—데이터는 알고 있다』, 21세기북스, 2013.

6 Viktor Mayer-Schönberger, *Delete: The Virtue of Forgetting in the Digital Age*, Princeton, NJ: Princeton University Press, 2009.

은 2045년에는 보통 컴퓨터 한 대가 인류 전체의 뇌를 합한 것보다 더 뛰어난 연산력을 갖는다고 전망했다.[7] 이렇게 인공지능이 모든 인류의 한계를 초월하는 시점을 '기술적 특이점technological singularity'이라 부른다. 이처럼 '특이점'이 도래할 때 어떤 일이 벌어질지를 미리 보여준 영화가 「그녀」(스파이크 존스 감독, 2013)다. 영화에서 '사만다'라고 불리는 인공지능 운영체제OS는 남의 편지를 대신 써주는 대필 작가 '테오도르'와의 교감을 통해 날마다 진화한다. 사만다는 그와의 소통뿐 아니라 데이터 마이닝을 통해 인류가 1만 년에 걸쳐 축적한 모든 기록과 지식을 습득한다. 사만다의 학습 능력은 마침내 인간의 한계를 넘어섬으로써 공간과 시간을 초월하는 다른 차원으로 떠나는 것으로 영화는 끝이난다.

'기술적 특이점'의 도래가 점점 현실로 다가오는 문명사적 전환기에 오늘의 역사학은 "존재하느냐, 존재하지 않느냐to be, or not to be"의 위기에 직면해 있다. 이 시점에서 우리는 묻지 않을 수 없다. "히스토리아, 쿠오바디스Historia, Quo Vadis?" 여기서 '히스토리아'는 '역사'와 '역사학'의 이중 의미를 가진다. 먼저 "역사, 어디로 가는가?"를 다룬 후 "역사학, 어디로 가야 하는가?"에 대해 생각해본다.

---

7   레이 커즈와일, 김명남·장시형 옮김, 『특이점이 온다―기술이 인간을 초월하는 순간』, 김영사, 2007.

2

역사,
어디로 가는가?

인문학人文學, humanities이란 무엇인가? 인문학은 인간과 인간의 근원 문제, 인간의 사상과 문화에 관해 탐구하는 학문이다. 인문학의 본질을 꿰뚫는 질문이 "우리는 어디서 왔고, 무엇이며, 어디로 가는가?"라는 인문학 3문問이다. 인류의 과거, 현재, 미래에 관해 물음을 던지는 인문학 3문을 가장 직접적으로 다루는 분야가 역사다.

역사가 3문에 답하는 고유한 방식은 인간·시간·공간이라는 3간間을 매개변수로 해서 구성하는 이야기 방정식이다. 역사 3간의 조합을 가장 포괄적으로 해서 인문학 3문에 대한 가장 큰 답을 추구하는 역사 서술이 문명사다. 프랑수아 기조는 "문명의 역사는 모든 역사 가운데 실로 그 모든 것을 포함하는 가장 거대한 역사"

라고 말했다.[8] 중세를 암흑시대가 아니라 하나의 문명으로 파악하고자 했던 자크 르 고프는 문명을 역사 3간을 조합해서 "인간이 시간과 공간을 지배하는 방식"이라 정의했다.[9]

근대 역사학은 문명사를 역사학 밖으로 추방했다. 오스발트 슈펭글러나 아널드 토인비는 역사학자로 인정받지 못했다. 문명사를 배제한 역사학은 인문학 3문에 대한 탐구를 망각했다. 하지만 최근 인류 문명의 지속 가능성과 인류의 생존 문제에 대해 성찰하지 않을 수 없는 상황이 발생하면서 문명사가 귀환했다. 우리 시대 "역사, 어디로 가는가?"에 대해 탐구할 목적으로 새롭게 등장한 문명사의 유형이 '빅히스토리big history'다.

빅히스토리는 역사 3간을 가장 크고 멀리 확장해서 재구성한다. 먼저 인간을 인류 종 전체로 보고, 시간을 빅뱅 이후부터 '인류세anthropocene'[10]로 불리는 현재까지, 그리고 공간을 우주와 전 지구는 물론 가상현실까지 확장해서 인문학 3문에 답한다. 이 같은 문명사적 빅히스토리로 세계적 베스트셀러가 된 책이 유발 하라리의 『사피엔스』다. 책 제목이 시사하듯이 하라리는 사피엔스라는 인류 종을 '우리'로 설정하고 인문학 3문에 답했다. 본래 중세

---

8 프랑수아 기조, 임승휘 옮김, 『유럽 문명의 역사—로마 제국의 몰락부터 프랑스혁명까지』, 아카넷, 2014, 33쪽.

9 자크 르 고프·장-모리스 드 몽트르미, 최애리 옮김, 『중세를 찾아서』, 해나무, 2005, 183쪽.

10 Paul J. Crutzen, "The Geology of Mankind," *Nature*, Vol. 415, 3 January 2002, p. 23.

전쟁사를 전공한 역사학자인 하라리는 이 책에서 근대 역사학 패러다임을 해체하는 '생물학적 전환'과 '허구적 전환'을 동시에 시도한다.

먼저 인류를 하나의 생물학적 종으로 접근하는 '생물학적 전환'은 역사와 과학의 경계를 허물고 하나의 분과 학문으로서 역사학을 해체했다. 근대 역사학 패러다임이 역사 3간을 구성하는 모델은 '국사the National History'였다. '국사'란 현재의 국가와 민족이란 주인공이 성립하기까지의 과정을 시간과 공간을 씨줄과 날줄로 엮어 짜서 만든 이야기다. 이에 비해 하라리는 보잘것없는 유인원으로 탄생한 사피엔스라는 현생 인류가 지구 전체를 점령하는 정복자가 될 수 있었던 요인을 지구 생태계의 차원에서 탐구하는 빅히스토리를 썼다. 오늘날 지구에는 70억 명이 넘는 사피엔스가 살고 있다. 사피엔스 이외의 네안데르탈인과 같은 다른 인류 종들은 멸종했고, 가장 유사한 종인 침팬지는 25만 마리가 남아 있다. 늑대는 20만 마리가 있는 반면, 인간이 길들인 개는 4억 마리나 있다. 맹수는 사라지는 데 비해, 가축은 날로 번성해서 닭과 소는 각기 250억 마리와 10억 마리가 있다. 이 같은 불균형을 초래한 원인은 인간의 욕망과 탐욕이다. 지구상에서 가장 번성하는 생명체가 됐다는 것은 그 종들에게 행복이 아니라 엄청난 불행이 되었다.

인간의 끝없는 욕망과 야망이 어디까지 갈 것인가? 지구 생태계의 파괴는 물론 인공지능이라는 '판도라 상자'를 열고 있다.

과학기술이 창조한 '포스트휴먼'이 사피엔스라는 인류 종을 진화시킬 것인가, 아니면 열등한 인류 종으로 전락해서 과거의 다른 인류 종들처럼 멸종당할 것인가? 이런 문제의식과 함께 문명사의 플롯을 진보에서 진화로 바꾸는 역사의 '생물학적 전환'이 일어났다. 리처드 도킨스는 인류가 "우리는 어디서 왔는가?"를 해명하는 열쇠로 진화를 알아냈다는 것이 인류 문명사의 이전과 이후로 나누는 시대 구분의 기점과 같은 것이라 했다.[11] 진화의 관점으로 볼 때, 우리 삶의 진짜 주인공은 인류가 아니라 유전자다. 도킨스는 인간의 실체란 유전자로 알려진 이기적 분자들을 보존하기 위해 맹목적인 프로그램으로 짜진 로봇 기계라고 주장했다.[12]

인류를 신의 형상을 모방한 특별한 창조물이 아니라 다른 생명체와의 연속선상에서 발생한 진화의 산물로 보는 '생물학적 전환'은, 기본적으로 인간중심주의에 입각했던 기존의 역사학을 넘어서는 인문학 3문에 대한 완전히 다른 차원의 답을 제시한다. 인간은 이기적 유전자의 노예지만, 자신이 그렇다는 것을 아는 유일한 생명체다. 도킨스는 이런 인류 종의 특이성을 생물학적 유전자 이외에 문화적 유전자를 갖고 있기 때문이라고 설명했다. 예컨대

11 도킨스는 "어떤 행성에서 지적 생물이 성숙했다고 말할 수 있는 것은 그 생물이 자기의 존재 이유를 처음으로 알아냈을 때"이며, "만약 우주의 다른 곳에서 지적으로 뛰어난 생물이 지구를 방문했을 때, 그들이 우리의 문명 수준을 파악하기 위해 맨 처음 던지는 질문은 '당신들은 진화를 발견했는가?'라는 물음일 것이다"라고 했다(리처드 도킨스, 홍영남 옮김, 『이기적 유전자』, 을유문화사, 2006, 40쪽).
12 같은 책, 30쪽.

인간은 자기 개체를 늘리는 것을 지상 과제로 삼는 이기적 유전자를 거역하고 피임 방법과 도구를 개발한 유일한 생명체다. 인간의 뇌가 유전자의 독재에 반항하는 능력을 갖는 시점이 의식의 생성이다. 도킨스는 "의식이란 실행의 결정권을 갖는 생존 기계가 궁극적 주인인 유전자로부터 해방되는 진화 경향의 극치"라고 했다.[13]

도킨스의 『이기적 유전자』는 인문학 3문의 첫번째 물음 "우리는 어디서 왔는가?"에 대한 답을 '생물학적 전환'을 통해 제시한 문제작이다. 하라리의 『사피엔스』는 도킨스의 테제를 기반으로 두번째 물음 "우리는 무엇인가?"에 대한 탐구 방식의 '허구적 전환'을 시도한다. 하라리는 다윈이 발견한 '생명의 나무the Tree of Life'의 한 곁가지에 불과했던 사피엔스가 만물의 영장으로 등극한 결정적 계기를 7만 년 전의 인지혁명으로 보았다. 그가 말하는 인지혁명이란 인류가 허구 서사를 매개로 익명의 수많은 개체들이 모여 거대한 협력 공동체를 구성하는 삶의 방식으로 전환한 것을 지칭한다. 인지혁명 이전까지 인간 행위는 생물학적 영역을 벗어나지 못했다. 하지만 "인지혁명 이후에는 생물학 이론이 아니라 역사적 서사가 호모 사피엔스의 발달을 설명하는 일차적 수단이 되었다."[14]

인지혁명과 함께 전설, 신화, 신, 종교가 처음 등장했다. 이 혁

---

13 리처드 도킨스, 『이기적 유전자』, 130쪽.

14 유발 하라리, 조현욱 옮김, 『사피엔스—유인원에서 사이보그까지, 인간 역사의 대담하고 위대한 질문』, 김영사, 2015, 66쪽.

명을 통해 한국인의 탄생을 이야기하는 것이 단군신화다. 한국인이 아닌 다른 사람들에게 곰은 그냥 곰일 뿐이다. 하지만 한국인들은 곰을 보면서 우리 민족의 시조인 단군을 낳은 웅녀를 연상한다. 아주 먼 옛날에 "곰은 우리 종족의 수호신이다"는 곰 토템에 입각해서 공동체를 형성한 부족이 있었기에 한국 민족이 탄생할 수 있었다. 단군신화는 분명 허구다. 하지만 그 허구 덕분에 사피엔스는 이기적 유전자의 명령에 따르지 않고 자기 자신이 짠 의미의 거미줄인 문화에 매달린 존재가 되었다.[15] "신화와 허구는 사람들을 거의 출생 직후부터 길들여 특정한 방식으로 생각하고, 특정한 기준에 맞게 처신하며, 특정한 것을 원하고, 특정한 규칙을 준수하도록 만들었다. 그럼으로써 수백만 명이 효과적으로 협력할 수 있게 해주는 인공적 본능을 창조했다. 이런 인공적 본능의 네트워크가 바로 '문화'다."[16]

인지혁명 이후 사피엔스는 문화라는 가상실재의 네트워크 확장을 통해 문명을 건설했다. 이런 문명사의 대표 업적으로 하라리는 종교, 제국, 화폐를 거론한다. 인간의 뇌가 자의식을 갖는 단계로 진화했을 때, 개체의 죽음을 깨달은 인간은 영원불멸 존재에 대한 상상력으로 종교를 만들어냈다. 『사피엔스』의 테제를 한마디로 요약한 문장이 "인간이 신을 발명했을 때 역사는 시작됐고,

---

15   C. Geertz, *Dichte Beschreibung. Beiträge zum Verstehen kultureller Systeme*, Frankfurt/M., 1987, p. 7.

16   유발 하라리, 『사피엔스』, 234쪽.

인간이 신이 될 때 역사는 끝난다"이다. 여기서 신이란 허구 중의 허구다. 인간은 곰을 하나의 힘센 동물로만 보는 것이 아니라, 종족의 토템으로 숭배하는 신화를 토대로 정치 공동체를 형성한다. 개미, 벌, 침팬지도 위계질서를 가진 집단생활을 영위한다. 하지만 왕을 처형하고 공화국을 세우는 혁명을 일으키지는 못한다. 결국 인류만이 아리스토텔레스가 말한 '폴리스적 동물'이 될 수 있었던 이유는 신화, 역사, 사상과 같은 허구 서사를 매개로 이기적 개인이 이타적 공동체를 형성하는 방향으로 문화적 유전자를 진화시켰기 때문이다.

가장 큰 정치 공동체인 제국은 고유한 정치질서의 기본 구조를 훼손하지 않는 범위 내에서 문화의 다양성을 포용하여 많은 국가와 영토를 포섭할 수 있을 때 성립한다. 이 같은 테제는 G2 시대에서 미국과 중국 가운데 과연 누가 세계를 지배하는 제국이 될 것인가의 문제를 성찰하는 데도 유효하다. 니얼 퍼거슨은 이 물음을 문명의 문제로 접근했고,[17] 조지프 나이는 하드파워와 소프트파워를 결합한 스마트파워를 둘 중 어느 나라가 갖고 있느냐로 대답했다.[18] 여기서 문명과 스마트파워는 최근 용어로 표현하면, 현실과 허구가 혼합된 '증강현실'이다.

인간이 실재 세계가 아니라 '증강현실'에 산다는 것을 가장

---

17 니얼 퍼거슨, 김정희·구세희 옮김, 『시빌라이제이션—서양과 나머지 세계』, 21세기북스, 2011.

18 조지프 나이, 이기동 옮김, 『미국의 세기는 끝났는가』, 프리뷰, 2015.

잘 보여주는 것이 화폐다. 화폐 자체는 종이일 뿐이다. 그것에 가치를 부여하는 것은 보이지 않는 신뢰 시스템이다. 그런 시스템이 '보이지 않는 손'처럼 작동할 수 있는 근거는 계약, 국가, 법 등과 같은 가상현실에 대한 믿음이다. 하라리는 오늘날 가장 많은 사람들이 믿는 유일한 이야기는 달러dollar라고 했다. IS나 북한 정권도 미국은 증오하지만, 달러는 좋아한다. 서양이 근대 이후 세계를 지배한 이유는 신용카드, 부채, 증권과 같은 허구를 발명하여 미래의 돈을 미리 갖다 쓰고 전 지구를 하나의 경제체제로 통합하는 자본주의를 먼저 발명했기 때문이다.

오늘날 디지털 문명을 연 것은 17세기 과학혁명이다. 과학혁명을 가능하게 만든 것은 '세계의 수량화'다. 자연은 수학으로 쓰인 책이라는 생각이 과학혁명의 시작이고, 세계의 패권이 유럽으로 넘어가는 전환점이 되었다.[19] 수학의 기호인 숫자는 허구다. 0과 무한대, 원과 삼각형 그리고 미분과 적분은 현실이 아닌 관념의 영역이다. 디지털 시대는 세상의 모든 것을 0과 1의 코드로 환원하여 기호화하는 '제2 수량화 혁명'으로 열린 시대다.

오늘날 과학혁명의 성과는 진화의 패러다임을 바꾸는 단계에까지 이르렀다. 지난 40억 년 동안 지구상의 모든 생명체는 자연선택에 따라 진화했다. 지적인 창조자가 설계해서 만든 생명체는 없었다. 하지만 이제는 지적인 설계가 가능한 우주의 새 시대

---

19 앨프리드 W. 크로스비, 김병화 옮김, 『수량화 혁명―유럽의 패권을 가져온 세계관의 탄생』, 심산, 2005.

가 열리고 있다.

생명공학, 사이보그 공학, 비유기물공학은 '포스트휴먼'이란 새로운 생명체의 탄생을 예고한다. '특이점'에 도달하면 인류는 생물학적 한계를 초월할 수 있다. 모든 인간을 평등하게 만든 마지막 보루는 죽음이었다. 죽음이라는 한계 지점에서 인류는 죽음을 수용할 수밖에 없기 때문에 의미 부여를 하는 것으로 만족했다. 종래 이 같은 인간 실존의 의미 부여를 전담한 것이 인문학이었다. 하지만 '특이점'의 도래와 함께 죽음이 인간의 피할 수 없는 운명이 아니라 과학을 통해 정복 가능한 기술적인 문제로 바뀔 때, 인문학은 무엇을 할 것인가?

질주하는 과학기술이라는 호랑이 등에 탄 우리는 '특이점'을 향해 계속 달릴 수밖에 없는 운명이다.[20] 마침내 거기에 도달하면 인간은 죽음뿐 아니라 욕망 자체도 설계할 수 있는 신적인 능력을 갖는다. 이 단계에서 인류가 고뇌하는 문제는 '우리는 어떤 존재가 되고 싶은가?'가 아니라 '우리는 무엇을 원하고 싶은가?' not "What do we want to become?," but "What do we want to want?"가 될 것이라고 하라리는 말했다. 이 같은 난제難題를 제기한 『사피엔스』의 마지막 문장은 "스스로 무엇을 원하는지도 모르는 채 불만스러워하며 무책임한 신들, 이보다 더 위험한 존재가 또 있을까? Is there anything more dangerous than dissatisfied and irresponsible gods

---

20 김기봉, 「질주하는 과학기술시대 인문학이 필요한 이유—"우리는 어디서 왔고, 누구며, 어디로 가는가"」, 『인문콘텐츠』 35, 2014, 9~26쪽.

who don't know what they want?"이다.[21]

　　인문학 3문의 마지막 물음은 "우리는 어디로 가는가?"이다. 이 물음에 답하기 위해 하라리가 『사피엔스』 후속으로 쓴 책이 『호모 데우스』다.[22] 여기서 그는 신적인 능력을 가진 인류가 자멸의 길로 접어들지 않기 위해서는 풍요로운 삶을 영위하기 위한 양적인 성장이 아니라 지구 생태계 모든 존재의 질적인 행복을 목표로 하는 역사의 방향 전환이 필요하다고 역설한다.

21　　유발 하라리, 『사피엔스』, 588쪽.

22　　유발 하라리, 김명주 옮김, 『호모 데우스—미래의 역사』, 김영사, 2017.

3

역사학,
어디로 가야 하는가?

과거 사실을 연구하는 역사학은 데이터 학문이다. '데이터 data'의 어원은 라틴어 'datum'의 복수형이고, 사실로서 '주어진 것given'이란 의미를 가진다. 유클리드는 이 말을 『기하학 원론』 1~4권의 내용에 대해 다룬 『자료*Euclid's Data: The Importance of Being Given*』의 제목으로 사용했다. 그는 기하학 연구가 공리로 주어진 것 또는 사실로 증명된 것을 토대로 이뤄지기 때문에 그런 제목을 붙였던 것이다. 수학 문제를 풀 때 '주어진 것'이 해결의 열쇠를 제공한다. 역사학도 마찬가지로 사료라는 데이터가 없으면 역사 연구는 불가능하다.

지식 정보의 원천이 되는 데이터는 기록되거나 분석되거나 재정리할 수 있는 것들 일반을 지칭한다. 데이터로 변환시키는 작업인 '데이터화'가 디지털 시대에서는 어떤 현상을 표로 만들고 분석할 수 있게 수량화된 형태로 가공하는 것으로 이뤄진다. 이런 디지털 데이터화를 통해 데이터의 분량은 3년마다 두 배씩 증가했고, 그 결과로 '빅데이터 시대'가 도래했다. 빅데이터 시대로의 전환은 역사학의 위기이자 기회다. 문제는 빅데이터의 도전에 대한 역사학의 응전이다.[23]

2004년 구글은 전 세계 책들을 디지털화하는 '구글 북스 라이브러리 프로젝트Google books library project'를 선언했고, 9년 후 3,000만 권이 넘는 책들을 디지털화했다. 2011년 추산 전 세계 책이 1억 3,000만 권이라는 걸 감안하면 약 4분의 1을 디지털화한 셈이다. 이렇게 해서 생성된 빅데이터는 근대 이후 인류의 삶과 생각의 변화를 미세하게 관찰할 수 있게 해주는 현미경이며, 인류 문명의 전반적 흐름과 변화의 추세를 조망할 수 있게 하는 망원경으로 활용될 수 있다. 에레즈 에이든과 장바티스트 미셸은 이 가운데 800만 권의 책을 추려서 클릭 한 번으로 책들 전체를 읽는 '구글 엔그램 뷰어Google Ngram Viewer'를 창안했고, 그것을 이용하여 인간 행동과 문화적 경향성을 분석하는 '컬처로믹스culturomics'라는 새로운 분야를 개척했다.[24] '컬처로믹스'의 연구자들은 과학과 인문학의 경계를 무너뜨리고 역사학자가 아닌 '디

---

23 김기봉, 「빅데이터의 도전과 인문학의 응전」, 『시민인문학』 30, 2016, 9~37쪽.

24 에레즈 에이든·장바티스트 미셸, 김재중 옮김, 『빅데이터 인문학─진격의 서막』, 사계절, 2015, 33~35쪽.

지털 인문학자'로 불리길 원한다.

아무리 많은 데이터가 있다고 해도 의미 해석이 부재한 데이터들은 잡음들noises에 불과하다. 그것들이 어떤 의미 있는 신호signal로 읽히기 위해서는 해석이 필요하다. 문제는 빅데이터 분석과 역사학의 해석 방법이 다르다는 점이다. 의미 있는 데이터는 정보라 불리며, 그것은 데이터와 데이터의 관계로부터 나온다. 관계를 정식화하는 과학적 방법은 일반적으로 인과론으로 여겨졌다. 역사학은 사료 해석을 통해서 과거와 현재의 인과관계를 이야기로 구성하는 것을 목표로 한다. 이 같은 인과관계 추론에서 가장 중요한 것이 '왜?'라는 질문이다. 모든 역사 연구의 출발점은 '왜?'라는 문제의식이며, 그러한 문제의식으로 역사적 인과관계를 연구하는 이면에는 항상 직접적이든 간접적이든 목적론적 가치 추구가 전제돼 있다.[25]

하지만 빅데이터 분석은 다르다. 빅데이터는 데이터들의 집합적 관계가 드러내는 정보의 패턴을 통계 수치나 그래프로 보여주기 때문에 인과론적 추론을 할 필요가 없다. 예컨대 미래학자 레이 커즈와일이 2045년쯤 '특이점'이 도래한다는 예측을 할 수 있었던 것은 데이터들의 상관성으로부터 정보의 패턴을 읽어냈기 때문이다. 그는 "세계는 원자들이 아니라 이야기들로 이뤄져 있다The Universe is made of stories, not of atoms"는 미국의 시인 뮤리엘 러

25　E. H. 카, 김택현 옮김, 『역사란 무엇인가』, 까치글방, 2018, 148쪽.

카이저Muriel Rukeyser의 말을 인용하면서, 이야기를 정보의 의미 있는 패턴이라고 정의했다.[26]

커즈와일이 말하는 이야기는 역사학의 스토리텔링이 아니다. 빅데이터 이론가들은 과학적 방법으로 사용됐던 인과론은 데이터의 결핍으로 패턴을 알 수 없었던 '스몰 데이터' 시대의 유물이라고 주장한다.[27] 빅데이터 분석가들이 정보의 패턴으로 이야기를 구성하는 원리는 '상관성correlation'이다. 상관성이란 개념은 1888년 찰스 다윈의 사촌인 프랜시스 골턴Francis Galton 경에 의해 처음 발표됐다. "상관성은 두 데이터값 사이의 통계적 관련성을 수량화한다. 상관성이 강하다는 것은 하나의 데이터값이 변화할 때 다른 하나도 변할 가능성이 매우 높다는 뜻이다."[28]

상관성이 문제 해결의 열쇠가 되는 빅데이터 시대에는 인간과 세상의 모든 문제를 수치적으로 정형화된 통계 및 데이터로 해결할 수 있는 방법을 제공하는 알고리즘이 만물의 공식으로 여겨진다.[29] 오늘날 인공지능은 고흐와 세잔이 그린 그림들의 패턴을 읽어내는 알고리즘을 통해 그들이 실제로는 그리지 않았던 풍경화를 원본과 똑같이 그려낼 수 있다. 인공지능은 시도 창작할 수

---

26 레이 커즈와일, 『특이점이 온다―기술이 인간을 초월하는 순간』, 22쪽.

27 빅토르 마이어 쇤버거·케네스 쿠키어, 『빅데이터가 만드는 세상―데이터는 알고 있다』, 133쪽.

28 같은 책, 102쪽 재인용.

29 루크 도멜, 노승영 옮김, 『만물의 공식―우리의 관계, 미래, 사랑까지 수량화하는 알고리즘의 세계』, 반니, 2014.

있다. 커즈와일은 RKCP Ray Kurzweil's Cybernetic Poet로 불리는 알고리즘을 개발해 미국 문학사에서 가장 매력적이고 도전적인 작품으로 평가받는 에밀리 디킨슨Emily Dickinson의 시들을 입력했다. 그러자 그녀 고유의 시어와 문체의 패턴을 알아내서 그녀가 짓지 않은 새로운 시를 창작했다.[30] 이렇게 인공지능이 창작한 그림과 시는 인간들이 컴퓨터가 만든 작품임을 구분하지 못하는 예술 분야에서의 '튜링 테스트Turing test'를 통과했다.

그렇다면 만물의 공식이라 불리는 알고리즘이 인문학 3문에 대해서도 답할 수 있는가? 알고리즘 세계에서 인간은 수치화되고 개인은 분할자dividual로 바뀐다. 개인은 알고리즘 도구로 분석하기에 알맞은 성분들로 분해되어 데이터 수치로 환원된다. 이런 환원을 통해 알고리즘이 해명하는 것은 객관적인 사실관계일 뿐, 인간이 무엇을 위해 어떻게 살아야 하는지에 대한 답을 주지는 못한다.

많은 사람들이 내비게이션에 목적지를 설정하고 그것이 안내하는 대로 운전하면서 '길눈'이 점점 어두워져 이제 내비게이션 없이는 운전을 못하는 '길치'가 되었다고 말한다. 마찬가지로 인터넷 시대 검색을 통해 수많은 지식을 손쉽게 얻을 수 있게 되자 인간의 뇌 구조가 바뀌어 "생각하지 않는 사람들"을 양산해내기 시작했다.[31] 이렇게 디지털 문명의 편리함 때문에 아날로그적인

---

30   Oscar Schwartz, "Can a computer write poetry?"(https://www.youtube.com/watch?v=UpkAqPEcMyE).

31   니콜라스 카, 최지향 옮김, 『생각하지 않는 사람들』, 청림출판, 2015.

인간의 삶이 바뀌는 것은 인간이 컴퓨터라는 기계의 노예로 전락할 수 있다는 불길한 징조다.

인간보다도 더 지능이 뛰어난 기계를 발명하는 '특이점'에 근접하는 도약의 발판이 된 것이 과학혁명이다. 그런데 하라리가 말했듯, 과학혁명을 낳은 것은 모른다는 것을 앎으로써 '왜'라는 문제를 제기하는 '무지혁명'이었다. '무지혁명'을 일으켰던 문제의식이 없는 과학혁명은 인류가 나침판 없이 우주의 망망대해를 항해하는 것처럼 위험하다.

인공지능은 생각과 학습은 할 수 있지만, "나는 생각한다. 고로 존재한다"고 말할 수 있는 자의식이 없다. 인류 역사상 처음으로 지능과 의식의 '절연絶緣, decoupling'이 일어난 시대에서 인간에게 정말로 중요한 것은 사실이 아니라 가치와 의미다. 막스 베버는 근대에 인류는 '세계의 탈주술화'를 통해 종교적 신앙과 결별하고 순전히 과학적 탐구를 기반으로 하여 세계에 대한 지식을 구성하는 아담과 이브 이후 두번째로 '인식의 나무' 열매를 따 먹는 상황이 발생했다고 했다. 이로써 인류는 지적인 해방을 맞이한 동시에 자기가 만든 의미와 가치의 정당성을 스스로가 증명해야만 하는 딜레마에 봉착했다. 디지털 시대에 그 딜레마는 더욱 심화된 형태로 나타난다. "과학은 세상에 무엇이 존재하는지, 사물이 어떻게 작동하는지, 미래에 무엇이 존재할지를 설명할 수 있다. 하지만 정의상 과학은 미래에 무엇이 존재해야 마땅한지를 안다고 허세를 부릴 수는 없다. 그런 질문에 대한 답을 추구하는 것은 종교와 이데올로기뿐이다."[32] 이 같은 딜레마를 극복해야 한다는 것이 포스트휴먼 시대에도 인문학이 존재해야만 하는 이유다.

현재 인류는 한 번도 가지 않은 길을 가야만 하는 상황에 처해 있다. 지도 밖으로 행군을 하면서 길을 찾는 게 아니라 길을 만들어 나가야 하는 인류에게 지식보다 중요한 게 상상력이다. 현실이 과거로부터 주어진 현재라면, 꿈은 가능성으로 열려진 미래다. 인간은 과거의 원인 때문이라기보다는 미래의 목표를 위해 행동한다. 동물은 주어진 현재를 살지만, 인간은 미래를 위해 현재를 희생하고 투자하는 삶을 산다. 빅데이터가 보여주는 패턴은 과거다. 미래를 사는 인간이 그 과거의 패턴을 반복하지 않는 삶을 살겠다는 의지로 그런 패턴을 낳았던 자신의 행위를 반성하고 새 출발 하겠다는 각오를 다질 때, 인간은 자기 삶의 주인공이 될 수 있다. 만약 인간이 그러한 노력을 하지 않는다면, 빅데이터는 우리 삶을 지배하는 빅브라더가 될 것이다.

2016년 알파고와 이세돌의 바둑 대결에서 알파고의 승리는 인공지능 시대 역사가라는 직업이 존립 가능할 것인가의 문제를 제기했다. 바둑의 거의 모든 역사, 곧 기보를 기억하는 알파고를 인간이 이길 수 있는 하나의 방법은 알파고를 이용해 알파고와 대국을 벌이는 것으로 상상력을 극대화하는 것이다. 유약한 유인원이었던 사피엔스가 만물의 영장이 될 수 있었던 힘의 원천은 허구

---

32   유발 하라리, 『사피엔스』, 387쪽.

서사를 통해 가상실재를 만들어내는 능력에 있었다. 중요한 것은 사실과 지식이 아니라 허구와 상상력이다.

'특이점'의 도래를 눈앞에 두고 있는 우리는 인류 역사상 최초로 기성세대가 미래 세대를 가르칠 수 없는 상황에 직면해 있다. 교육 덕분에 인류는 문명을 건설할 수 있었다. 그런데 이제는 점점 그런 교육이 불가능해지거나 무의미해지고 있다. "인간은 아버지보다 자기 시대를 더 많이 닮아야 한다"는 말이 있다. 학교의 탄생과 함께 아버지가 했던 교육의 상당 부분이 대체됐다면, 디지털 문명의 세례를 받고 자라난 디지털 원주민digital native 세대는 부모로부터 배울 것이 별로 없는 '고아 세대'다. 인간이 사는 것은 과거가 아닌 미래다. 물론 과거 없는 미래는 없지만, 이제는 과거로서 미래를 살 수 없다는 것이 인류가 당면한 큰 문제다.

새 술은 새 부대에 담는 것으로 혁신은 계속되어야 한다. 어제의 정상正常이 내일의 정상이 아니게 되는 우리 시대의 특징을 지칭하는 말이 '뉴노멀 시대'다. 패러다임 전환이 빠른 뉴노멀 시대에는 승자가 독식한다. 지금 당장은 아무리 잘나가도 한 방에 훅 가는 것이 뉴노멀 시대의 생존경쟁이다. 4차 산업혁명이 쓰나미처럼 밀려온다. 4차 산업혁명이란 말을 유포시킨 클라우스 슈바프Klaus Schwab 다보스 포럼 회장은, 지금의 변화는 속도와 범위, 깊이에서 인간의 지난 10만 년 역사 동안 유례없는 가장 큰 것이라고 했다. 과거의 정답을 추종하는 추격자fellow가 아니라 변화하는 현실이 낳는 새로운 문제를 찾아내 미래의 답을 만들어내는 선도자first mover로서의 삶을 사는 것이 4차 산업혁명 시대의 생존 방식이다.

미래는 생각이고 상상이다. 자연과학이 현실 과학이라면, 인문학은 상상의 학문이다. 인공지능 시대에 인간의 상상력을 강화하는 것이 인문학이 나아갈 방향이고 역사학의 미래다. 역사학이란 과거에서 정답을 찾는 것이 아니라 과거의 목소리를 듣는 학문이다. 과거는 신도 바꿀 수 없는 필연이지만, 미래는 우리가 꿈을 갖고 설계할 수 있는 증강현실이다. 우리가 역사를 연구하는 궁극적인 목적은 물리학이나 경제학처럼 미래에 대한 정확한 예측을 하려는 것이 아니라 미래를 만들기 위해서다. 이 같은 맥락에서 과거에 대한 과학적 지식을 추구했던 근대 역사학은 변해야 한다.

과거에 대한 과학적 지식은 빅데이터나 인공지능을 통해 더 많이 그리고 더 정확하게 얻을 수 있다. 따라서 인공지능 시대에 역사학은 과거의 지식을 기억하기보다는 미래의 가능성에 대한 사고의 지평을 넓혀주는 역사적 상상력을 제고提高하는 방향으로 변화해야만 계속 의미 있는 학문으로 존속할 수 있다.

4

'지나간 미래'로서
역사

근대 철학의 아버지 데카르트는 과학적 확실성이 없는 역사는 진리가 될 수 없다고 주장했다. 이에 대항해 이탈리아의 철학자 잠바티스타 비코Giambattista Vico는 "진리 그 자체는 사실, 곧 만들어진 것이다 *Verum esse ipsum factum*"라는 명제를 제시했다.[33] 이 명제에는 하나의 삼단논법이 함축돼 있다. "인간이 알 수 있는 것은 인간 자신이 만든 것이다. 인간이 만드는 것은 역사다. 따라서 인간이 알 수 있는 것은 역사다." 이 삼단논법에 의거해서 비코는 신이 창조한 자연보다 인간이 만든 역사에 대한 더 확실한 진리를 탐구할 수 있다는 역사주의를 대변하는 『신과학Scienza Nuova』을

---

[33]　R. G. 콜링우드, 김봉호 옮김, 『서양사학사』, 탐구당, 1993, 105~16쪽.

펴냈다.

　인간은 역사를 통해 진리를 인식할 수 있을 뿐 아니라 만드는 역사를 통해 새로운 진리를 만들 수도 있기 때문에 역사는 인간 삶을 위한 가장 유용한 거울로 여겨졌다. 하지만 디지털 시대 빅데이터가 생겨나고 인공지능이 발명됨으로써 삶의 거울이었던 역사의 기능은 낡은 것이 되어 사라질 위기에 처했다. 역사가의 주관과 이데올로기에 의거해서 기억과 망각의 변증법으로 제조되는 역사의 거울은 기본적으로 인간의 자기 인식이다. 하지만 모든 것을 기억할 수 있게 해주는 빅데이터는, 내가 모르는 나를 알게 해줄 뿐만 아니라 미래의 내 운명까지도 비춰주는 거울이다. 빅데이터라는 '빅브라더'가 생겨남으로써 기억이 아니라 망각할 권리를 요청하는 인류 문명사의 초유의 사태가 발생했다. 인공지능 시대에 나타난 최대의 역설은, 인간이 발명한 인공지능을 통해 '포스트휴먼'이라는 새로운 종이 출현해 사피엔스라 불리는 현생 인류의 멸종 위기와 더불어 역사의 종말을 초래할 수 있다는 점이다.

　이런 종말론을 가장 잘 보여주는 것이 SF 영화들이다. 이 방면에서 고전의 반열에 오른 작품이 「터미네이터」 시리즈다. 이 영화의 주제는 미래에 일어날 컴퓨터와 인간 사이의 전쟁이다. 일반적으로 역사는 과거에서 현재로 이어지는 시간의 흐름으로 이야기를 전개하지만, 「터미네이터」는 미래에서 과거로 시간을 거슬러서 이야기를 엮어낸다. 미래에 벌어진 전쟁이 원인이 되어 과거에 새로운 싸움이 일어나는 것이 영화의 내용이다. 1984년부터

2015년까지 다섯 편의 시리즈가 제작되는 동안 디지털 기술문명은 눈부신 발전을 이룩했고, 이것을 반영해 인류의 적適인 컴퓨터도 진화된 형태로 새롭게 등장한다. 3편에서부터 컴퓨터 스카이넷Skynet은 이전의 슈퍼컴퓨터 단계에서 벗어나 사물인터넷을 통해 모든 네트워크를 통합하는 인공지능의 형태로 나타났다. 이렇게 진화된 스카이넷의 이름이 '제니시스genisys'다. '제니시스'는 'genesis'(기원, 생성, 탄생)와 'system'의 합성어로, 사전에는 없는 만들어진 말이다. 이 말은 인공지능 시대가 컴퓨터가 인간을 지배하는 새로운 창세기라는 의미를 함축한다.

5편 「터미네이터 제니시스Terminator Genisys」(앨런 테일러 감독, 2015)에는 과거와 미래의 시간이 뫼비우스의 띠처럼 연결되는 혼돈의 시간이 등장한다. 영화의 마지막 장면에서 미래로부터 온 성인 카일리스와 과거에 사는 소년 카일리스가 만나 대화를 한다. 미래의 카일리스는 과거의 어린 카일리스에게 "제니시스는 스카이넷이다"라는 사실을 꼭 기억할 것을 신신당부한다. 이 말은 인공지능이 인류의 종말을 초래할 수 있다는 미래로부터의 메시지다.

현재의 우리가 과거로부터 메시지를 얻을 목적으로 "현재와 과거의 대화"를 하는 것이 역사학이라면, 「터미네이터」는 반대로 미래가 전하는 메시지에 귀를 기울이는 소통 방식이다. 이런 소통 방식이 아주 낯선 것은 아니다. E. H. 카는 『역사란 무엇인가』에서 네이미어의 표현을 인용하여 역사가들은 "과거는 상상하고 미래는 기억한다"는 말을 했다.[34] 카는 미래의 진보를 나침판으로 삼아 과거로의 시간 여행을 하라는 취지로 이렇게 말했다. 하지만 21세기에 인류는 가장 큰 문명의 진보를 이룩했지만 종말론의 위기를 맞고 있다. 앞으로 다가올 미래가 진보의 유토피아가 아니라 파국의 디스토피아가 될 수 있음을 기억하고 과거를 상상하는 역사를 구성해야 할 필요성이 생겨났다.

우리가 일어날 미래를 알 수 있다면 미래를 바꿀 수 있다. 미래를 바꿀 수 있는 가능성은 현재의 우리가 과거의 인류가 해왔던 것과는 다른 행동을 함으로써 열린다. 이 같은 의도로 미래를 기억하면서 비록 일어나진 않았지만 일어날 수 있었던 과거를 상상하면서 "현재의 우리가 무엇을 해야 하는지"를 화두로 삼는 말이 '지나간 미래'다.

과연 인공지능이 인류와 역사의 종말을 초래할 것인가? 「터미네이터」 시리즈가 우리에게 주는 메시지는 초지일관 하나다. "미래는 정해져 있지 않다. 운명이란 없고, 미래는 우리 스스로가 만드는 것이다The future's not set. There's no fate but what we make for ourselves." 이 메시지가 "히스토리아, 쿠오바디스?"에 대한 하나의 답이 될 뿐만 아니라, 「들어가는 말」에서 역사가가 되겠다는 꿈을 만난 딸이 21세기에 역사가라는 직업을 갖고 살아가는 존재 이유가 될 것이다.

---

34   E. H. 카, 『역사란 무엇인가』, 168쪽.

나가며

　이 책의 서두를 한 아버지가 딸아이를 경주 불국사로 데려가 역사가가 되겠다는 꿈을 만나게 해주는 것으로 열었다. 아버지는 E. H. 카의 『역사란 무엇인가』를 읽고 역사가 진보한다고 믿었던 세대다. 이 책은 아버지 세대가 가졌던 역사의 진보에 대한 믿음이 딸아이 세대에는 더 이상 유효하지 않다는 문제의식을 가지고 집필됐다. 현재의 딸과 과거의 아버지 사이 "역사란 무엇인가"에 대한 대화를 할 수 있는 전제가, 20세기 한국인들이 신봉했던 카라는 '역사의 우상'을 타파하는 것이다.

　인류 역사는 부모와 자식 사이 세대교체의 연쇄로 전개됐다. 모든 생명체는 유한하기에 세대교체는 자연의 섭리다. 세대교체의 주역은 리처드 도킨스가 말한 대로 유전자다. 모든 생명체는 하드웨어와 소프트웨어로 구성된다. 생명체가 죽는다는 것은 하드웨어의 소멸을 의미한다. 유전자라는 소프트웨어는 세대교체를 통해 옷을 갈아입듯이 다른 하드웨어에 탑재되어 진화해나간다. 이런 일련의 과정이 일어나는 곳이 자연이다.

인간만이 자연이라는 실재 세계를 넘어 문화라는 가상 세계를 창조하고, 그것을 기반으로 자기가 속해 있는 집단의 정체성을 의식화하면서 자기 존재의 의미를 만드는 삶을 영위한다. 이렇게 인간이 문화라는 '제2의 자연'을 갖고 산다는 것이 개체가 죽은 다음에도 존속하여 업그레이드되는 지식 체계를 만들고 세대교체를 이룰 수 있게 한다. 어미 개는 자신이 낳은 강아지에게 자신이 알고 있는 생존법을 가르친다. 하지만 이 같은 교육은 개체 차원을 넘어서지 못한다. 인간만이 개체를 초월하여 집단학습을 한다. 인류만이 "현재와 과거의 끊임없는 대화"라는 역사의 집단학습으로 세대교체를 하는 유일한 동물이다.

인류는 이 덕분에 생물학적 유전자의 전제專制에서 벗어나 문화적 유전자를 진화시키는 방식으로 위대한 문명을 건설했다. 인간이 '이기적 유전자'의 노예가 되지 않고 문화적 유전자를 진화시킬 수 있었던 것은, 환경의 도전에 대해 응전할 수 있는 높은 수준의 지능을 갖고 있기 때문이다.

21세기 인류 문명의 정점에서 발명된 것이 인공지능이다. 인공지능은 종래 인간만이 할 수 있었던 일들을 인간보다도 훨씬 더 잘하는 단계로 계속 발전해나갈 것이다. 이러다가 정말로 모든 면에서 인간을 능가하는 '범용 인공지능Artificial General Intelligence, AGI'이 등장하는 '특이점'이 도래한다면, 둘 사이의 관계는 어떻게 될 것인가? 호모 사피엔스라는 현생 인류 종 전체가 "죽느냐 사느냐"의 운명이 걸려 있는 인공지능 시대의 문명사적 위기는, 카의 역사관의 세례를 받고 한국 사회 변혁운동에 복무했던 아버지 세대는 상상하지 못했던 문제다.

카의 『역사란 무엇인가』는 더 이상 21세기 "역사가 어디로 가야 하는지"의 길을 제시하는 지도가 될 수 없다. 근대란 인류가 지식을 통해 세상을 변화시켰던 시대다. 그런 지식을 생산하는 원천은 과학이었다. 21세기에는 존재하는 모든 것에 대한 정보를 디지털 코드로 변환해서 정보화할 수 있게 됨으로써, 모든 것에 지능을 탑재해서 연결할 수 있게 됐다. 거의 모든 것에 대한 정보인 빅데이터를 통해 사물인터넷으로 모든 것과 연결할 수 있는 세상을 만들려는 거대한 기획이 4차 산업혁명이다.

결국 역사가가 되고자 하는 딸아이에게 중요한 것은 과거가 아닌 미래다. 현재는 과거의 결과로 일어난 것이며, 현재가 출발점이 되어 미래가 만들어진다. 처칠은 "멀리 되돌아볼수록 더 먼 미래를 볼 수 있다"는 명언을 남겼다. 그가 좌우명으로 삼았던 이 말은 인류의 미래가 불투명한 시점에서 "역사가 어디로 가는가?"의 항로의 방향을 가리켜줄 수 있는 나침판이다. 지도에는 목적지와 거기에 도달하는 길이 표시되어 있지만, 나침판은 앞으로 나아가야 할 방향만을 제시할 뿐이다. 『내일을 위한 역사학 강의』가 독자들이 그런 나침판을 찾는 데 조그마한 도움이라도 줄 수 있다면, 그것은 저자에게는 더할 나위 없는 기쁨이 될 것이다.

참고문헌

구하, 라나지트, 이광수 옮김, 『역사 없는 사람들—헤겔 역사철학 비판』, 삼천리, 2011.

기조, 프랑수아, 임승휘 옮김, 『유럽 문명의 역사—로마 제국의 몰락부터 프랑스혁명까지』, 아카넷, 2014.

김기덕, 「영상역사학—역사학의 확장과 책무」, 『역사학보』 200, 2008.

———, 「팩션영화의 유형과 '대중적 몰입'의 문제」, 『역사문화연구』 34, 2009.

김기봉, 『팩션 시대, 영화와 역사를 중매하다』, 프로네시스, 2006.

———, 『역사들이 속삭인다—팩션 열풍과 스토리텔링의 역사』, 프로네시스, 2009.

———, 「역사극의 개념과 범주에 대한 신역사주의적 해석」, 『드라마연구』 34, 2011.

———, 「1592년 전쟁을 어떻게 부를 것인가—문명사적 관점에서의 성찰」, 『한국사학사학보』 26, 2012.

———, 「한국 역사학의 재구성을 위한 방법으로서 동아시아사」, 『동북아역사논총』 40, 2013.

———, 「질주하는 과학기술시대 인문학이 필요한 이유—"우리는 어디서 왔고, 누구며, 어디로 가는가"」, 『인문콘텐츠』 35, 2014.

———, 「빅데이터의 도전과 인문학의 응전」, 『시민인문학』 30, 2016.

김수영, 이영준 엮음, 『김수영 전집 1—시』, 민음사, 2018.

김용섭, 『동아시아 역사 속의 한국 문명의 전환—충격, 대응, 통합의 문명으로』, 지식산업사, 2008.

김춘수, 『그는 나에게로 와서 꽃이 되었다』, 시인생각, 2013.

김호동, 『몽골 제국과 세계사의 탄생』, 돌베개, 2010.

나이, 조지프., 이기동 옮김, 『미국의 세기는 끝났는가』, 프리뷰, 2015.

나오키, 사카이, 후지이 다케시 옮김, 『번역과 주체』, 이산, 2005.

다나카, 스테판, 박영재 · 함동주 옮김, 『일본 동양학의 구조』, 문학과지성사, 2004.

도멜, 루크, 노승영 옮김, 『만물의 공식―우리의 관계, 미래, 사랑까지 수량화하는
      알고리즘의 세계』, 반니, 2014.

도종환, 공광규 외 엮음, 『밀물의 시간』, 실천문학사, 2014.

도킨스, 리처드, 홍영남 옮김, 『이기적 유전자』, 을유문화사, 2006.

되링, 외르크 · 틸만, 트리스탄 엮음, 이기숙 옮김, 『공간적 전회―문화학과 사회과
      학의 공간 패러다임』, 심산, 2015.

두셀, 엔리케, 박병규 옮김, 『1492년, 타자의 은폐―'근대성 신화'의 기원을 찾아
      서』, 그린비, 2011.

라스카사스, 박광순 옮김, 『콜럼버스 항해록』, 범우사, 2000.

르 고프, 자크 · 몽트르미, 장―모리스 드, 최애리 옮김, 『중세를 찾아서』, 해나무,
      2005.

르페브르, 앙리, 양영란 옮김, 『공간의 생산』, 에코리브르, 2011.

마르크스, 카를, 임지현 · 이종훈 옮김, 『프랑스 혁명사 3부작―1848년에서 1850년
      까지 프랑스에서의 계급투쟁』, 소나무, 2017.

마이어 쇤버거, 빅토르 · 쿠키어, 케네스, 이지연 옮김, 『빅데이터가 만드는 세상―데
      이터는 알고 있다』, 21세기북스, 2013.

맥닐, 존 · 맥닐, 윌리엄, 유정희 · 김우영 옮김, 『휴먼 웹―세계화의 세계사』, 이산,
      2007.

모니어, 한나 · 게스만, 마르틴, 전대호 옮김, 『기억은 미래를 향한다―뇌과학과 철
      학으로 보는 기억에 대한 새로운 이야기』, 문예출판사, 2017.

문정우, 「우리는 '포스트 트루스' 시대에 살고 있다」, 『시사IN』, 2016. 10. 5.

밀로, 다니엘 S., 양영란 옮김, 『미래중독자—멸종 직전의 인류가 떠올린 가장 위험하고 위대한 발명, 내일』, 추수밭, 2017.

밀럿, 케이트, 김전유경 옮김, 『성性 정치학』, 이후, 2009.

박광현, 「식민지 조선에서 동양사학은 어떻게 형성되었는가?」, 비판과 연대를 위한 동아시아 역사포럼 기획, 도면회·윤해동 엮음, 『역사학의 세기—20세기 한국과 일본의 역사학』, 휴머니스트, 2009.

박상욱, 「대중적 역사 현상의 이론적 메커니즘—외른 뤼젠의 역사문화Geschichtskultur 이론을 중심으로」, 『서양사론』 128, 2016.

벵케, 브리타, 강병직 옮김, 『조지아 오키프』, 마로니에북스, 2006.

브로델, 페르낭, 조준희·주경철·윤은주·남종국 옮김, 『지중해—펠리페 2세 시대의 지중해 세계』, 까치글방, 2017.

블로크, 마르크, 정남기 옮김, 『역사를 위한 변명—역사가의 사명』, 한길사, 1979.

사이드, 에드워드 W., 박홍규 옮김, 『오리엔탈리즘』, 교보문고, 2007.

스미스, P. D., 엄성수 옮김, 『도시의 탄생』, 옥당, 2015.

신주백, 「사학과의 3분과 체제와 역사학」, 신주백 엮음, 『한국 근현대 인문학의 제도화—1910~1959』, 혜안, 2014.

아리스토텔레스, 천병희 옮김, 『시학』, 문예출판사, 2006.

아탈리, 자크, 이효숙 옮김, 『호모 노마드 유목하는 인간』, 웅진지식하우스, 2005.

어수웅, 「"거짓과 날조를 파헤치고 싶나… 진실을 먼저 공부하라"」, 『조선일보』, 2012. 7. 7.

에이든, 에레즈·미셸, 장바티스트, 김재중 옮김, 『빅데이터 인문학—진격의 서막』, 사계절, 2015.

오홍식, 「그리스인의 역사 서술」, 김진경 외, 『서양고대사강의』, 한울, 1996.

유누스, 무함마드·졸리스, 앨런, 정재곤 옮김, 『가난한 사람들을 위한 은행가』, 세상
　　사람들의책, 2002.

윤해동, 『탈식민주의 상상의 역사학으로』, 푸른역사, 2014.

이승진, 「위대하지 못한 사람들의 '위대함'—브레히트의 「연대기」에 나타난 새로운
　　역사 서술」, 『열린정신 인문학연구』 제7집, 2006.

이영훈, 「민족사에서 문명사로의 전환을 위하여」, 임지현·이성시 엮음, 『국사의 신
　　화를 넘어서』, 휴머니스트, 2004.

자카리아, 파리드, 강주헌 옮김, 『하버드 학생들은 더 이상 인문학을 공부하지 않는
　　다』, 사회평론, 2015.

전찬일, 「'덕혜옹주'와 역사」(http://news.chosun.com/site/data/html_dir/2016/09
　　/03/2016090300402.html).

주경철, 『모험과 교류의 문명사』, 산처럼, 2015.

차크라바르티, 디페시, 김택현·안준범 옮김, 『유럽을 지방화하기—포스트식민 사
　　상과 역사적 차이』, 그린비, 2014.

카, 니콜라스, 최지향 옮김, 『생각하지 않는 사람들—인터넷이 우리의 뇌 구조를 바
　　꾸고 있다』, 청림출판, 2015.

카, E. H., 김택현 옮김, 『역사란 무엇인가』, 까치글방, 2018.

커즈와일, 레이, 김명남·장시형 옮김, 『특이점이 온다—기술이 인간을 초월하는 순
　　간』, 김영사, 2007.

코젤렉, 라인하르트, 한철 옮김, 『지나간 미래』, 문학동네, 1998.

콜링우드, R. G., 김봉호 옮김, 『서양사학사』, 탐구당, 1993.

크로스비, 앨프리드 W., 김병화 옮김, 『수량화 혁명—유럽의 패권을 가져온 세계관
　　의 탄생』, 심산, 2005.

─────, 김기윤 옮김, 『콜럼버스가 바꾼 세계—신대륙 발견 이후 세계를 변화시킨

흥미로운 교환의 역사』, 지식의숲, 2006.

퍼거슨, 니얼, 김정희·구세희 옮김, 『시빌라이제이션—서양과 나머지 세계』, 21세기북스, 2011.

폴로, 마르코, 김호동 역주, 『마르코 폴로의 동방견문록』, 사계절, 2000.

하라리, 유발, 조현욱 옮김, 『사피엔스—유인원에서 사이보그까지, 인간 역사의 대담하고 위대한 질문』, 김영사, 2015.

─── , 김명주 옮김, 『호모 데우스—미래의 역사』, 김영사, 2017.

호지슨, 마셜, 이은정 옮김, 『마셜 호지슨의 세계사론—유럽, 이슬람, 세계사 다시 보기』, 사계절, 2006.

헤로도토스, 김봉철 옮김, 『역사』, 길, 2016.

황진미, 「'덕혜옹주' 누가 이렇게 황당한 왕실 미화에 공감하는가」(http://m.media.daum.net/m/entertain/newsview/20160816132206449).

황혜성, 「왜 호모 미그란스Homo Migrans인가?—이주사의 최근 연구동향과 그 의미」, 『역사학보』 212, 2011.

Benjamin, Walter, "Theses on the Philosophy of History," *Illuminations*, Hannah Arendt (ed.), Harry Zohn (trans). New York: Schocken Books, 1968.

Crutzen, Paul J., "The Geology of Mankind," *Nature*, Vol. 415, 3 January 2002.

Dirlik, Arif, "Is There History after Eurocentrism?: Globalism, Postcolonialism, and the Disavowal of History," *Cultural Critique*, No. 42, 1999.

Geertz, C., *Dichte Beschreibung. Beiträge zum Verstehen kultureller Systeme*, Frankfurt/M., 1987.

Harari, Yuval Noah, *Homo Deus: A Brief History of Tomorrow*, Random House, 2016.

Mayer-Schönberger, Viktor, *Delete: The Virtue of Forgetting in the Digital Age*, Princeton, NJ: Princeton University Press, 2009.

Pomeranz, Kenneth, *The Great Divergence: China, Europe, and the Making of the Modern World Economy*, Princeton: Princeton University Press, 2000.

Schwartz, Oscar, "Can a computer write poetry?" (https://www.youtube.com/watch?v=UpkAqPEcMyE).

Soja, Edward W., *Postmodern Geographies : The Reassertion of Space in Critical Social Theory*, W. W. Norton & Company, 2011.

Wittgenstein, Ludwig, *Tractatus Logico-Philosophicus*, C. K. Ogden(trans.), London Kegan Paul, Trench, Trubner & Co., Ltd., New York: Harcourt, Brace & Company, Inc., 1922.

『漢書』卷62,「司馬遷傳」.

찾아보기